LINDAUER
PSYCHOTHERAPIE
MODULE

Peter Buchheim
Manfred Cierpka

Psychotherapie der Suizidalität

Krankheitsmodelle und Therapiepraxis –
störungsspezifisch und schulenübergreifend

Herausgegeben von Thomas Bronisch

Mit Beiträgen von

Th. Bronisch
M. Dobmeier
E. Etzersdorfer
Ch. Franke
B. Gerisch
Th. Giernalczyk
U. Hemminger

J. Kind
Ch. Mauerer
R. D. Trautmann-Sponsel
A. Warnke
M. Weber
M. Wolfersdorf

8 Abbildungen
10 Tabellen

Georg Thieme Verlag
Stuttgart • New York

Die Deutsche Bibliothek –CIP-Einheitsaufnahme

Psychotherapie der Suizidalität :
Krankheitsmodelle und Therapiepraxis –
stärungsspezifisch und schulenübergreifend /
hrsg. von Thomas Bronisch. Mit Beitr. von
Th. Bronisch . . . – Stuttgart ; New York : Thieme,
2002
    (Lindauer Psychotherapie-Module)

Wichtiger Hinweis:
Wie jede Wissenschaft ist die Medizin ständigen Entwicklungen unterworfen. Forschung und klinische Erfahrung erweitern unsere Erkenntnisse, insbesondere was Behandlung und medikamentöse Therapie anbelangt. Soweit in diesem Werk eine Dosierung oder eine Applikation erwähnt wird, darf der Leser zwar darauf vertrauen, dass Autoren Herausgeber und Verlag große Sorgfalt darauf verwandt haben, dass diese Angabe **dem Wissensstand bei Fertigstellung des Werkes** entspricht. Für Angaben über Dosierungsanweisungen und Applikationsformen kann vom Verlag jedoch keine Gewähr übernommen werden. Jeder Benutzer ist angehalten, durch sorgfältige Prüfung der Beipackzettel der verwendeten Präparate und gegebenenfalls nach Konsultation eines Spezialisten festzustellen, ob die dort gegebene Empfehlung für Dosierungen oder die Beachtung von Kontraindikationen gegenüber der Angabe in diesem Buch abweicht. Eine solche Prüfung ist besonders wichtig bei selten verwendeten Präparaten oder solchen, die neu auf den Markt gebracht worden sind. Jede Dosierung oder Applikation erfolgt auf eigene Gefahr des Benutzers. Autoren und Verlag appellieren an jeden Benutzer, ihm etwa auffallende Ungenauigkeiten dem Verlag mitzuteilen.

© 2002 Georg Thieme Verlag
Rüdigerstraße 14
D- 70469 Stuttgart
Telefon: +49 / 07 11 / 89 31-0
Unsere Homepage: http://www.thieme.de

Printed in Germany
Umschlaggestaltung: Thieme Verlagsgruppe
Umschlaggrafik: Martina Berge, Erbach
Datenaufbereitung und Layout:
Georg Thieme Verlag, Stuttgart
Druck:Zechner Datenservice und Druck GmbH &
Co. KG, Speyer

ISBN 3-13-130021-3   1 2 3 4 5 6

Gleitwort der Reihenherausgeber

Die richtige und rechtzeitige Einschätzung von Suizidalität, das therapeutische Management und die Bewältigung von suizidalen Krisen sowie die innere Verarbeitung von schweren Suizidversuchen und Suiziden gehören zu den wichtigsten und zugleich schwierigsten Aufgaben und Herausforderungen für Therapeutinnen und Therapeuten, die im psychosozialen Bereich psychotherapeutisch und psychiatrisch tätig sind. Wir sehen heute Suizidalität als ein multifaktoriell bedingtes und komplexes Verhalten an, das ein Gesundheitsproblem von großer sozialpolitischer Relevanz darstellt, da der Suizid in unserem Lande zu den zehn häufigsten Todesursachen gehört und insbesondere alte Menschen häufiger an Suizid sterben.

Der vorliegende Band bietet einen Einblick in den aktuellen Wissensstand über die Epidemiologie, Diagnostik und Therapie von Suizidalität, wie sie im Rahmen der verschiedensten psychischen Störungen und psychosozialen Krisen auftreten und behandelt werden kann. Besonders hervorzuheben ist ein Beitrag über das aktuelle und ständig zunehmende Problem von Suizidversuchen und Suiziden bei Kindern und Jugendlichen. Insgesamt scheuen sich die Autoren nicht, auf konzeptuelle Schwachpunkte und noch bestehende Defizite in der Forschung und Prävention suizidalen Verhaltens aufmerksam zu machen.

Die Vermittlung der Kenntnisse und Fertigkeiten zur Therapie von Suizidalität erfolgt, wie in dieser Reihe üblich, praxisorientiert und fallbezogen. Das Buch entspricht insofern den aktuellen Anforderungen an eine intensive psychotherapeutische Fort- und Weiterbildung, wie wir sie auch für die schulenübergreifenden und störungsorientierten Module der Lindauer Psychotherapiewochen konzipiert haben. In diesen modular konzipierten Bänden werden psychodynamische, verhaltenstherapeutische, psychobiologische, systemische und körperorientierte Ansätze zum Verständnis und zur Behandlung psychischer Störungen so dargestellt, dass den Therapeutinnen und Therapeuten anschauliche Kriterien für differentielle Indikationsentscheidungen für eine Psychotherapie an die Hand gegeben werden. In den therapeutischen Ansätzen, die sich für die Behandlung dieser Störungen bewährt haben, wird von sehr erfahrenen Experten der Blick auf den Patienten, auf seine spezifische Störung, aber auch auf die Vielgestaltigkeit des Beschwerdebilds gelenkt..

Wir wünschen dem Buch „Therapie der Suizidalität", das Thomas Bronisch herausgegeben hat, eine gute Resonanz bei den Leserinnen und Lesern.

Wir danken Frau Ueckert vom Georg ThiemeVerlag für ihr Engagement bei der Umsetzung unserer Weiterbildungsmodule in eine Reihe von Fort- und Weiterbildungstexten.

München und Heidelberg, im Januar 2002   *Peter Buchheim, Manfred Cierpka*

Vorwort des Herausgebers

Für alle psychiatrisch-psychotherapeutisch tätigen Ärzte und Psychologen ist der Suizid eines Patienten das Menetekel. Suizid ist *die* tödliche Komplikation einer psychischen Störung. Er ist die meistgefürchtete Komplikation einer psychiatrisch-psychotherapeutischen Behandlung oder die Folge einer unterlassenen notwendigen Therapie. Es trifft die einzelnen Berufsgruppen in unterschiedlichem Ausmaß: Psychiater in Landeskrankenhäusern oder in psychiatrischen Kliniken haben am häufigsten damit zu tun. An zweiter Stelle stehen in psychosomatisch-psychotherapeutischen Kliniken tätige Kollegen und Kolleginnen, gefolgt von niedergelassenen Psychiatern und Psychotherapeuten. Konfrontiert damit sind selbstverständlich auch Ärzte aus anderen Fachgebieten. Treffen kann es jeden in unserem Beruf, vorbereitet ist man darauf nie. Der Suizid eines Patienten verfolgt den engagierten Therapeuten beruflich und privat für immer. Viele suizidgefährdete Patienten tragen das Risiko eines Suizides und der Therapeut somit die Sorge um seinen Patienten ein Leben lang.

Trotz der Bedeutung von Suizid für unseren Berufsstand sind Ätiologie und Pathogenese von suizidalem Verhalten bis heute nur mäßig erforscht, Prävention und Therapie kaum evaluiert. Viele Gründe mögen dabei eine Rolle spielen: Suizidalität ist keine eigenständige Diagnose, sondern wird unter Depression abgehandelt. Es fehlen weitgehend spezifische Konzepte zu Entstehung und Behandlung. Die Kombination von biologischen und psychologischen Methoden bei der Behandlung machen beiden Berufsgruppen, d. h. Psychiatern und Psychologen, Probleme. Vielleicht sind es auch die - eigene - Einstellung zur Suizidalität und die gesellschaftliche Tabuisierung dieses Themas, die eine fachliche Auseinandersetzung erschweren.

Wegen der *klinischen Bedeutung* von Suizidalität wird dieses Thema ausführlich abgehandelt. Ausführlich meint hierbei nicht nur das Erkennen und Behandeln von Suizidalität, sondern auch den epidemiologischen Aspekt, präventive Strategien zur Bekämpfung von Suizidalität und last but not least die juristische Problematik.

Thomas Bronisch gibt einen kurzen, vor allem epidemiologischen Überblick zur Bedeutung von Suizidalität und führt in die Grundzüge der Diagnostik von Suizidgefährdung ein. Manfred Wolfersdorf und Mitarbeiter berichten über Fakten und Vorgehensweisen bei Krisenintervention von Suizidalität. Thomas Gienalczyk und Jürgen Kind setzen sich mit der Übertragung und Gegenübertragungsreaktionen bei chronisch Suizidalen auseinander. Rolf-Dieter Trautmann-Sponsel gibt einen Überblick über die kognitiv-behavioralen Therapien bei Borderline-Patienten. Manfred Wolfersdorf geht auf die antidepressive Behandlung von Suizidalität ein. Andreas Warnke und Uwe Hemminger führen uns in die Diagnostik und Therapie von suizidalem Verhalten bei Kindern und Jugendlichen ein. Benigna Gerisch stellt die therapeutischen Probleme beim Umgang mit suizidalen Frauen dar. Elmar Etzersdorfer befasst sich mit präventiven Strategien zur Bekämpfung von Suizidalität. Matthias Weber bringt uns die rechtliche Problematik bei der Behandlung von Suizidenten näher.

München, im März 2002   *Thomas Bronisch*

Inhaltsverzeichnis

Anschriften

Prof. Dr. med. Thomas Bronisch
Max-Planck-Institut für Psychiatrie
Klinik
Kraepelinstraße 10
80804 München

Dr. med. Matthias Dobmeier
Klinik und Poliklinik für Psychiatrie
der Universität Regensburg
Bezirksklinikum Regensburg
Universitätsstraße 84
93053 Regensburg

Univ.-Doz. Dr. med. Elmar Etzersdorfer
Furtbachkrankenhaus
Klinik für Psychiatrie und
Psychotherapie
Furtbachstraße 6
70178 Stuttgart

Dr. med. Christoph Franke
Bezirkskrankenhaus
Klinik für Psychiatrie und
Psychotherapie
Nordring 2
95445 Bayreuth

Dr. phil. habil. Benigna Gerisch
Psychiatrische Universitätsklinik
Hamburg-Eppendorf
Martinistraße 52
20246 Hamburg

Dr. phil. Thomas Giernalczyk
Diplom-Psychologe und
Psychoanalytiker
Franz-Joseph-Straße 35
80801 München

Dr. phil. Uwe Hemminger
Klinik für Kinder- und
Jugendpsychiatrie
und Psychotherapie
Füchsleinstraße 15
97080 Würzburg

Dr. med. Jürgen Kind
Psychoanalytiker und
Facharzt für Psychiatrie
Theaterstraße 17b
37073 Göttingen

Dr. med. Christian Mauerer
Bezirkskrankenhaus
Klinik für Psychiatrie und
Psychotherapie
Nordring 2
95445 Bayreuth

Dr.med.Dipl.-Psych.
Rolf Dieter Trautmann-Sponsel
Psychosomatische Fachklinik Windach
Schützenstraße 16
86949 Windach

Prof. Dr. Dipl.-Psych. Andreas Warnke
Klinik für Kinder- und
Jugendpsychiatrie
und Psychotherapie
Füchsleinstraße 15
97080 Würzburg

Priv. Doz. Dr. med. Matthias Weber
Max-Planck-Institut für Psychiatrie
Klinik
Kraepelinstraße 10
80804 München

Prof. Dr. med. Manfred Wolfersdorf
Bezirkskrankenhaus
Klinik für Psychiatrie und
Psychotherapie
Nordring 2
95445 Bayreuth

1 Zur Epidemiologie von Suizidalität

Thomas Bronisch

Der Suizid findet sich schon bei Steinzeitmenschen. Eine deutliche Zunahme von Suiziden zeigt sich in europäischen Ländern im Laufe des 19. Jahrhunderts durch den Einfluss von Säkularisierung, Industrialisierung und - damit verbunden - der Individualisierung in den betreffenden Gesellschaften. Suizide gehören zu den häufigsten Todesursachen in westlichen Gesellschaften und die Suizidrate übersteigt die Rate an tödlichen Verkehrsunfällen. Suizidraten weisen in den einzelnen Gesellschaften eine erstaunliche Konstanz über Jahrzehnte und Jahrhunderte auf. Dennoch können gesellschaftliche Umbrüche wie Kriege oder die Öffnung des Eisernen Vorhanges in Osteuropa zu einer deutlichen Veränderung der Suizidquoten führen. In den letzten 30 Jahren konnte eine Zunahme von Suiziden bei männlichen jungen Erwachsenen in Europa und Nordamerika beobachtet werden. Im Alter findet sich die höchste Anzahl an Suiziden, im jugendlichen Alter treten die meisten Suizidversuche auf. Geschlechterdifferenzen sind ausgeprägt, mit einem Überwiegen des männlichen Geschlechtes bei Suiziden und einem Überwiegen des weiblichen Geschlechtes bei Suizidversuchen. Als Risikofaktoren für Suizid und Suizidversuch gelten ein vorausgegangener Suizidversuch, psychiatrische Erkrankungen wie Depression, Sucht, Psychose und Persönlichkeitsstörungen, allein zu leben, geschieden, getrennt lebend und verwitwet zu sein sowie Arbeitslosigkeit. Ein weiterer Risikofaktor für Suizidversuche stellt die Zugehörigkeit zur unteren soziale Schicht dar.

Suizide

Die Häufigkeit von Suiziden

Der Suizid ist die zehnthäufigste Todesursache in der Welt (Jenkins 1997). Tabelle1.1 zeigt die Häufigkeit von Todesursachen (WHO 1990) weltweit unter Auslassung der häufigsten Todesursachen wie Herz-Kreislauf-Erkrankungen, Schlaganfällen, Krebserkrankungen, Infektionskrankheiten und Mangelernährung.

Eindrucksvoll ist hier v.a. die Tatsache, dass Autounfälle nur unwesentlich höhere Raten zeigen als Suizide. Die WHO-Daten sind natürlich cum grano salis zu nehmen, da Suizide in den meisten Ländern der dritten Welt nicht systematisch und reliabel erfasst werden. Von den meisten westlichen Ländern wissen wir, dass die Zahl der Suizide die Zahl der tödlichen Autounfälle übersteigt (Deutschland ca. 14.000 Suizide gegenüber 10.000 tödlichen Autounfällen im Jahre 1996). In Deutschland beendeten im Jahre 1994 jeder 71. Mann und jede 149. Frau ihr Leben durch einen Suizid (Schmidtke u. Mitarb. 1996b).

Tabelle 1.1 WHO-Statistik: Todesursachen weltweit (WHO 1990)

Anzahl	Ursache
856.000	Tod durch Autounfälle
818.000	Tod durch Suizid
322.000	Tod durch Krieg
292.000	Tod durch Kriminalität
291.000	Tod durch Aids

Die Häufigkeit von Suizidalität in unterschiedlichen Kulturen und Gesellschaften

In der Stammesgeschichte muss der Suizid als ein dem Menschen ureigenes Verhalten gesehen werden. Der Suizid setzt Selbstreflexion voraus, d.h. das Individuum muss zwischen einem beobachtenden und einem erlebenden Ich unterscheiden können. Den Menschen zeichnet eine solche Fähigkeit aus, im Tierreich vermuten wir sie bei unseren nächsten Verwandten, den Primaten. Hier fehlen jedoch eindeutige Suizidhandlungen. Selbst bei Primaten, bei denen – in seltenen Fällen – Fremdtötungen und Selbstverstümmelungen vorkommen, wurden weder in freier Wildbahn (Eibl-Eibesfeldt 1995) noch in geschlossenen Gehegen (Kraemer u. Clarke 1991) Suizide beobachtet.

Suizide finden sich allerdings schon in Gesellschaften, die unter steinzeitlichen Bedingungen leben, wie etwa in Papua Neuguinea und in West-Neuguinea (Tab.1.2, Schiefenhövel 1998, unveröffentlicht). Hierbei zeigen sich sehr stark differierende Häufigkeiten der suizidalen Handlungen mit einem Überwiegen des weiblichen Geschlechtes.

Diese hohe Variabilität von Suizidraten in den einzelnen Kulturen und Ländern setzt sich bis zum heutigen Tage fort. In Abb. 1.1 sind die jüngsten verfügbaren Suizidziffern der Welt aufgelistet (Schmidtke u. Mitarb. 1999).

Sieht man sich die Rangreihe von Suizidhäufigkeiten in den einzelnen Ländern an, so können zumindest für die europäischen Länder gewisse Gesetzmäßigkeiten festgehalten werden. Es treten ein Nord-Süd-Gefälle und ein Ost-West-Gefälle auf, was die Häufigkeit von Suiziden betrifft. Die östlichen und nördlichen Länder weisen höhere Suizidraten auf als die westlichen und südlichen. Hierbei scheinen soziologische Entwicklungen wie Säkularisierung und Industrialisierung mit der Auflösung der Großfamilien sowie Klimafaktoren eine Rolle zu spielen, die nicht scharf voneinander zu trennen sind (Bronisch 1995). Deutschland nimmt in der Rangreihe der Suizidhäufigkeit eine mittlere Position ein, wobei die neuen Bundesländer, v.a. Sachsen, Brandenburg und Thüringen, eine traditionell höhere Suizidrate aufweisen als die alten Bundesländer (Schmidtke u. Mitarb. 1996b).

Tabelle 1.2 Suizidraten in einigen Papuagesellschaften nach Daten von Schiefenhövel (1998 unveröffentlicht)

Autor	Stamm	weiblich	männlich	weiblich / männlich
W. Schiefenhövel	Eipo (West-Neuguinea)	2,0%	<1,0%	
P. Bonnemère	Baruya (Papua Neuguinea)	8,8%	3,6%	
P. Bonnemère	Ankave (Papua Neuguinea)	0,0%	0,0%	
D. Gardner	Mianmin (Papua Neuguinea)	0,0%	0,0%	
D. Jorgensen	Telefomin (Papua Neuguinea)			10%
F. Poole	Bimin-Kuskumin (Papua Neuguinea)			12%

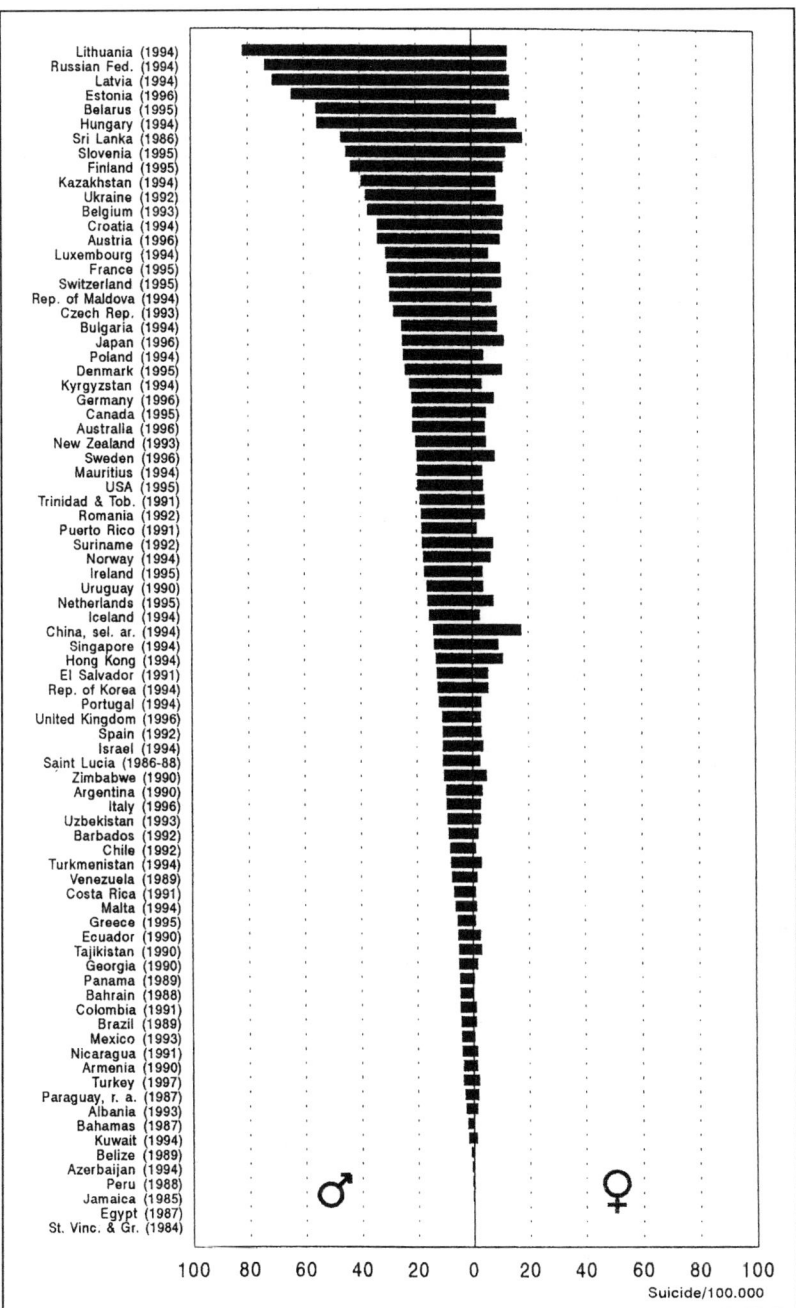

Abb. 1.1 Suizidraten pro 100 000 Einwohner in den Staaten mit offiziellen Suizidstatistiken
(WHO: 1994–1996)

Konstanz und Variabilität von Suizidraten

Innerhalb einzelner Kulturen und Länder findet sich über längere Zeiträume hinweg eine erstaunliche Konstanz der Suizidraten. In Abb. 1.2 sind die Suizidraten des Deutschen Reiches und der BRD zwischen 1890 und 1990 dargestellt (Wedler 1992).

Diese Konstanz kann für einzelne Länder auch bis zum Anfang des 19. Jahrhunderts zurückverfolgt werden, als zum ersten Mal z. B. in Preußen, Frankreich und in den nordischen Staaten Suizide erfasst wurden (Retterstøl 1992).

Allerdings können sich Suizidraten durch politische und damit verbundene soziale Veränderungen und Umwälzungen erheblich verändern. Ein Beispiel ist das Absinken von Suizidhäufigkeit während der beiden Weltkriege, wie es sich in Abb.1.2 zeigt (während des Zweiten Weltkrieges wurden im Deutschen Reich Suizide nicht erfasst). Diese Abnahme der Suizide fand nicht nur in den am Krieg beteiligten Staaten statt, sondern auch in neutralen Staaten wie der Schweiz und umfasste ebenfalls die Suizide von Frauen (Kreitman 1986). Ein weiteres Beispiel ist das Absinken der Suizidraten nach der Öffnung des Eisernen Vorhanges. Ende der achtziger Jahre erfolgte in allen osteuropäischen Staaten einschließlich der neuen Bundesländer ein Absinken der Suizidzahlen um bis zu 40% mit einem leichten Anstieg während der letzten Jahre (Diekstra 1996).

Suizidversuche

Veränderung von Suizidversuchsraten

In Europa, USA und Kanada konnte in den sechziger und siebziger Jahren was die Anzahl von in Kliniken behandelten Patienten mit Tablettenintoxikation in suizidaler Absicht betrifft, ein starkes Ansteigen der Suizidraten beobachtet werden. In den achtziger Jahren blieben die Ziffern im Sinne einer Plateauphase konstant, während in den neunzi-

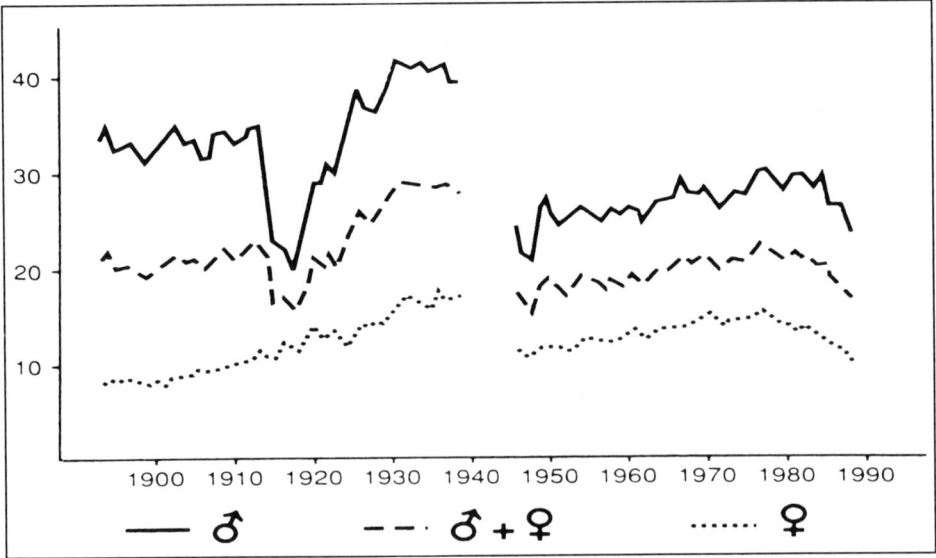

Abb. 1.2 Suizidraten pro 100 000 Einwohner im Deutschen Reich von 1900 bis 1940 und in Westdeutschland von 1945 bis 1990 (Wedler 1992).

ger Jahren ein weiteres Ansteigen in einzelnen Erhebungsgebieten (z.B. in Edinburg, Gent und Oxford) zu beobachten war. Der Anstieg der Suizidversuchsraten, genauer untersucht in Oxford, war besonders ausgeprägt in der Gruppe der jungen Männer und wurde in Beziehung zu dem gleichzeitig erheblich ansteigenden Drogenkonsum in dieser Altersgruppe junger Männer gesetzt (Kerkhof 2000).

Die WHO/EURO Multicentre Study on Parasuicide

Die Datenlage bei Suizidversuchen ist aus gut nachvollziehbaren Gründen wesentlich unvollständiger und unpräziser als bei Suiziden. Die lediglich in Kliniken nach einer Tablettenintoxikation aufgenommenen Patienten, die zur Erfassung von Suizidversuchsraten herangezogen wurden, müssen nicht unbedingt die wahren Suizidversuchsraten widerspiegeln. Die Häufigkeiten müssen zu der Größe und den soziodemographischen Charakteristika des Einzugsgebietes der entsprechenden Klinik in Bezug gesetzt werden. Weiterhin wird eine nicht unerhebliche Zahl der Patienten ambulant behandelt oder nur ambulant in einer medizinischen Notaufnahme gesehen. Die oben erwähnten Daten stammen zudem nur aus ausgewählten Bezirken von Kliniken und schließlich könnte auch die Definition eines Suizidversuches in verschieden Gegenden und Ländern unterschiedlich sein.

Aus diesem Grund wurde Ende der achtziger Jahre durch das World Health Organization Regional Office in Kopenhagen eine kollaborative Multicenter Studie ins Leben gerufen, die 16 Einzugsgebiete in Europa umfasst und in den entsprechenden Einzugsgebieten methodisch einheitlich auftretende Suizidversuche erfasst (Kerkhof u. Mitarb. 1994).

Die Ergebnisse wurden hierbei bezogen auf die Größe und die soziodemographischen Charakteristika der einzelnen Einzugsgebiete, um Raten, Trends, Risikofaktoren und soziale Indikatoren beschreiben zu können. Die wesentlichen Ergebnisse stammen aus der Untersuchungsperiode von 1989-1992 und lassen sich wie folgt zusammenfassen (Schmidtke u. Mitarb. 1996a):

Suizidversuche sind überall häufiger bei Frauen als bei Männern mit Ausnahme Finnlands. Insbesondere sind Frauen im Alter zwischen 15 und 24 Jahren überrepräsentiert. Hohe Suizidversuchsraten finden sich in den nördlichen Regionen Europas, niedrige in den mediterranen Regionen. Allein Lebende und Geschiedene sind überrepräsentiert, ebenso Personen mit geringer Schulbildung, Arbeitslosigkeit und einer psychiatrischen Vorgeschichte. Saisonale und Wetterbedingungen sowie öffentliche Feiertage haben einen geringen, aber immerhin signifikanten Effekt auf die Raten von Suizidversuchen.

Personen mit mehr als einem Suizidversuch sind charakterisiert durch: sozioökonomische Deprivation, eine stärkere Ausprägung von Depression, Hoffnungslosigkeit, Machtlosigkeit, Substanzmissbrauch, Persönlichkeitsstörungen, instabile Lebensbedingungen, Vorstrafen, psychiatrische Behandlungen und einer Vorgeschichte mit traumatischen Lebensereignissen einschließlich broken home und Gewalt in der Familie.

Suizide und Suizidversuche

Geschlechtsdifferenzen und Suizidalität

Erstaunlich sind auch die konstant höheren Suizidziffern bei Männer gegenüber Frauen über alle Länder und Kulturen hinweg (Ausnahme: einzelne Provinzen Chinas mit einem Überwiegen der Frauen. s. Abb. 1.1). Jedoch überwiegen Suizidversuche bei dem weiblichen Teil der Bevölkerungen. Das Verhältnis Suizid zu Suizidversuch beträgt in Deutschland bei Männern 1:3,5 und bei Frauen 1:15. Suizidversuche finden sich gehäuft in den jüngeren Altersstufen, Suizide in den höheren Altersstufen, sowohl bei Männern als auch bei Frauen (Schmidtke u. Mitarb. 1996b).

Die Abb. 1.3 und 1.4 zeigen die gegenläufige Verteilung von Suiziden und Suizidversuchen sowie die voneinander abweichenden Häufigkeiten von Suiziden und Suizidversuchen bei Männern und Frauen in den verschiedenen Alterskohorten der Jahre 1966-1977 in der BRD. Auch in den Jahren nach 1977 hat sich an diesen Verteilungen nichts Wesentliches geändert. Zu beachten ist, dass bei Frauen jeder zweite Suizid nach dem 60. Lebensjahr erfolgt, und dass die höchste Suizidrate bei den Männern nach dem 80. Lebensjahr vorliegt (Schmidtke u. Mitarb. 1996b). Andererseits stellt der Suizid im Alter von 15-35 Jahren nach den Unfällen die häufigste Todesursache dar, wobei hier wiederum das männliche Geschlecht besonders stark betroffen ist (Schmidtke u. Mitarb. 1996c).

Risikofaktoren

In epidemiologischen Studien wurden konstant eine Reihe von Risikofaktoren für Suizide und/oder Suizidversuche berichtet, die hier zusammenfassend wiedergegeben werden sollen (Bronisch 1998).

➢ *Geschlecht:* Für Suizide das männliche Geschlecht, für Suizidversuche das weibliche Geschlecht

➢ *Alter:* Für Suizide das Alter jenseits des 50. Lebensjahres, manchmal bis ins hohe Alter; für Suizidversuche die jüngeren Altersgruppen, v. a. zwischen 15 und 34 Jahren

➢ *Familienstand:* Allgemein werden die höchsten Suizidraten bei Geschiedenen gefunden, insbesondere Männern, dasselbe gilt für Suizidversuche. Nach den Geschiedenen folgen die Verwitweten und schließlich die Ledigen, während die Verheirateten die niedrigsten Suizid- und Suizidversuchsraten aufweisen.

➢ *Soziale Schicht:* Die bekannteste Einteilung der sozialen Schicht stammt von Hollingshead und Redlich (1958), die fünf verschiedene soziale Schichten unterscheiden: Oberschicht, obere und untere Mittelschicht, obere und untere Unterschicht. Die vier letzten werden jeweils zur Mittelschicht und zur Unterschicht zusammengezogen. Die Schichtzugehörigkeit richtet sich bei Hollingshead und Redlich vornehmlich nach dem Prestige der Berufe, das in der ganzen Welt eine erstaunliche Einheitlichkeit aufweist, sowie nach dem Ausbildungsstand der Betroffenen. Der eindeutige Hinweis für einen Zusammenhang mit einer sozialen Schicht ergibt sich lediglich bei Suizidversuchen für die Unterschicht.

➢ *Arbeitsstand:* Es besteht ein sicherer Zusammenhang zwischen Arbeitslosigkeit und Suizid bzw. Suizidversuch.

➢ *Jahreszeitliche Schwankungen:* Seit langem ist bekannt, dass sich Suizide im Frühling und Sommer häufen. Die saisonale Schwankung tritt sowohl in den Ländern der nördlichen als auch in denen der südlichen Hemisphäre auf. Diese jahreszeitlichen Schwankungen finden sich ebenfalls bei Depressiven.

➢ *Stadt-Land-Unterschiede:* Es finden sich in vielen Ländern hohe Suizidraten in den städtischen und niedrige in den ländlichen Gebieten. Hingegen sind in den Staaten der ehemaligen Sowjetunion die Suizidraten auf dem Land wesentlich höher als in städtischen Gebieten.

➢ *Religionszugehörigkeit:* Vor allem in den katholischen Ländern werden niedrige Suizid- und Suizidversuchsraten beobachtet. In Europa verläuft der Hauptgradient der Suizidraten vom protestantischen Norden zum stärker katholischen Süden, in den Grenzen des ehemaligen Deutschen Reiches vom katholischen Westen zum protestantischen Osten. Werden Daten analysiert, die innerhalb eines Landes unter angemessener Berücksichtigung des Grades der Verstädterung und der sozialen Schichtung gewonnen wurden, bleiben nur geringfügige Unterschiede zwischen katholischen und protestantischen Gegenden übrig. Diese werden dann im Allgemeinen der stärkeren sozialen Kohäsion katholischer Gemeinden zugeschrieben.

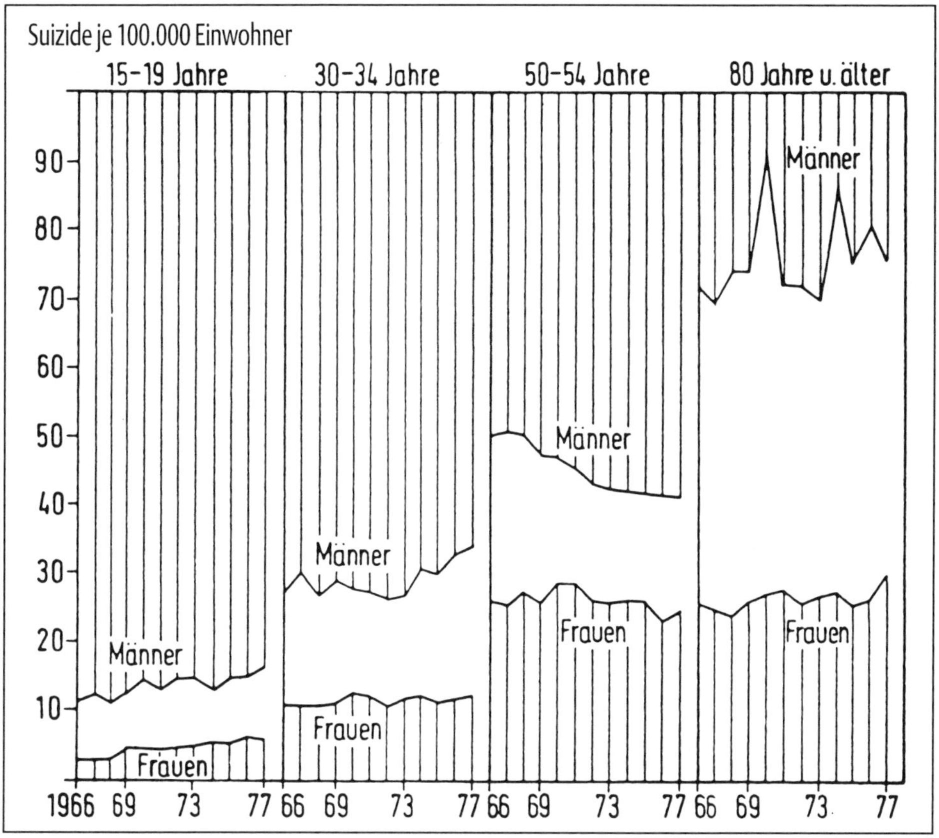

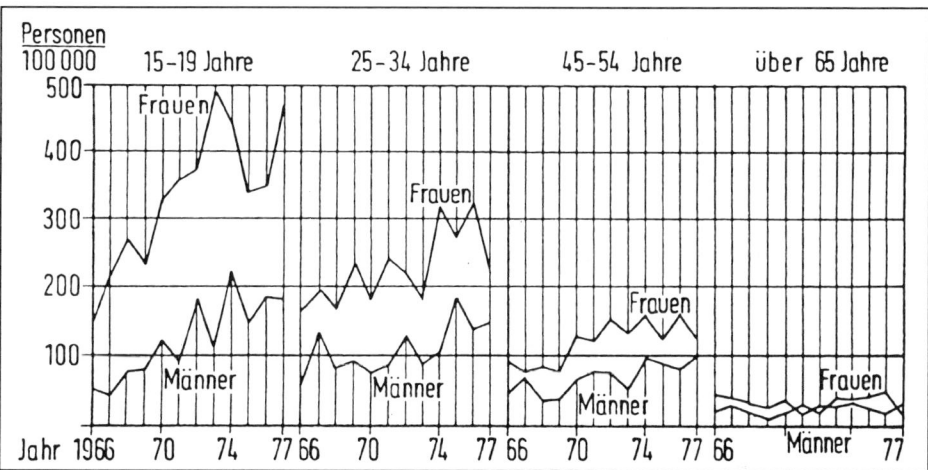

Abb. 1.3 Suizidraten je 100 000 Einwohner nach Altersgruppen und Geschlecht in der BRD (1966–1977).

Abb. 1.4 Suizidversuche nach Altersgruppen und Geschlecht pro 100 000 Einwohner.

- Suizide gehören zu den zehn häufigsten Todesursachen in westlichen Gesellschaften.
- Suizide junger Erwachsener sind nach Unfällen die zweithäufigste Todesursache in westlichen Gesellschaften.
- Suizide männlicher junger Erwachsener nehmen zu.
- Suizide zeigen in den einzelnen Ländern und Kulturen eine erstaunliche Konstanz über Jahrzehnte oder sogar über ein Jahrhundert hinweg. Gesellschaftliche Umbrüche können zu einem dramatischen Ansteigen oder Absinken von Suizidzahlen führen.
- Suizidversuche sind in westlichen Gesellschaften um ein Zehnfaches höher als Suizide.
- Suizide finden sich gehäuft im höheren Lebensalter, Suizidversuche überwiegen in jüngeren Lebensjahren.
- Beim männlichen Geschlecht überwiegen Suizide, beim weiblichen Geschlecht Suizidversuche.
- Risikofaktoren für Suizid und Suizidversuche sind ein vorausgegangener Suizidversuch, psychiatrische Erkrankungen, allein zu leben, getrennt, geschieden und zu verwitwet sein sowie Arbeitslosigkeit.

2 Diagnostik von Suizidalität

Thomas Bronisch

Das Erkennen von Suizidalität und das Abschätzen akuter Suizidalität setzen eine Ausbildung in psychiatrischer Exploration und Diagnostik, aber auch die Fähigkeit, sich in die Psychodynamik und Lerngeschichte des suizidalen Patienten einfühlen zu können sowie Selbsterfahrung voraus. Das Erkennen von Suizidalität verlangt eine psychiatrische Anamnese, eine psychopathologische Befunderhebung mit dem Schwerpunkt auf der Erfassung depressiver Syndrome und evtl. früherer Suizidversuche, die Analyse der aktuellen Lebenssituation und der Motive für suizidales Verhalten. Die Einschätzung der akuten Suizidalität nach einem Suizidversuch hängt wesentlich von der Suizidmethode und dem Arrangement, der psychiatrischen Erkrankung sowie der Einstellung des Patienten zu seinem Suizidversuch ab. Schließlich sind die derzeitigen Lebensumstände des Betroffenen und ihre Veränderbarkeit zu berücksichtigen.

Definition von Suizidalität

Es sind drei Begriffe sind zu definieren, die Formen suizidalen Erlebens und Verhaltens beinhalten:
➤ Suizidideen
➤ Suizidversuche
➤ Suizide.

Suizidideen können bedeuten: Nachdenken über den Tod im Allgemeinen und den eigenen Tod, Todeswünsche und suizidale Ideen im engeren Sinne. Hierbei handelt es sich um direkte Vorstellungen der Suizidhandlung, d.h. „ich möchte mich umbringen" und „wie kann ich mich umbringen".

Die heute generell anerkannte Definition von Suizidversuch, im Englischen auch als Parasuizid bezeichnet, stammt von der Arbeitsgruppe der WHO von 1989 (Platt u. Mitarb. 1992) und wurde zunächst in Englisch publiziert. Die autorisierte deutsche Version lautet wie folgt:

„Eine Handlung mit nicht-tödlichem Ausgang, bei der ein Individuum absichtlich ein nicht-habituelles Verhalten beginnt, das ohne Intervention von dritter Seite eine Selbstschädigung bewirken würde, oder absichtlich eine Substanz in einer Dosis einnimmt, die über die verschriebene oder im Allgemeinen als therapeutisch angesehene Dosis hinausgeht und die zum Ziel hat, durch die aktuellen oder erwarteten Konsequenzen Veränderungen zu bewirken."

Diese Definition beinhaltet einerseits eine aktive Intention, sich selbst zu schädigen, aber nicht unbedingt sich zu töten. Der Todeswunsch war von Kreitman als nicht notwendig erachtet worden (1986). Andererseits schließt diese Definition eine aktive Handlung mit dem Ziel der Veränderung äußerer Gegebenheiten ein. Sie berücksichtigt aber nicht eine Gruppe von selbstschädigenden Verhaltensweisen, die von einigen Autoren, wie z. B. Karl Menninger (1938), als verzögerte Selbsttötung beschrieben werden, hierunter fielen z. B. Alkohol-, Medikamenten- und Drogenabhängigkeit, Magersucht oder u. U.

Tabelle 2.1 Diagnostisches Vorgehen bei Suizidalität

Diagnostische Ebene	Diagnostische Ziele
Anamnese	Erfassen der Symptomatik und ihrer chronologischen Entwicklung. Information über Vorerkrankungen (insbesondere Suizidversuche) und Lebenssituation
Exploration	Erkennen psychiatrischer Erkrankungen, insbesondere depressiver Syndrome; Verstehen auslösender Konfliktsituationen
	Beurteilung der aktuellen Suizidgefährdung
	• aktive vs. passive Gedanken
	• konkrete Planung vs. Ungerichtete Absichten
	• häufige, drängende vs. Seltene Gedanken
	• Gefährlichkeit einer geplanten oder ausgeführten suizidalen Handlung
	• Art des Suizidmotivs
Körperliche Untersuchung	Erfassen therapierelevanter körperlicher Begleiterkrankungen (inkl. der Folgen durchgeführter suizidaler Handlungen)
Fremdanamnese	Ergänzung und Überprüfung der Angaben des Patienten (besonders bei Bagatellisierungstendenzen, möglichst mit dem Einverständnis des Betroffenen!)

auch riskante sportliche Aktivitäten mit einem hohen Risiko für Leib und Leben des Betroffenen (riskante Formen von Bergsteigen, Drachenfliegen, Skifahren, Autofahren etc.). Bei diesen Verhaltensweisen nimmt Karl Menninger einen dem Betroffenen nicht bewussten Todeswunsch an. Jedoch fehlen hier die aktive oder die aktive, bewusste Intention zu sterben sowie die auf einen kurzen Zeitraum begrenzte absichtliche Selbstschädigung. In der WHO-Definition jedoch vermisst man die Frage nach dem Motiv der Suizidhandlung. Ein Suizid beinhaltet letztlich einen zum Tode führenden Suizidversuch.

Befunderhebung

Die in Tab. 2.1 angegebenen diagnostischen Schritte zur Einschätzung von Suizidalität suggerieren zunächst ein längeres ausführlicheres Gespräch evtl. zusätzlich auch noch mit Angehörigen, Freunden oder Arbeitskollegen des Patienten. Aber mit einigen wenigen gezielten Fragen z.B. bei einer Exploration während des ärztlichen Notfalldienstes, auf einer Intensivstation oder im Rahmen einer Erstexploration in einer psychiatrischen oder psychotherapeutischen Praxis, können die wesentlichen Aspekte von Suizidalität in wenigen Minuten abgefragt werden.

Einteilung von Suizidversuchen

Bei der Beschreibung von suizidalen Verhaltensweisen/Suizidversuchen hat es sich als klinisch brauchbar erwiesen, eine Unterteilung zu treffen, die sich nach den Motiven des Suizidenten richtet (Feuerlein 1971).

➢ *Parasuizidale Pause:* Der Wunsch nach einer Zäsur steht im Vordergrund. Hierbei handelt es sich um Patienten, die z. B. mit Tabletten einfach einmal „abschalten wollen".

➢ *Parasuizidale Geste:* Der Appell an den Mitmenschen steht im Vordergrund. Hierbei handelt es sich um Patienten, die einen Suizidversuch oftmals in Anwesenheit eines Partners unternehmen oder leicht auffindbar sind und keine „harte" Suizidversuchsmethode anwenden. Ihr Ziel ist es, auf ihre Not aufmerksam machen.

➢ *Parasuizidale Handlung:* Hier steht die Autoaggression im Vordergrund im Sinne eines missglückten Suizides.

Einschätzung der Ernsthaftigkeit eines Suizidversuchs

Neben der Ernsthaftigkeit der Suizidintention, wie oben beschrieben, sind Suizidarrangement und Gefährlichkeit der Suizidmethode von Bedeutung. Das Arrangement gibt Auskunft darüber, inwieweit der Suizident ein (rasches) Auffinden seiner Person nach erfolgtem Suizidversuch möglich oder unmöglich macht. Die Methode gibt u. U. Hinweise darauf, mit welcher Endgültigkeit der Betroffene seinen Suizid in die Wege leitet. Hierbei spielen sog. „harte Methoden" eine besondere Rolle. Dazu zählen alle Methoden, die nicht durch Einnahme von Drogen oder Medikamenten erfolgen, wie etwa Erhängen, Erschießen, vor einen Zug springen, sich ertränken, sich von einem hohen Gebäude stürzen, sich die Pulsadern aufschneiden oder sich eine todbringende Substanz spritzen oder infundieren (z. B. Insulin).

Dennoch gelten diese Charakteristika für ernsthafte Suizidversuche nicht uneingeschränkt, was an einem Beispiel erläutert werden soll.

Eine Patientin unternimmt eines Abends einen Suizidversuch mit Einnahme von 20 Schlaftabletten, die sie im Medikamentenschrank vorgefunden hat („weiche Methode"). Sie legt sich ins gemeinsame Ehebett (Arrangement ermöglicht ein rasches Auffinden). Ihr Wunsch ist einfach, nach den vielen Streitigkeiten mal völlig abzuschalten (parasuizidale Pause). Die Patientin verstirbt noch in derselben Nacht. Bei den Tabletten handelte es sich um barbiturathaltige Schlafmittel, welche zu einer Lähmung des Atemzentrums führten. Der Ehemann ging erst spät ins Bett, hatte auf die nicht eindeutigen Suizidäußerungen seiner Frau nicht reagiert. Er fand sie schlafend vor, die Medikamentenschachtel war vom Nachttisch gefallen und lag für den Ehemann nicht direkt sichtbar auf dem Boden. Am nächsten Morgen konnte der herbeigerufene Notarzt nur noch den Tod der Patientin feststellen.

Psychiatrische Diagnosen und Suizidalität

Tabelle 2.2 gibt die in psychologischen Autopsiestudien erhobenen wesentlichen psychiatrischen Diagnosen von an Suizid Verstorbenen wieder. Im Rahmen dieser Studien wird nach dem Suizid mit Hilfe unterschiedlicher Informationsquellen, wie z.B. Krankenakten von früheren stationären Aufenthalten, Befragung von Angehörigen, von behandelnden Ärzten und Psychotherapeuten, ein genaueres Bild über den Suizidenten und die Entstehungsbedingungen des Suizids entworfen.

Nahezu jeder Suizident (86–100%) erhielt eine psychiatrische Diagnose, wobei Depression (30–70%) und Sucht (2–78%) die häufigsten Diagnosen waren (Bronisch 1996). Wie schon in Tab. 2.2 angedeutet, wurden Mehrfachdiagnosen gestellt, d.h., es wurde die Komorbidität erfasst.

In Tab. 2.3 sind die in der finnischen psychologischen Autopsiestudie neben der einer Major Depression gestellten psychiatrischen Diagnosen bei 71 Suizidtoten wiedergegeben (Henriksson u. Mitarb. 1993, Isometsä u. Mitarb. 1994).

Auffallend ist hier, dass nur 15% der Suizidenten die alleinige Diagnose einer Major Depression erhielten. Alle anderen wiesen zusätzliche Diagnosen wie Angststörungen (17%), Suchterkrankungen (31%), Persönlichkeitsstörungen (34%) und körperliche Erkrankungen (52%) auf. Daher ist bei Suizidgefährdeten nicht nur an eine der oben genannten psychiatrischen Diagnosen zu denken, sondern auch die Komorbidität, d.h. das gleichzeitige Bestehen mehrerer Diagnosen zu beachten.

Tabelle 2.2 Psychologische Autopsie-Studien: Diagnosen

Städte (Land)	Zeit-raum	n	Ge-schlechts-relation	Psychi-atrische Störung [%]	Depr.[1] [%]	Sucht[1] [%]	Psy-chose[1] [%]	Persönlich-keitsstö-rungen[1] [%]	Körperl. Erkran-kung [%]
St. Louis (USA)	1956-1957	134	3,3:1	94	45	25	2	0	4[2]
Seattle (USA)[3]	1957-1958	114	2,2:1	100	30	27	12	9	51
London (Engl.)	1966-1968	100	1,1:1	96	70	16	3	27	4[2]
Brisbane (Austr.)	1973-1974	135	1,7:1	--	55	46	4	3	70
San Diego (USA)	1981-1983	204	2,9:1	100	47	78	13	5	--
Buda-pest (Ungarn)	1985	200	1,3:1	86	50	2	2	--	14
Finnland	1987-1988	229	3,0:1	93	59	43	13	9[3]	--
Taiwan	1989-1991	116	1,6:1	97	87	48	7	62	--

[1]Mehrfachdiagnosen möglich, [2]zum Tode führende körperliche Erkrankung, [3]Hauptdiagnosen.

Tabelle 2.3 Zusätzliche Diagnosen (Komorbidität) von 71 männlichen und weiblichen Suizidopfern mit der Diagnose einer Major Depression (Isometsä u. Mitarb. 1994)

Komorbidität	Männer n=45		Frauen n=26		Gesamt n=71	
	n	%	n	%	n	%
Angststörung	8	18	4	15	12	17
Suchterkrankung[1]	20	44	2	8	22	31
Persönlichkeitsstörung[2]	14	34	8	33	22	34
Körperliche Erkrankung	23	51	14	54	37	52
Keine	5	11	6	23	11	15

[1]p = 0,002, Fishers exact test, zweiseitig, [2]n = 41 Männer und 24 Frauen.

Indikatoren für Suizidalität

Im Folgenden sind die wichtigsten Indikatoren für eine akute suizidale Gefährdung aufgeführt (Bronisch 1998).

➢ *Personale Faktoren:*
- Der Patient distanziert sich nicht von Suizidideen/Suizidversuch, auch nicht nach einem ausführlichen Gespräch.
- Der Patient erlebt drängende Suizidgedanken.
- Der Patient wirkt ausgesprochen hoffnungslos.
- Der Patient hat keine Zukunftsperspektive.

- Der Patient ist sozial isoliert, hat sich in letzter Zeit zunehmend zurückgezogen.
- Der Patient hat den Konflikt, der zu Suizidideen/Suizidversuch führte, nicht gelöst.
- Der Patient reagiert ausgesprochen gereizt/aggressiv oder ist agitiert, ein tragfähiger Gesprächsrapport kommt nicht zustande.
- Der Patient hat schwere depressive Verstimmung, evtl. mit depressiven Wahnideen.

➤ *Anamnestische Aspekte:*
- Der Patient hat eine Suchterkrankung.
- Der Patient befindet sich in einer akuten psychotischen Episode.
- Der Patient hat einen oder mehrere Suizidversuche in der Vorgeschichte.
- Der Patient hat ein Suizidarrangement getroffen, das eine Auffindung schwierig oder unmöglich macht.
- Der Patient unternahm einen Suizidversuch mit harter Methode oder hat Suizidgedanken mit harter Methode.
- Der Patient hat eine positive Familienanamnese mit Suiziden und/oder Suizidversuchen.
- Der Patient zeigt mangelnde Impulskontrolle, z. B. bei akuter Alkoholintoxikation und im Alkoholentzug.

Von besonderer Wichtigkeit ist das Vorliegen einer depressiven Verstimmung. Nahezu jeder Suizidgefährdete hat eine zumindest leichte depressive Verstimmung. Daher empfiehlt es sich, bei Verdacht auf Suizidalität zunächst nach den entsprechenden Symptomen wie depressiver Verstimmung, Schlafstörung, Appetit- und Libidostörungen, Konzentrationsstörungen, Apathie, Müdigkeit, Freud- und Lustlosigkeit, Selbstabwertung, Schuldgefühle, Hoffnungslosigkeit zu fragen. Hervorzuheben ist auch eine Familienanamnese mit Suiziden und Suizidversuchen, da hierdurch das Risiko des Betroffenen deutlich erhöht ist.

Einschätzung des Risikos eines erneuten Suizidversuchs

Die Gefahr eines erneuten Suizidversuchs ist umso geringer, je konkreter der Patient darstellen kann, warum er zum jetzigen Zeitpunkt nicht mehr suizidal ist, d.h., was sich in seiner Einstellung zum Leben (Tode) und in seiner sozialen Situation so grundlegend geändert hat, dass ein Suizidversuch nicht mehr sinnvoll und notwendig erscheint. Hat der Therapeut Zweifel an der Aufrichtigkeit der Antworten seines Patienten, sollten möglichst viele Fremdinformationen eingeholt werden. Auch die Einstellung des Patienten zu seinem Suizidversuch lässt Rückschlüsse auf ein zukünftiges Risiko zu. Ein weniger ausgeprägtes Suizidrisiko haben Patienten, die froh sind, den Suizidversuch überlebt zu haben, die Suizidideen und suizidales Verhalten unannehmbar und schrecklich finden oder die um Hilfe bitten. Ein Patient dagegen, der unwirsch, trotzig, schweigsam, unkooperativ, teilnahmslos oder sogar feindselig ist, hat möglicherweise einen anhaltenden Todeswunsch. Deshalb muss mit einem weiterhin bestehenden beträchtlichen Suizidrisiko gerechnet werden, wenn der Patient sich nicht offen und direkt äußert. Ein Patient, der die Gefährlichkeit seines Suizidversuches herunterspielt oder leugnet, ist schwer einzuschätzen. Er wird möglicherweise versuchen, den Arzt davon zu überzeugen, dass sein selbstzerstörerisches Verhalten unbeabsichtigt war (häufig bei Drogen- und Alkoholabhängigen). Dies lässt ebenfalls auf ein fortbestehendes hohes Suizidrisiko schließen. Große Wachsamkeit ist angezeigt, wenn sich ein Patient nach einer Tablettenintoxikation, dem Aufwachen aus dem Koma oder nach Rettung aus anderen lebensbedrohlichen

Situationen wie „neugeboren" fühlt. Solch ein Patient ist vielleicht euphorisch und behauptet, dass die beinahe tödliche Episode seine „unglückliche Vergangenheit ausgelöscht" habe. Diese gehobene Stimmung ist in der Regel jedoch nur kurzlebig, und es kann dann wieder zu einer suizidalen Gefährdung kommen, wenn der Patient ins reale Leben mit all seinen Enttäuschungen und Widrigkeiten zurückkehrt. Besonders zu beachten ist die gedankliche Einengung des suizidalen Menschen auf seine Innenwelt, d.h. die ausschließliche Beschäftigung mit dem extrem negativ geprägten Erleben (Ringel 1953). Vorsicht ist besonders dann geboten, wenn der Patient nach Suizidandeutungen und ausgeprägter depressiver Verstimmung ganz plötzlich, ohne dass sich Wesentliches in seinem Leben geändert hat, eine „unheimliche" Ruhe ausstrahlt oder in einen ausgesprochen agitierten Zustand gerät. Weiterhin sind suizidale Zwangsgedanken, die oftmals im Rahmen einer schweren Depression auftreten, alarmierend.

Risikofaktoren für Suizidalität

Aus den epidemiologischen Studien ergeben sich schon viele Hinweise auf Risikofaktoren für Suizidalität. Für Suizide und Suizidversuche sind es höheres Alter, Arbeitslosigkeit und die Familienstände geschieden, ledig, verwitwet; für Suizid ist als Risikofaktor das männliche Geschlecht zu nennen, für Suizidversuche das weibliche Geschlecht und die Zugehörigkeit zur unteren sozialen Schicht (Bronisch 2000). Für Suizide ist der bedeutendste Risikofaktor allerdings ein vorangegangener Suizidversuch, und zwar wird die Wahrscheinlichkeit eines Suizides größer je mehr Suizidversuche in der Vorgeschichte erfolgt sind. Risikofaktoren von erheblicher klinischer Bedeutung sind auch psychiatrische Erkrankungen, v.a. Suchterkrankungen und Depressionen. Es gibt Hinweise dafür, dass ca. 15% der stationär behandelten Depressiven und Suchtkranken sich suizidieren. Weiterhin finden sich gehäuft Suizide und Suizidversuche bei Schizophrenen und bei Patienten mit Panikstörungen, organischen Psychosyndromen sowie bei Patienten mit Persönlichkeitsstörungen. Auch bei konsumierenden körperlichen Erkrankungen, wie z. B. Krebs oder Aids, sind leicht erhöhte Suizidraten festzustellen.

Es muss jedoch darauf hingewiesen werden, dass mit diesen Prädiktoren ein Suizid nur unzureichend vorausgesagt werden kann (Bronisch 2000).

Motive und Bedeutungsmöglichkeiten von Suizidalität

Eine Reihe von Motiven und Bedeutungsmöglichkeiten für Suizidversuche lassen sich grundsätzlich voneinander unterscheiden (Bronisch 1995):

➢ Erlösung von seelischem (Depression, Angst, Sucht, Psychose) und körperlichem Leid (Krebs, Aids, Diabetes, Niereninsuffizienz)
➢ Wunsch nach einem Gottesurteil bzgl. des eigenen Weiterlebens, d.h. weder leben noch sterben zu können
➢ Suche nach Ruhe und Geborgenheit
➢ Hilferuf und Hilfsappell
➢ Entlastung von Schuld und Schamgefühlen
➢ Wendung der Aggression gegen das eigene Ich, da Aggression nicht gegen den Partner gerichtet werden darf
➢ Primäre Aggressivität gegen das eigene Ich
➢ Identifikation mit einer Idolfigur (sog. Werther-Effekt)
➢ Erpressung, Wunsch, die soziale Umwelt zu kontrollieren, zu manipulieren
➢ Racheakt im Sinne einer Bestrafung des Partners

➢ Kränkung aufgrund eines mangelhaft entwickelten Selbstwertgefühls (narzisstische Kränkung)
➢ Einzige Möglichkeit, das Selbstwertgefühl noch zu retten (Suizidversuch als narzisstische Plombe)
➢ Appell an menschliche Bindung bzw. Aufkündigung aller menschlichen Bindungen
➢ Aktive und freie Handlung eines Menschen (sog. Bilanzselbstmord)
➢ Spannungsabfuhr, kein Suizidversuch im engeren Sinne.

Meistens ist keine dieser Bedeutungsmöglichkeiten und Motive allein zutreffend. Ich neige dazu, besonders die narzisstischen Motive, v.a. aber den Appell an die menschliche Bindung, als die wesentlichen Motive für Suizidalität anzusehen. Motive geben Auskunft über therapeutische Eingriffsmöglichkeiten, bestimmen aber auch in Verbindung mit der auslösenden Lebenssituation das Ausmaß der weiterbestehenden Suizidgefährdung.

Die geschilderten Bedeutungsmöglichkeiten und Motive suggerieren in jedem Falle eine gewisse Abwägung, Entscheidung und Reflexion des Suizidenten. Dies entspricht jedoch nicht der klinischen Realität, Suizidversuche und Suizide sind zumeist Impulshandlungen, wobei der momentane seelische Schmerz nicht ausgehalten werden kann. Allerdings kann der Impuls zunächst überspielt sein durch eintretende Ruhe, nachdem erst einmal der Entschluss sich umzubringen gefasst worden ist. Eine ausgeprägte depressive Verstimmung mit Antriebshemmung kann ebenfalls den Suizidimpuls unterdrücken.

Das Erkennen von Suizidalität erfordert eine Exploration mit folgenden Schwerpunkten:
• psychiatrische Anamnese
• vorausgegangenes suizidales Verhalten
• familiäre Belastung mit suizidalem Verhalten
• psychopathologische Befunderhebung mit depressiver Symptomatik, Sucht und psychotischer Symptomatik
• Motive für eine suizidale Handlung
• Analyse der Konfliktsituation
• genaue Beschreibung des Arrangements des Suizidversuches
• Analyse von möglichen Zukunftsperspektiven.

3 Krisenintervention bei Suizidalität

Manfred Wolfersdorf, Christoph Franke, Christian Mauerer und Matthias Dobmeier

Ein kurzer Blick auf die Epidemiologie suizidalen Verhaltens verweist auf die dringliche Notwendigkeit, Suizidprävention und Krisenintervention bei Suizidalität zu einem fächerübergreifenden, gesundheitsmedizinischen und psychotherapeutisch-psychosozial relevanten Thema zu machen. Denn noch immer versterben jährlich in Deutschland ein Drittel mehr Menschen durch Suizid als im Straßenverkehr. Die wissenschaftliche Erforschung von Suizidalität (Suizidologie), der Wissensstand zur Diagnostik und Verhütung von suizidalem Handeln im medizinischen und allgemeinen psychosozialen Bereich ist gering, wenngleich das Problem des Umganges mit einem suizidgefährdeten Menschen keinen im psychosozialen Bereich Tätigen im Laufe seiner Berufstätigkeit auslässt. So starben 1997 in Deutschland 12 256 Personen (8835 Männer und 3421 Frauen) durch Suizid, was einer Suizidrate auf 100 000 Einwohner pro Jahr von 14,9 (Männer 22,1 und Frauen 8,1) entspricht (Mauerer u. Wolfersdorf 2000). Schmidtke und Mitarbeiter (1998) schätzen auf der Basis eigener Daten für die BRD für das Jahr 1996 für die 15 Jahre und ältere Bevölkerung eine Suizidversuchsrate von 122 auf 100 000 Männer und von 147 auf 100 000 Frauen. Das Überwiegen der älteren Menschen bei den Suiziden, das Überwiegen junger Menschen bei den Suizidversuchen, ein deutliches Überwiegen der Männer bei den Suiziden und der Frauen bei den Suizidversuchen, die Problematik der Dunkelziffer bei Suizid und Suizidversuch wegen fehlender Meldepflicht für Suizidversuche in Deutschland, ein hohes Schwanken von Suizidversuchsziffern bei gleichzeitig relativ konstanter Abnahmetendenz der Suizide seit Mitte der achtziger Jahre, das eindeutige Überwiegen psychischer Erkrankungen, insbesondere der Depression, bei Suiziden sowie das Überwiegen von Anpassungs- und Belastungsreaktionen, von sog. narzisstischen und anderen Krisen und von Menschen mit Persönlichkeitsstörungen bei den Suizidversuchen sind Schlaglichter von relativ konstanten Daten aus der Suizidforschung. Im Sinne der Primärprävention wird neuerdings vermehrt auch den Hinterbliebenen (Angehörigen, aber auch dem therapeutisch-pflegerischen Personal in einer Klinik, dem Hausarzt, dem niedergelassenen Psychotherapeuten und/oder Psychiater) zur Verhütung psychosomatisch-depressiver Krankheitsbilder Aufmerksamkeit gewidmet. So ist Suizidprävention und notfallpsychiatrische Krisenintervention bei Suizidalität ein gesundheitsmedizinischer, ökonomischer (siehe materielle Folgen eines Suizidversuches, eines Suizides) und versorgungspolitischer Auftrag an unser medizinisch-psychosoziales Gesundheitssystem.

Ein 45-jähriger Patient, Versicherungskaufmann, erfolgreich, überperfektionistisch, über 20 Jahre verheiratet, lebt seit mehreren Jahren mit der Gewissheit einer anderen Partnerschaft seiner Ehefrau. Die Einstellung „Was Gott verbunden hat, soll der Mensch nicht trennen", bricht mit dem Auszug der Ehefrau zusammen. Der Patient äußert gegenüber seinem Hausarzt und einem Sohn Suizidideen und –absichten und entfernt sich Richtung Autobahnbrücke, von der sich zu stürzen er angekündigt hat. Hausarzt und Sohn kümmern sich um die Einschaltung eines niedergelassenen Psychiaters, der eine akute depressive Krise diagnostiziert, medikamentöse Entlastung sowie familiäre Betreuung rund um die Uhr anordnet und sich dann wegen weiterbestehender Suizidalität und andauernder Konfrontation mit der Konfliktsituation zu Hause zu einer stationären Einweisung des Patienten entschließt. Dieser kommt letztendlich freiwillig, verbleibt etwa vier Wochen in stationärer psychotherapeutisch-psychopharmakologischen Behandlung auf einer offenen Depressionsstation und wird dann symptomfrei und ausreichend stabil in eine weitere ambulante Psychotherapie entlassen. Inzwischen ist er über ein halbes Jahr wieder voll berufstätig, bei gleichzeitiger Psychotherapie und begleitender Psychopharmakotherapie mit Antidepressiva. Er hat die Trennung gut überstanden und orientiert sich in einer neuen Partnerschaft. Hier war das rechtzeitige Hinhören, das sofortige verantwortliche Handeln von familiärer, hausärztlicher und psychiatrischer Seite, die notfallpsychiatrische ambulante Krisenintervention mit anschließender stationärer psychiatrisch-psychotherapeutischer Behandlung und längerfristiger Therapieeinleitung hilfreich im Sinne der Lebensrettung und der Neuorientierung. Wichtig ist auch, dass sich weder Hausarzt noch Psychiater gescheut haben, im Einverständnis mit der Familie und später auch mit dem Patienten, die stationäre Behandlungsnotwendigkeit zu sehen und entsprechend zu handeln.

Definition von Suizidalität

Eine Krankheit *Suizidalität* im Sinne einer medizinisch definierbaren Entität oder eines benennbaren Syndroms mit regelhafter Psychodynamik und Symptomatik gibt es nicht. Suizidalität ist definiert als Summe aller Denk- und Verhaltensweisen von Menschen, die in Gedanken, durch aktives Handeln oder passives Unterlassen oder durch Handelnlassen von anderen Menschen den eigenen Tod anstreben bzw. als mögliches Ergebnis einer Handlung in Kauf nehmen. Dabei gilt Suizidalität als eine ureigene menschliche Denk- und Verhaltensmöglichkeit und per se nicht als Krankheit. Suizidale Krisen kommen jedoch häufig auf dem Boden einer psychischen Störung, einer psychischen Ausnahmeverfassung und/oder einer psychosozialen Krisensituation mit Bedrohtheitscharakter zustande. Durch psychische Erkrankung, psychosoziale Krisen und weitere lebensbeeinträchtigende Faktoren erfährt Suizidalität Verstärkung und es geschieht eine zunehmende Einengung auf diese Thematik. So führen psychische Störungen und psychosoziale Krisen aufgrund veränderten und eingeengten Erlebens und Wahrnehmens näher an die Suizidalität heran. Suizidales Denken und Handeln stehen meist in einem interaktionellen Kontext und sind oft aus der Beziehung zum sog. signifikanten Anderen, aus der Beziehung zwischen sich selbst und dem Umfeld zu verstehen. Auf dem Höhepunkt einer suizidalen Krise sind das Erleben der Situation, der Interaktion mit dem Umfeld, von Veränderungs- und Entwicklungsmöglichkeiten in die Zukunft hinein durch affektive Symptomatik wie Verzweiflung, Angst und Depressivität, durch kognitive Störungen wie Hilflosigkeits- und Hoffnungslosigkeitsüberzeugungen, durch Wahrnehmungs- und Denkstörungen beeinträchtigt und eingeengt. Unter dem Aspekte der Suizidprävention wird wichtig, dass für den Menschen in der Krise Suizidalität als Beendigung einer unlösbar erscheinenden Problemsituation, als sich aus dem Feld nehmen, als Flucht, als einzige Verhaltensweise erscheint, während aus therapeutischer Sicht Suizidalität stets nur eine von vielen Verhaltensmöglichkeit im Leben, in Krisen- und Krankheitssituationen ist. Der Tod durch Suizid ist jedoch endgültig und nicht wiederholbar. Dieses Grundprinzip der Suizidprävention betont die Notwendigkeit, sich eine zweite Chance zu geben, als das wichtigste Ziel. Da psychische Erkrankungen wie Depression oder schizophrene Psychosen zentral mit Hoffnungslosigkeit, Einengung von Denken und Wahrnehmen sowie mit affektiver Störung einhergehen, sind psychisch kranke Menschen näher an suizidalem Denken und

Handeln als psychisch gesunde Menschen. Wolfersdorf (1988, 2000a,b) versteht den Begriff Suizidalität folgendermaßen:

➤ Suizidalität meint die Summe aller Denk- und Verhaltensweisen von Menschen, die in Gedanken, durch aktives Handeln oder passives Unterlassen oder durch Handelnlassen den eigenen Tod anstreben bzw. als mögliches Ergebnis einer Handlung in Kauf nehmen. Suizidalität ist grundsätzlich allen Menschen möglich, tritt jedoch häufig in psychosozialen Krisen und bei psychischer Erkrankung auf (medizinisch-psychosoziales Paradigma).

➤ Psychodynamisch ist Suizidalität ein komplexes Geschehen aus der Bewertung der eigenen Person, der Wertigkeit in und von Beziehungen, aus der Einschätzung von eigener und anderer Zukunft, der Veränderbarkeit des Zustandes, aus u. U. durch psychische und/oder körperliche Befindlichkeit verändertem Erleben. Motivational spielen appellative, manipulativ-instrumentelle, altruistische sowie auto- und fremdaggressive Elemente eine Rolle. Suizidalität ist dabei bewusstes Denken und Handeln und zielt auf ein äußeres oder inneres Objekt, eine Person, ein Lebenskonzept. Suizidales Verhalten will etwas verändern, den anderen, die Umwelt, sich selbst in der Beziehung zur Umwelt.

➤ Suizidalität ist zumeist kein Ausdruck von Freiheit und Wahlmöglichkeit, sondern von Einengung durch objektiv und/oder subjektiv erlebte Not, durch psychische und/oder körperliche Befindlichkeit bzw. deren Folgen.

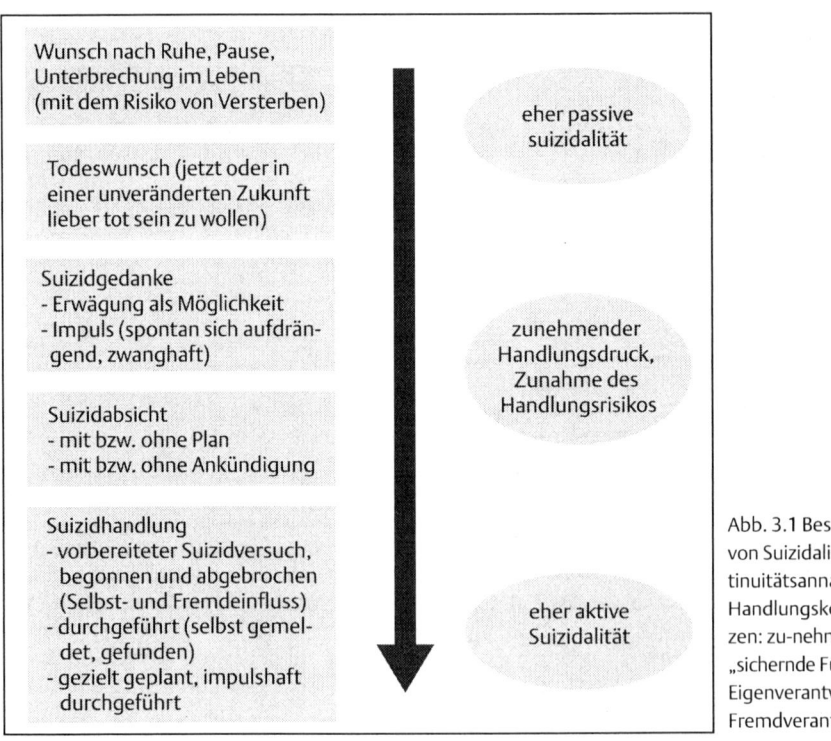

Wunsch nach Ruhe, Pause, Unterbrechung im Leben (mit dem Risiko von Versterben)

Todeswunsch (jetzt oder in einer unveränderten Zukunft lieber tot sein zu wollen)

Suizidgedanke
- Erwägung als Möglichkeit
- Impuls (spontan sich aufdrängend, zwanghaft)

Suizidabsicht
- mit bzw. ohne Plan
- mit bzw. ohne Ankündigung

Suizidhandlung
- vorbereiteter Suizidversuch, begonnen und abgebrochen (Selbst- und Fremdeinfluss)
- durchgeführt (selbst gemeldet, gefunden)
- gezielt geplant, impulshaft durchgeführt

eher passive suizidalität

zunehmender Handlungsdruck, Zunahme des Handlungsrisikos

eher aktive Suizidalität

Abb. 3.1 Beschreibung von Suizidalität, Kontinuitätsannahme mit Handlungskonsequenzen: zunehmende „sichernde Fürsorge"; Eigenverantwortung zu Fremdverantwortung

Ein klinisch-pragmatische Benennung von Suizidalität ist Abb. 3.1 zu entnehmen (Wolfersdorf 1998, 2000a,b). Dahinter steht ein Kontinuitätskonzept, das Entwicklungsschritte von Ruhe- und Todeswünschen über Suizidideen und erklärte Suizidabsichten hin zu suizidalen Handlungen (Suizidversuch, abgebrochen, durchgeführt; Suizid) unterstellt. Impuls- und raptusartig einschießende Suizidideen mit sofortiger Umsetzung in Handlung sind z.b. von manchen schizophrenen Patienten (dort dann oft in der Psychodynamik schwer nachvollziehbar) bekannt und letztlich auch gefürchtet. Als Suizidversuch gilt eine bewusste Handlungsweise, die im Glauben, in der Hoffnung oder mit dem Wissen durchgeführt wird, mit der angewandten Methode könne der Tod erreicht werden. Die Handlung wird jedoch, aus welchen Gründen auch immer (z.b. insuffiziente Methode, rasche Rettungsmöglichkeit, Suizidversuch abgebrochen und selbst Hilfe gesucht) überlebt. Beim Suizid endet die Handlungsweise des Suizidenten immer sofort oder später mit dem Tod. Bei einem abgebrochenem Suizidversuch ist auf das Weiterbestehen von suizidalen Impulsen zu achten.

Die Benennung einer Handlung als Suizidversuch obliegt immer dem Handelnden und ist nicht abhängig von der Schwere der körperlichen Beeinträchtigung, von der Dauer einer Bewusstlosigkeit, von der Wahl der Methode etc. Die Deutung einer Handlung als Ausdruck von Suizidalität bzw. als Suizidversuch liegt jedoch beim Beobachter. Hier gehen Wissen und Erfahrung, empathische Fähigkeit des Therapeuten und Offenheit des Suizidenten ein. Bei offensichtlicher Suizidalität, die auch vom Handelnden als solche dargestellt wird, ergeben sich meist keine Probleme. Bei Ablehnung, eine Handlung (z.B. die Einnahme von zehn Tabletten Diazepam) als Suizidversuch zu bezeichnen, kommt es auf das Fachwissen des Therapeuten um Risikogruppen, auf zusätzliche Symptomatik als Hinweis auf eine erhöhte Suizidgefährdung, auf Aspekte des Settings der Handlung, insgesamt auf die Psychodynamik des Geschehens, aktuell vorliegende Psychopathologie und auch auf Informationen von Seiten des Umfeldes, der Angehörigen bzgl. der Deutung der Handlung an. Dies kann im Einzelfall bei der Beurteilung einer zwangsweisen Unterbringung eines akut suizidgefährdeten Patienten, z.B. im Rahmen einer schweren schizophrenen Psychose oder einer akuten wahnhaften Depression, auch für den Unterbringungsrichter bedeutsam werden.

In der komplexen *Motivstruktur* eines Suizidversuches findet man häufig unterschiedliche Motive und Bedeutungsmöglichkeiten (Bronisch 2000). Neben der Erlösung von seelischem und körperlichem Leid steht die Suche nach Ruhe und Geborgenheit, der Versuch, sich von Schuldgefühlen zu entlasten, die Wendung der Aggression gegen das eigene Ich, da sie nicht gegen den Partner gerichtet werden darf, der Hilferuf und der Appell, die Identifikation mit einer Idolfigur, der Wunsch das soziale Umfeld zu kontrollieren („Wenn Sie mich nicht entlassen, bringe ich mich um"), die Rache und Bestrafung eines sich verweigernden Partners („Schau her, wie weit Du mich gebracht hast, jetzt muss ich mich deinetwegen umbringen") und diese Sicht als einzige aktive Möglichkeit, das eigene Selbstwertgefühl zu retten. Häufig findet man appellative, öfters auch manipulativ-intentionale Elemente. Dies legt die Interpretation nahe, dass in den meisten Fällen nicht der Tod das Hauptziel war, sondern der Hilferuf als Hinweis auf Veränderungsbedürftigkeit und/oder die Beeinflussung des signifikant Anderen, wozu das eigene Leben entweder in Hilflosigkeit oder in manipulativer Intention in die Waagschale geworfen wird. Suizidversuche werden auch als *Parasuizide* bezeichnet und als Handlungen mit hohem sozialen Kommunikationswert verstanden. *Chronische Suizidalität* lässt sich als rezidivierende suizidale Krise mit Ankündigung und/oder Suizidversuchen von hohem kommunikativen Wert verstehen, wobei sie häufig instrumentell-manipulativ wirken und der Beziehungsgestaltung oder der Erreichung eines Zieles dienen. Sie werden vom Umfeld oft als aggressiv und erpresserisch erlebt, wodurch die eigentliche Not des

Handelnden, die Beziehung nicht anders sichern und halten zu können, sie jedoch zur eigenen Überlebensfähigkeit kontrollieren zu müssen, nicht mehr sichtbar werden kann (Wolfersdorf u. Mitarb. 2000).

Ein 62-jährige, kürzlich verwitwete und alleine lebende Frau kann die Vereinsamung in ihrem Hause nicht mehr ertragen. Sie geht auf den Balkon im zweiten Stock ihres Hauses, überlegt sich in die Tiefe zu stürzen, erschrickt vor dem eigenen Gedanken und ruft einen Nervenarzt an, bei dem sie vor wenigen Tagen wegen Einstellung ihres mäßig ausgeprägten Morbus Parkinson ambulant war. Dieser unterhält sich mit ihr am Telefon und lässt gleichzeitig die in der gleichen Stadt wohnende Tochter mit Einverständnis der Patientin rufen. Beide kommen dann in die psychiatrisch-psychotherapeutische Ambulanz zur akuten Krisenintervention. Daran schließt sich eine längerfristige ambulante psychotherapeutisch-psychopharmakologische Betreuung der Patientin mit späterem Wechsel in ein Altenheim an.

Eine 29-jährige Patientin wird notfallmäßig von ihrem Ehemann gebracht. Vor etwa sechs Wochen hatte das Ehepaar ein gesundes erstes Kind, ein Mädchen, bekommen. Seit dieser Zeit fällt dem Ehemann bei seiner Frau eine zunehmende Apathie und Kraftlosigkeit, in der letzten Zeit verbunden mit Schuldgedanken, auf. Die Patientin hatte ihren Ehemann in der Arbeit angerufen und mitgeteilt, sie traue sich nicht mehr ans Fenster zu gehen, weil sie Angst habe, dann dem Zwang, hinausspringen zu müssen, nichts mehr entgegensetzen zu können. Sie habe Angst, die Kontrolle zu verliehen und sich mit dem Kind aus dem Fenster zu stürzen. Für den Ehemann war dies Grund zur sofortigen Heimfahrt und zur Vorstellung der Patientin in der Institutsambulanz der regionalen psychiatrischen Klinik, die die Patientin wegen zwanghafter Suizidimpulse bei gleichzeitiger Angst vor Kontrollverlust und depressiver Symptomatik notfallmäßig aufnahm.

Krisenintervention – Definition

Suizidalität lässt sich am ehesten vor dem Hintergrund eines *Modells* verstehen, das *biologische, individualpsychologische und biographisch-lerngeschichtliche sowie psychosoziale Aspekte*, und hier insbesondere *interaktionelle*, integriert. Dabei gibt es bis heute kein umfassendes Modell zur Entstehung und Entwicklung von Suizidalität. Psychoanalytisch orientierte Autoren haben innerseelisch, bewusste und unbewusste sowie interaktionelle Ausgangs- und Entwicklungsbedingungen beschrieben – Freud (1917) Suizid und Depression, Henseler (1974) sowie Reimer (1985) Narzisstische Krisen, Götze (1995) Aggression und Selbstwertstörung, Kind (1992) Suizidalität als Mittel der Objektsicherung (Übersicht bei Bronisch 1995, Giernalczyk 1997). Neuere, *integrative Modelle* (Übersicht z.B. Wolfersdorf 2000b, Wolfersdorf u. Kaschka 1996) weisen auf das Zusammenwirken psychodynamischer und biologischer Faktoren hin. Letztlich stehen für die Praxis derzeit zwei Modelle zur Verfügung, ein *Krisenmodell* und ein *Krankheitsmodell*, entsprechend einem heutigen medizinisch-psychosozialen Paradigma von Suizidalität. Abb. 3.2 zeigt das Krisenmodell.

Wesentliche Aspekte des Krisenmodells sind:
- Zunehmender *Lösungsdruck*, d.h. die Situation muss geklärt werden
- Zunehmende kognitive und affektive Einengung, d.h. Entwicklung von *Krisensymptomatik* mit Unruhe und Getriebenheit, Schlafstörungen, Konzentrationsstörungen, Aufmerksamkeitsstörungen, Phänomenen von Depersonalisation und Derealisation,

Mischung aus tiefer depressiver Verzweiflung, Angstzuständen und Mut- und Rachege-
fühlen, im Einzelfall akut psychotische affektive oder schizophrene Symptomatik usw.
➢ *zeitliche Begrenztheit der Situation,* d. h. Krisen beginnen und enden.

Suizidalität erscheint zunehmend als eine und dann als die einzige Möglichkeit der Problembeendigung, andere Möglichkeiten tauchen nicht mehr auf. In der Dynamik wird die
appellative und kommunikative Funktion, das Anzeigen von Hilfsbedürftigkeit, die He-
rausnahme der eigenen Person aus dem Problemfeld und die Entwicklung von entsprechender Symptomatik deutlich. Das Krisenmodell ist implizit dasjenige Modell, mit dem
die meisten Therapeuten im psychiatrisch-psychotherapeutischen und psychosozialen
Feld arbeiten. Das Krankheitsmodell leitet sich ab von der großen Häufigkeit suizidalen
Verhaltens bei psychischer Erkrankung und hier insbesondere bei der Depression, wo
Suizidalität auch in einem neurobiologischen Zusammenhang gesehen wird. Allerdings
zeigt der therapeutische Alltag und es gibt auch Hinweise in diese Richtung, dass
Suizidalität etwas sein muss, das nicht implizit z.b. zur Depression dazugehört, sondern
dass zusätzliche Faktoren, wie z.b. das Scheitern von Beziehungen, den Arbeitsplatz-
verlust, die Wiedererkrankung bei einem jungen schizophrenen Patienten, hinzukom-
men müssen.

Kriseninterventation ist konsequenterweise dann die Verhütung bzw. Beendigung jeglicher Verhaltensweisen, die mit der Gefahr einer sich durch Symptomatik und/oder Verhal-
tensstörung zuspitzenden und mit unmittelbarer oder kurzfristig zu erwartender körperli-
cher und/oder psychischer Gefährdung der betroffenen Person und/oder ihres Umfeldes
einhergeht. Suizidprävention meint die Verhütung einer suizidalen Handlung, ist also, im
Sinne der Unterscheidung von Primär-, Sekundär- und Tertiärprävention, eine sekundär-

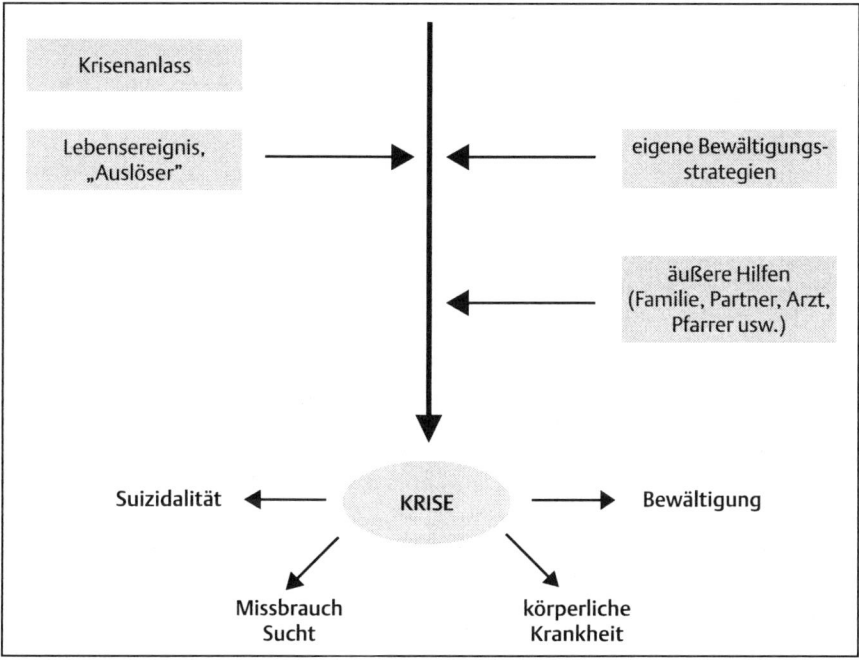

Abb. 3.2 Krise und Entwicklung

bzw. tertiärpräventive Handlung. Die Umsetzung von Suizidideen und -absichten in Handlungen soll verhindert bzw. überflüssig gemacht werden. Versteht man den Begriff der Krise übergeordnet, so ist die Suizidprävention eine besondere Form der Krisenintervention, nämlich die bei einer Krise, die mit der Gefahr der Selbsttötung einhergeht.

Der Begriff Krisenintervention bezieht sich auf alle sog. emotionalen und/oder psychosozialen Zuspitzungen einer subjektiv erlebten und objektiv bestehenden, schwer bewältigbaren Situation, wobei der Krisenbegriff im engeren Sinne nicht psychiatrisch-nosologisch zu verstehen ist, sondern Hilfsbedürftigkeit im Rahmen des psychosozial-medizinischen Versorgungssystems benennt.

Krisen werden häufig vom Beziehungsumfeld des Betroffenen definiert, insbesondere wenn dieser selbst sein akut bedrohliches Zustandsbild, z.B. psychotische Dekompensation, seine schwere wahnhaft depressive Erkrankung, seine suizidale oder auch nicht-suizidale Autoaggression, seine delirante, mit Wahrnehmungs- und Erlebensstörungen einhergehende Befindlichkeit und Verhaltensweise nicht als krankhaft und behandlungsbedürftig erkennt bzw. erkennen kann. Auch suizidgefährdete Menschen, die keine aktuelle Einsicht in die Lebensbedrohlichkeit ihres Denkens und Handelns haben, haben Anspruch auf Hilfe, notfalls auch durch vorübergehende Einschränkung ihrer Handlungsfähigkeit und freiheitlichen Selbstbestimmung auf juristischer Basis und mit richterlicher Genehmigung. Dies wird gerechtfertigt durch die, auch richterlich überprüfbare und genehmigungspflichtige Anwendung der jeweiligen Unterbringungsgesetze bzw. der PsychKG, auch durch die bekannte klinische Erfahrung, dass der Großteil von Menschen nach überstandener suizidaler oder anderer Krise für die, auch wenn in der akuten Situation gegen seinen Willen erfolgte Hilfe und Verhütung einer störungs- bzw. krankheitsbedingten suizidalen Handlung dankbar ist. Das dabei für Helfer möglicherweise entstehende ethische Dilemma der akuten Missachtung von Autonomie lässt sich durch die Intention der Behandler/Helfer, Schlimmeres zu verhüten und Gutes für den Betroffenen zu tun, im Nachhinein rechtfertigen.

> Eine 39-jährige Krankenschwester, allein erziehende Mutter eines 9-jährigen Kindes, wird im Rahmen einer zweiten, schweren depressiven Erkrankung in die Klinik eingewiesen. Die Tante, die der Patientin besonders nahe steht und die auch von ihr vor dem Hintergrund des frühen Verlustes der eigenen Mutter als solche geliebt wird, hatte die Patientin trotz deren fehlender Krankheitseinsicht und Behandlungswilligkeit mit richterlichem Beschluss eingewiesen, nachdem die Patientin mehrfach ihr gegenüber geäußert hatte, die Tochter hätte es besser bei einer gesunden Mutter. Diese Andeutung einer altruistischen Motivation für eine erweiterte suizidale Handlung hatte die aufmerksame Tante sehr erschreckt und in der Konsequenz zur stationären Behandlung geführt, auch gegen den Willen der Patientin.

> Ein 67-jähriger, an Zungenschlundkrebs erkrankter Mann hatte versucht, sich mit einem Messer durch Stich in den Mundbereich zu suizidieren. Er konnte die neurogenen Schmerzen im Zusammenhang mit seiner Krebserkrankung nicht mehr ertragen. Eine angepasste Schmerzbehandlung gewährleistete eine schmerzfreies Weiterleben, die suizidale Krise klang ab.

In der Psychiatrie und Psychotherapie wird oft von notfallpsychiatrischer Intervention gesprochen, wenn eine psychische Störung bzw. eine psychische Erkrankung zugrunde liegen und die suizidale Handlungsweise der bedrohten Person in einem psychisch krankhaften Kontext gesehen wird. In der Suizidprävention werden die Begriffe notfallpsychiatrische Krisenintervention bei Suizidalität und Suizidprävention wegen der großen Nähe suizidalen Denkens und Handelns zu psychischen Störungen, Ausnahmesituationen und Krankheiten im Sinne der *notfallpsychiatrischen Suizidprävention* synonym

gebraucht. Dies geschieht vor dem Hintergrund eines heutigen medizinisch-psychosozialen Paradigmas von Suizidalität als Denken bzw. Handlung im Kontext von psychosozialer Krise bzw. bei psychischer Erkrankung.

Notfallpsychiatrische Krisenintervention ist der Versuch, jegliches Verhalten einer
Person umgehend zu verhindern oder zu beenden, das mit der Gefahr einhergeht, dass
sich Symptomatik und Verhaltensweise weiterhin zuspitzen und für die Person und ihr
Umfeld unmittelbar oder kurzfristig lebensbedrohlich werden. Krisenintervention bei
suizidalen Krisen zielt auf die Verhütung der Umsetzung von Ruhe- und Todeswünschen,
von Suizidideen und –absichten in suizidales Handeln ab. Suizidprävention ist also die
Verhütung eines Suizidversuches oder Suizides, d.h. sie beinhaltet Zeitgewinn und opti-
males Hilfsangebot (Caplan 1963, Collberg 1978, Goll 1985, Reimer 1986, Wolfersdorf u.
Mitarb. 1999).

Krisenintervention bei akuter Suizidalität/Suizidprävention

Von Paul Federn (1929) stammt die Formulierung: „Kaum jemals bringt jemand sich um,
solange eine Person, die für den Gefährdeten maßgebend ist, mit dem sich sein Über-Ich
identifiziert oder die sein Über-Ich gebildet hat, oder eine Person, die er liebt, ihn, so wie
er ist, am Leben erhalten will, und das unter allen Bedingungen". Unter dem Aspekt, dass
Suizidprävention im Kern Beziehungsarbeit ist, und dass es sich um eine Störung auf
interaktioneller Ebene zwischen einem Betroffenen und einem Objekt handelt, auch
wenn dieses Objekt im psychotischen Zustandsbild in die innere Personenstruktur verla-
gert ist, ist die Formulierung von Paul Federn in ihrer Aussage die eindeutigste und klars-
te – und auch die schönste. Federn sagt, Suizidprävention heißt, einen Menschen am
Leben erhalten zu wollen, und zwar mit all den Möglichkeiten, die heute zur Verfügung
stehen.

Die *Grundprinzipien der Krisenintervention bei Suizidalität* sind im Prinzip immer gleich.
Es geht stets um die *Herstellung einer Beziehung*, die hilfreichen, stützenden und damit bereits präventiven Charakter hat, um die *Diagnostik von Suizidalität und Störung*, um das *Management der akuten Situation* sowie um die *Therapieplanung* bzgl. einer zugrundeliegenden
psychischen Erkrankungen bzw. einer Krisensituation vom Charakter einer Belastungs-
oder Anpassungsreaktion. Sonneck und Etzersdorfer (1992) haben die Notwendigkeit des
raschen Beginnes, der großen Aktivität auf Therapeutenseite, die geforderte Flexibilität
hinsichtlich psychiatrisch-psychosozialer und psychotherapeutischer Methoden, die Notwendigkeit, auf die aktuelle Situation zu fokussieren, die Einbeziehung der Umwelt soweit sinnvoll, die Entlastung des Betroffenen sowie die Zusammenarbeit mit allen möglichen Hilfen, die herangezogen werden können und positiv zu besetzten sind, betont. Im
Einzelnen sind die wesentlichen Grundprinzipien von Krisenintervention bzw. von notfallpsychiatrischer Intervention bei Suizidalität Folgende:
➢ Gesprächs- und Beziehungsangebot
  • Zeit- und Raum zur Verfügung stellen (Zuwendungsangebot)
  • beruhigende Versicherung (Entspannung)
  • offenes, direktes, ernstnehmendes Ansprechen von Suizidalität (Diagnostik)
  • ausführliches Besprechen und Vermeiden von Bagatellisierung oder Dramatisierung
    (Klärung und Distanzierung)
  • Fragen nach bindenden Außen- (Familie, Kinder, Religion usw.) und inneren Fakto-
    ren (Hoffnung auf Hilfe, frühere Erfahrungen, Vertrauen, Religion usw.; Stabilisie-
    rung)
  • Vermittlungen von Hoffnung, Hilfe und Veränderungschance (Zukunftsorientie-
    rung)

- Angebot für weitere Therapie (selbst oder Vermittlung) und Planung
➢ Diagnostik
  - *Suizidalität:* Vorhanden/nicht vorhanden; *Form von Suizidalität:* Todes-/Ruhewunsch /Suizidideen, Spielen damit, sich aufdrängend/konkrete Suizidabsicht/Zustand nach Suizidversuch, frühere Suizidversuche
  - *Abschätzung des aktuellen Handlungsdrucks:* Umsetzung Idee in Handlung droht jetzt? Gefahr trotz Therapie hoch? Jetzt Entspannung? Verneint der Patient glaubhaft weitere Suizidabsichten? Impulshafte Suizidalität? Zusätzliche Risikofaktoren (Psychopathologie z.B. Wahn, Hilflosigkeit, Kontrollverlust und Panik)?
  - *psychischer Störung:* psychische Krankheit, psychosoziale Krise d.h. Anpassungs- oder Belastungsreaktion u. Ä.
➢ Krisenmanagement/Intervention
  - *Management:* Beziehung herstellen/Gefährlichkeit der Situation entspannen/aktuellen Anlass klären/akute pharmakotherapeutische Maßnahme/sichernde Fürsorge klären, d.h. Alleinsein vermeiden; positiv erlebte Bezugsperson als konstanter Begleiter durch aktuelle Krise/Kommunikation und aktuelle Versorgung regeln/ambulante oder stationäre Behandlung klären/weitere Hilfsmöglichkeiten planen und aktiv klären
  - *psychotherapeutisch orientierte Krisenintervention:* Beginn sofort/kränkenden Anlass eruieren/Auslöser erkennen, beachten/Trauer, Verzweiflung, Wut, Angst zulassen, ansprechen (vorsichtig! eher zuerst Trauer, Verzweiflung, Enttäuschung, Verlust, erst später Wut, Ärger)/Angebot der *therapeutischen Begleitung* (Verbündung gegen Existenzangst, Basis-Verlust-Angst, Hilflosigkeitsgefühle, Panik)/gemeinsamen Nenner (Grundproblematik) erkennen
➢ Therapieplanung (nach Akutsituation)
  - Klärung der weiteren Therapie: ambulant stationär
  - *Behandlung der Grundstörung* (psychische Krankheit/Krise) nach entsprechenden Regeln
  - Planung und Beginn von *Psychopharmakotherapie* unter Berücksichtigung von Suizidalität
  - Planung und Beginn von *Psychotherapie*

Auf der *Ebene von Beziehung/Fürsorge* geht es um eine ernstnehmende Akzeptanz von Suizidalität als Ausdruck von psychodynamisch verstehbarer bzw. psychopathologisch erklärbarer seelischer Not, unabhängig davon, ob sie objektiv besteht bzw. subjektiv so erlebt wird. Diese innere Not muss offen und direkt angesprochen werden, ohne dass der Patient sich bedroht fühlen oder Einschränkungen, z.B. seines Freiheitsraumes befürchten muss. Die sog. sichernde Fürsorge bezieht sich auf das Management der aktuellen Situation, wobei es um Sicherung durch Menschen, d.h.
➢ um Kontrolle durch Kommunikation und Dichte von Kommunikation
➢ um die Regelung von Beziehung und Beziehungsdichte im ambulanten oder auch im stationären Raum
➢ um die Regelung von Betreuung rund um die Uhr
➢ um Begleitung durch positiv besetzte Bezugspersonen Zuhause
➢ um die Beziehungsdichte durch pflegerische Überwachung
➢ um die Möglichkeit von Ausgang und Freiraum im klinischen Bereich, aber auch Zuhause, um alleinigen Ausgang.

Bei der *Diagnostik* steht zum einen die Diagnostik von aktueller Suizidalität einschließlich der Beurteilung des suizidalen Handlungsdrucks und der Absprachefähigkeit im Sinne von Absprachen gegen die Umsetzung von Suizidideen und -absichten im Vordergrund. Daneben steht die Diagnostik der aktuellen Psychopathologie und Psychodynamik und deren Einordnung auf psychiatrisch-nosologisch und nosologisch-psychodynamischer Ebene (Tab. 3.1). Verkürzt gesagt, muss der Therapeut/Helfer am Ende eines Gespräches mit einem suizidgefährdeten Menschen Folgendes wissen: In welcher Form liegt am Ende dieses Gespräches Suizidalität noch vor? Hat der Patient seine Suizidalität aufgegeben, aufgeschoben oder besteht sie weiterhin mit einem akuten Handlungsdruck, d.h. besteht weiterhin massive Umsetzungsgefahr bzw. hat der Patient weiterhin Angst vor Kontrollverlust? Oder hat er einen psychopathologisch bedingten impulshaften Handlungsdruck und ist deswegen auch nicht zu Absprachen fähig im Sinne von Anti-Suizidabsprachen oder gemeinsamen Bündnissen gegen den Suizid, die vereinbaren, dass er bei drängender Suizidalität auf den Therapeuten, auf andere positiv erlebte Angehörige, auf das Pflegepersonal oder auf den Hausarzt zukommt?

Distanzierung, Freude darüber eine suizidale Krise überlebt zu haben bzw. nicht in Handlung umgesetzt zu haben, gemeinsam entwickelte Zukunftsperspektiven und Hoffnung berechtigen dann, sofern keine psychische Erkrankung im engeren Sinne vorliegen, eine ambulante psychotherapeutisch-psychiatrische Behandlung in Erwägung zu ziehen. Weiter bestehender Handlungsdruck bzw. unklare Suizidalität und gleichzeitig vorliegende psychische Störung im engeren Sinne, z.B. eine schizophrene Psychose, eine schwerer ausgeprägte oder gar wahnhafte Depression, eine Suchterkrankung mit wechselnder Affektivität sowie Hoffnungslosigkeit erfordern eine stationäre, schützende psychiatrisch-psychotherapeutische Behandlung. Diese sollte dann auch unverzüglich und ohne Schuldgefühle von therapeutischer Seite bzgl. der „Stigmatisierung" von suizidgefährdeten Menschen durch Einweisung in die Psychiatrie durchgeführt werden. Schließlich geht es hier, ähnlich wie beim Verdacht auf einen akuten Herzinfarkt, um eine akute lebensbedrohliche Situation.

Die Verantwortung für das Handeln in der aktuellen Gesprächssituation mit einem suizidgefährdeten Menschen liegt immer beim Helfer/Gesprächspartner/Arzt und ist bzgl. der aktuellen Entscheidungen, z.B. ob man die Situation auf der freundschaftlichen, partnerschaftlichen, hausärztlichen Ebene durchstehen kann, oder ob man fachärztliche Hilfe braucht, ambulante oder stationäre psychiatrisch-psychotherapeutische Therapie notwendig ist, nicht delegierbar. Wenn in suizidalen Krisen die Übernahme von Fremdverantwortung durch den Arzt für den Suizidgefährdeten (z.B. Zurückhalten in der Praxis, Festhalten eines Patienten, Herunterholen von einem Dach, Einweisen in eine psychiatrische Klinik etc.) notwendig wird, sollte dies rasch und ohne Schuldgefühle und ohne falsche Zuweisung von Freiheit („jeder kann tun, was er will" oder „Reisende soll man nicht aufhalten" oder „alle Depressiven bringen sich sowieso um") erfolgen. Anderseits darf natürlich Suizidprävention nicht inhuman und zur Rettung mit Gewalt werden.

Man muss sich darüber im Klaren sein, dass Suizidalität meist eine Krisenzeit im Leben bzw. Ausdruck einer aktuellen, d.h. zeitlich befristeten krisenhaften Zuspitzung einer psychischen oder sozialen Ausnahmesituation ist und in den meisten Fällen mit Hilfe vorüber geht. Dabei muss über Suizidalität offen und direkt, ernstnehmend, ohne Beschönigung oder Verharmlosung, aber auch ohne Dramatisierung gesprochen werden können. Es sollen und dürfen auch die sozialen Bemühungen und Wertigkeiten eines Menschen im Leben betont werden. Diese können in akuter Suizidalität hilfreich tragen, können aber auch ihre Wertigkeit verlieren z.B. gegenüber altruistischem Denken, man würde durch den eigenen Tod noch etwas Gutes für die Familie tun, oder z.B. gegenüber dem Wunsch nach Schmerzfreiheit. Das Ansprechen dieser Bindungen ist jedoch wichtig. Hierzu gehört auch das Absprechen von Antisuizidvereinbarungen. Darunter ist weniger die vertragliche Regelung, sich nicht zu suizidieren, per Handschlag oder auch schriftlich gemeint. Gemeint ist damit eher die im Rahmen eines vertieften Gespräches gemeinsam gefundene vertrauensvolle Absprache, bei Verschlechterung von Symptomatik, bei Angst vor Kontrollverlust, bei drohender Suizidalität einen vorher benannten Weg von Hilfe-suche einzugehen, z.B. zur nächsten Krankenschwester zu gehen, umgehend den Haus-arzt oder den Therapeuten anzurufen oder sofort in die Klinik zu kommen. Solche Ver-einbarungen haben einen hohen interaktionellen Stellenwert, denn sie bewirkten eine persönliche Vertrauensbeziehung. Vertragliche Absprachen sind zu formal, vermitteln oft falsche Sicherheit und sie lassen immer die Frage offen, was im Falle einer fehlen-den Zustimmung des Patienten zu tun sei.

In diesem Zusammenhang ist noch ein weiterer wichtiger Aspekt für das Gespräch über Suizidalität anzusprechen. Das Recht eines Menschen auf seine Suizidalität in Frage zu stellen, Suizidalität als verantwortungslos, sündhaft oder unrecht zu bezeichnen, ist therapeutisch nicht hilfreich. Wer Suizidalität nicht als Ausdruck einer inneren und äu-ßeren Not begreifen kann, als Ausdruck von psychischer Erkrankung mit entsprechender Hilfsbedürftigkeit, als Ausdruck eines Menschen, der sich nicht mehr anders zu helfen weiß und in seiner Not damit auch an Hilfe appelliert, andere manipuliert, Beziehungen sichert oder Intentionen verfolgt, sich auch unter Vernichtung des eigenen Lebens an anderen rächt, der kann mit Suizidgefährdeten nicht oder nur sehr schwer umgehen. Auf Dauer kann mit Suizidgefährdeten nur auf der Basis eines funktionierenden Teams und mit externer Supervision gearbeitet werden. Für das Gespräch mit einem suizidalen Patienten ist es wichtig, ihm seine Suizidalität als Möglichkeit zu belassen, sie jedoch ausdrücklich als Möglichkeit und auch als nur eine unter stets mehreren zu benennen. Ziel von Suizidprävention ist nicht, Suizidideen, Todeswünsche, Ruhewünsche, Verzweif-lung oder Hoffnungslosigkeit in der Gesellschaft auszurotten – dies wäre eine illusionäre und omnipotente Phantasie –; Ziel von Suizidprävention, von Krisenintervention in sui-zidalen Krisen ist es, aktuell die Umsetzung von Suizidideen bzw. -absichten in eine Handlung aufzuschieben und andere Lösungsmöglichkeiten zu suchen. Längerfristig soll Suizidalität dann überflüssig werden. Das bedeutet auch, dass jenseits der akuten Krisen-intervention die Überführung in eine Therapie der Basisstörung zu geschehen hat.

Die Behandlung der psychischen Störung/psychischen Grundkrankheit umfasst dabei (neben der Krisenintervention wegen Suizidalität, die ja bereits den Beginn der Therapie darstellt) die adäquate Psychopharmakotherapie sowie die Psychotherapie der Grund-krankheit zur Behandlung der suizidfördernden Grundkonstellationen. Dabei ist immer auch die zusätzliche Behandlung mit Psychopharmaka wegen der suizidalen Krise in Erwägung zu ziehen. Ziel einer *Behandlung der suizidalen Krise mit Psychopharmaka* ist die Entlastung von Handlungsdruck, die emotionale Entspannung, die Anxiolyse, die Seda-tion und Schlafförderung. Dabei kommen im Wesentlichen nieder- bis mittelpotente sedierende Neuroleptika sowie Benzodiazepin-Tranquilizer in Frage. Bei einem Krisen-Klientel kann es hilfreich sein, niederpotente Neuroleptika oder Benzodiazepine zur Behandlung von Schlafstörungen bzw. depressiv ängstlicher Symptomatik (ohne stärkere Ausprägung) in Erwägung zu ziehen. Bei einer psychischen Erkrankung im engeren Sinne wird sich die Basismedikation nach den Regeln der psychiatrischen Psychopharmakothe-rapie richten und wegen akuter Suizidalität die zusätzliche Verwendung von Benzodia-zepinen oder niederpotenten Neuroleptika zu erwägen sein.

Im klinisch-psychiatrischen Bereich gibt es einige Problemgruppen, nämlich Patien-ten mit offensichtlicher und nicht-offensichtlicher Suizidalität. Zu ersteren zählen Pati-enten mit Borderline-Persönlichkeitsstörungen, die häufig eine manipulativ-intentional wirkende Suizidalität aufweisen und auch Patienten mit schweren Depressionen, die eher Hoffnungslosigkeit und appellative Suizidalität zeigen. Sodann ist für manche Suchtkranke die Äußerung suizidaler Gedanken eine Zugangsmöglichkeit zur klinischen Versorgung. Patienten mit nicht-offensichtlicher Suizidalität finden sich häufig unter jungen schizophrenen Männern, insgesamt bei schizophrenen Patienten und auch bei Patienten mit depressiven Erkrankungen, insbesondere wenn es sich um solche mit wahnhafter Symptomatik und solche mit pseudoaltruistischen suizidalen Einstellungen handelt. Für die Diagnostik bei nicht-offensichtlicher Suizidalität sind Erfahrung sowie Wissen um die suizidfördernde Wirkung bestimmter Psychopathologie (s.o.) hilfreich. Die wesentlichen Schritte der Suizidprävention im psychiatrischen Alltag in einer Klinik sind Folgende:

➢ Sicherung der Beziehung (Gespräch Bezugspflege, zuständiger Therapeut, AvD)
➢ Entspannung der akuten Situation (ruhige Atmosphäre, reizarm, Verlagerung in geeigneten Raum)
➢ Verhinderung der Durchführung von suizidaler Handlung (engmaschige bzw. einzelbetreuerische Pflege, Verhinderung von Weglaufen durch Schließung der Station bzw. Verlegung auf geschlossene Station, medikamentöse Sedierung, im Einzelfall bei Wunsch des Patienten bzw. extremer Gefahr mechanischer Sicherung d. h. Fixierung)
➢ Behandlung der psychischen Störung/Krankheit inkl. adäquate Psychopharmakotherapie der Suizidalität
➢ Psychotherapie (Psychotherapeutische Krisenintervention mit Überführung in Psychotherapie der Grundkrankheit) zur Behandlung der suizidfördernden Grundkonstellationen

Auch hier gilt wieder das Grundprinzip Herstellen von Beziehung, Management der akuten Situation, Therapie der akuten Suizidalität bzw. Beginn der Behandlung der psychischen Grunderkrankung.

Suizidprävention meint die Verhütung einer suizidalen Handlung. Jede Krisenintervention oder notfallpsychiatrische Intervention wegen/bei Suizidalität zielt also darauf ab, die Umsetzung von Todeswünschen, Suizidideen und -absichten in suizidales Handeln – aus dem Blickwinkel des Menschen in einer suizidalen Krise als Problembeendigung bzw. Problemlösungsstrategie – zu vermeiden, Hoffnungslosigkeit zu verringern und konkrete Zukunftsperspektiven mit Hilfsangebot und Planung bzgl. des weiteren therapeutischen Vorgehens anzustreben. Jede Krisenintervention bei Suizidalität umfasst vier Hauptschwerpunkte:

• Ein Gesprächs- und Beziehungsangebot
• Die Notwendigkeit von Diagnostik von Suizidalität sowie psychischer Störung und/oder psychosozialer Krise
• Das Management der aktuellen Krise
• Den Beginn der Therapie/die Therapie einer zugrunde liegenden Störung oder Regelung einer belastenden Lebenssituation.

Tabelle 3.1 Suizid-Risikogruppen, Gruppen mit erhöhtem, akutem oder zukünftigen Risiko für eine suizidale Handlung (high risk groups)

I. Offensichtlich suizidge-fährdet sind Menschen mit akuten Suizidideen und insbesondere -absichten, direkt oder indirekt berichtet bzw. angekündigt	II. Erhöhtes Suizidrisiko muss bis zum Ausschluss bei Menschen mit psychischen Störungen bzw. Krankheiten und Menschen mit besonderer psychischer Sympto-matik angenommen und nachge-fragt werden	III. Erhöhtes Risiko für suizidales Verhalten liegt vor und muss nachgefragt werden bei allen Menschen in Krisen
Menschen mit aktuell selbst-gefährdendem Verhalten, welches das eigene Verster-ben als Möglichkeit einbe-zieht, welches offensichtlich direkt oder indirekt autoag-gressiv bis suizidal ist	Grundsätzlich bei allen Menschen mit psychischer Krankheit/Störung und offensichtlicher Suizidalität (siehe I.)	Wegen notwendiger Entwicklung, z.B. Ablösung vom Elternhaus (Abhängigkeit vs. Autonomie), biologische Entwicklungsschritte (Menarche, Schwangerschaft, Geburten, Klimakterium bei der Frau, sog. Involution, midlife crisis beim Mann), psychologische Reifungsprozesse, berufliche Veränderungsnotwendigkeiten
Menschen mit heimlichem, selbstgefährdendem Verhal-ten, welches das eigene Versterben als Möglichkeit einbezieht (indirekt autoag-gressiv, *stille Suizidalität*, Noncompliance)	Bei allen Menschen mit einer primä-ren oder/und sekundären depressi-ven oder anderen psychischen Erkrankung/Störung	Im Rahmen/Gefolge von schick-salhaften und Lebensereignissen und -belastungen (Verlust von bedeutsamen Bezugspersonen, von Existenz, Lebenskonzept, Lebensraum, von religiöser, Völki-scher, Kultureller Einbettung, drohende Isolation, Vernichtung, Massenvernichtung, Erfahrung von körperlicher und psychischer Gewalt, sexueller Missbrauch, chronische psychische Erschöp-fung durch Dauerbelastung), insbesondere in Anhäufung der Ereignisse
Menschen mit einem oder mehreren Suizidversuchen in der bisherigen Lebens- und Krankheitsgeschichte, insbe-sondere in der unmittelbaren aktuellen Vorgeschichte	Bei allen Menschen mit einer Sucht-erkrankung	Wegen Bedrohung des eigenen Wertgefühls; bei vor dem Hinter-grund ihrer Lebensgeschichte besonders leicht kränkbaren Menschen: Beziehungsverlust; Verlust/Bedrohtheit des Selbstbil-des, der eigenen Identität durch Krankheit, sozialen Abstieg, kör-perliche Entstellung
Menschen mit autoaggressiv-suizidalen Gedanken und Modellen für einen Sui-zid/Suizidversuch in der eigenen Bezugsgruppe	Bei allen Menschen mit einer akuten bzw. kurzfristig exazerbierten schi-zophrenen bzw. anderen wahnhaf-ten Erkrankung (insbesondere in Psychiatrischer Klinik)	

Fortsetzung Tabelle 3.1

Menschen mit angekündigten akuten Suizidabsichten bzw. geäußerten Suizidideen ohne ausreichende bzw. glaubhafte Distanzierung	Bei allen Menschen mit zusätzlicher Symptomatik bei einer chronischen, schmerzhaften, die Lebensqualität oder Lebensspanne stark beeinträchtigenden Körperkrankheit
	Bei allen Menschen mit einer depressiven Symptomatik zu Beginn bzw. im Verlauf einer dementiellen oder anderen das Leben und/oder die Persönlichkeit beeinträchtigenden Erkrankung
	Bei allen Menschen mit psychischer Symptomatik wie Hoffnungslosigkeit; kognitive Einengung insbesondere bei Wahn; paranoide Beziehungsideen von Bedrohtheitscharakter; ängstigende Wahrnehmungsstörungen bis akustische Halluzinationen (Stimme die zum Suizid auffordert); tiefe Verzweiflung; Herabgestimmtheit; Angst, Angespanntheit, Aggressivität; Grübeln, Desorganisiertheit der Gedanken, Erleben von Derealisation und Depersonalisation; präpsychotische Wahnstimmung; zeitweise Verwirrtheit, bewusst werdende Desorientiertheit, Vergesslichkeit; ausgeprägte quälende Unruhe, psychomotorisch; ausgeprägte Schlafstörungen
	Bei allen Menschen in akuten Verlustsituationen (körperliche Unversehrtheit durch Verletzung, Krankheit, Gewalt; Beziehungsverluste insbesondere wenn kränkend, existentiell bedrohlich bzw. erschöpfend; Verlust von Lebenskonzepten z.B. nach Arbeitsplatzverlust; Lebensraumverlust, Entwurzelung
	Bei allen Menschen mit akuter und/oder chronischer Hoffnungslosigkeit in objektiv bestehender bzw. subjektiv so erlebter Situation

4 Chronische Suizidalität: Übertragung und Gegenübertragung als Spiegel der psychischen Funktion

Thomas Giernalczyk und Jürgen Kind

Chronische Suizidalität umfasst die Ebenen des Denkens, des Kommunizierens, der Gefühle und des Handelns. Chronisch Suizidale haben wiederkehrende oder permanente Suizidgedanken, in denen sie sich mit den Möglichkeiten eines Suizids und der Planung seines Vollzugs auseinandersetzen. Sie kündigen nicht selten Suizidhandlungen teils in Form von Drohungen an und involvieren Angehörige und Professionelle damit in besondere Interaktionsmuster. Sie fühlen sich suizidal, deprimiert, leer oder einsam und erleben den Suizid als Ausweg aus diesen Gefühlslagen. In suizidalen Krisen sind sie subjektiv überfordert und können sich von ihrer Suizidalität nicht distanzieren. Schließlich verüben sie im Laufe ihres Lebens mehre Suizidhandlungen. Damit hat chronische Suizidalität im Gegensatz zur punktuellen Suizidalität einen langfristigen Verlauf. Sie zeichnet sich durch persistierende oder wiederkehrende Symptomatik besonderer Schwere aus. Beinahe die Hälfte chronisch Suizidaler verstirbt innerhalb eines Jahrzehnts nach der ersten Suizidhandlung durch Suizid (Henseler u. Reimer 1981).

Damit stellen chronisch Suizidale eine besonders gefährdete Gruppe dar und erfordern eine sorgfältige Behandlung, bei der die Patienten immer wieder in Lebensgefahr schweben. Schon durch die wiederkehrende Gefährdung ist die Therapie mit chronisch suizidalen Menschen mit besonderen Schwierigkeiten für Therapeuten verbunden. Oft erleben sich Therapeuten ohnmächtig und müssen ertragen, dass ihre Patienten trotz laufender Behandlungen in weitere suizidale Krisen geraten und Suizidversuche begehen. Damit wird die Wirksamkeit der eigenen Therapie in Frage gestellt und die Therapeuten müssen unangenehme Gegenübertragungen ertragen. Diese Belastungen führen nicht selten zu einem schwer auflösbaren Clinch in der therapeutischen Beziehung (Giernalczyk 1994). Hinzu kommt, dass bei chronisch suizidalen Patienten das unbewusste Beziehungsangebot meist von Hass und Aggression durchsetzt ist und Therapeuten diesen Inhalten auch in ihrer Gegenübertragung begegnen. Das Erleben von Hass und Aggression stellt wohl für jeden Menschen eine besondere Belastung dar.

Wer mit chronisch suizidalen Patienten arbeitet ist häufig nicht der erste Therapeut seines Patienten. Er steht in einer Kette von Behandlern und muss sich darum mit der Frage auseinandersetzen, ob er mehr erreichen kann als seine Vorgänger. Seien es nun niedergelassene Therapeuten, Beratungsstellen oder Kliniken, die zuvor behandelt haben.

Im Folgenden soll eine ausführlichere Auseinandersetzung mit der innerpsychischen Funktion, der Übertragung und mit den Schwierigkeiten der Gegenübertragung bei chronischer Suizidalität stattfinden. Es wird aufgezeigt, wie chronische Suizidalität als ein Versuch zu verstehen ist, pathologische Objektbeziehungen zu verändern. Vor diesem wird Rahmen das Übertragungs- und Gegenübertragungsgeschehen in der Behandlung chronisch Suizidaler untersucht. Dabei zeigt sich, dass Suizidalität verschiedene intrapsychische Funktionen erfüllen kann und rasch in die therapeutische Beziehung hineinkommt. Sie bleibt nicht im Da und Dort, sondern wird durch die Übertragung im Hier und Jetzt realisiert.

Psychische Funktionen chronischer Suizidalität

Es gehört zu den gesicherten Befunden, dass suizidale Krisen durch spezifische Auslöser hervorgerufen werden. In diesem Punkt unterscheiden sich einmalig suizidale Menschen nicht von Menschen mit chronischer Suizidalität. Auch sie sind nicht immer im gleichen Maße suizidal, sondern geraten wiederholt durch spezifische Situationen in suizidale Zustände. Häufig sind die Auslöser für Suizidalität Kränkungen, Enttäuschungen und Trennungen, aber auch Angst vor zu großer Nähe (Verschmelzung) mit wichtigen Menschen. Während Menschen mit einmaliger Suizidalität in der Regel derartige Auslöser durch Abwehrmechanismen wie Verleugnung und Verdrängung ausgleichen können und dann nicht suizidal werden, gelingt es den chronisch suizidalen Menschen nicht so leicht sich zu stabilisieren. Bei ihnen stellt die Suizidalität eine psychische Leistung dar, mit der sie versuchen, eine derartige Krise zu überwinden. Daraus folgt, dass chronisch suizidale Menschen in der Regel aufgrund ihrer Persönlichkeit vulnerabler sind als die nur einmalig suizidalen Patienten. Ein großer Teil chronisch suizidaler Menschen weist aus diagnostischer Sicht eine frühe Störung in Form einer Borderline- oder einer narzisstischen Persönlichkeitsstörung auf, die gewissermaßen als eine strukturelle Bedingung für die wiederkehrende Suizidalität angesehen werden kann. Außerdem kann man davon ausgehen, dass Suizidalität nicht in erster Linie bedeutet, dass diese Menschen tot sein wollen. Vielmehr müssen sie den Tod als Möglichkeit in Kauf nehmen um eine derartige psychische Krise zu kompensieren.

Abwehr von Verschmelzungsängsten

Eine 24-jährige Verkäuferin hat seit ihrem 15. Lebensjahr zahlreiche Suizidversuche unternommen. Immer wieder spürt sie den Impuls, „nicht mehr zu funktionieren zu wollen", sie sucht dann eine nahegelegene Brücke auf, klettert die steile Böschung herauf und will sich in die Tiefe stürzen. Ist ihr Impuls schwächer, reicht es ihr, auf der Brücke zu stehen und die Gewissheit zu haben, dass sie springen kann. Manchmal war der Impuls jedoch zu stark und sie sprang. Zum Glück hat sie ihre Suizidversuche bisher überlebt und wurde schon einige Male mit schweren Frakturen in Kliniken behandelt. In der Therapie fiel es ihr zunächst schwer, die Hypothese zu akzeptieren, dass bestimmte Situationen in ihr unbewusste Regungen auslösten, die sie dann als den bewussten Impuls wahrnahm, zu einer Brücke laufen zu müssen. Nannte sie ihren Impuls den Wunsch, „nicht mehr zu funktionieren", so fiel auf, dass sie im Gegensatz dazu in Bezug auf ihre Partnerschaft oft davon sprach, dass sie dort nun „wirklich funktionieren" müsse. Das mehrmalige Besprechen der Situationen die zu dem Impuls führten, verdeutlichten, dass sie ihn immer dann spürte, wenn sie mit ihrem Lebenspartner zusammen war und es „eigentlich sehr gemütlich und harmonisch" war.

Vor diesem Hintergrund bekommt nun ihr Impuls eine psychische Funktion. Bildlich gesprochen hilft ihr die Suizidalität, sich aus einer Situation zu befreien, die intime und symbiotische Qualität hat. Unbewusst mögen bei ihr in diesen Situationen regressive Ängste ausgelöst werden, die sich darauf richten, mit einem Objekt symbiotisch zu verschmelzen. Die wiederkehrenden suizidalen Impulse, können somit als *antifusionäre Suizidalität* (Kind 1992) verstanden werden, die sie vor zu großer Nähe schützt und eine Abgrenzung im Diesseits ermöglichen soll.

Kontaktherstellung zur Milderung von Objektverlustangst

Chronische Suizidalität ist nicht aus sich heraus persistent, sondern weist auf einen chronischen Zustand hin, in dem Patienten von der Angst verlassen zu werden, einsam zu sein und nicht geliebt zu werden mehr oder weniger bewusst gequält sind. Aus dieser Perspektive dient chronische Suizidalität als ein verzweifeltes Mittel dazu, andere Personen zu Kontakt und Anteilnahme zu zwingen, auf das dann zurückgegriffen werden muss, wenn keine anderen Mittel mehr zur Verfügung stehen.

Die schon mehrfach erwähnte Angst vor Objektverlust hängt damit zusammen, dass chronisch suizidale Menschen das entwicklungspsychologische Stadium der Objektkonstanz nicht erreicht haben. Bei ihnen dominiert vielfach der Abwehrmechanismus der Spaltung. Gute und böse Objekte bleiben mehr oder weniger streng voneinander getrennt. Sie leben oft in einer Welt von nur guten und nur bösen Menschen. Gefühlsmäßige Abstufungen stehen ihnen oft nicht in ausreichendem Maße zur Verfügung. Dieser Abwehrmechanismus der Spaltung dominiert bei Personen mit schweren narzisstischen Störungen und bei Menschen, die auf Borderline-Organisationsniveau funktionieren - zwei Störungsformen, die neben der Depression häufig Hintergrund für chronische Suizidalität sind. Spaltung hat die psychologische Funktion, gute Objekte vor dem Einfluss böser Objekte zu schützen. Auf der Beziehungsebene führt Spaltung jedoch dazu, dass die betroffenen Menschen oft eine Reihe von Beziehungsverlusten hinnehmen mussten. Immer wieder haben sie erlebt, dass sich Freunde in Feinde verwandeln. Ausgangspunkt für diese Verluste sind in der Regel Enttäuschungen, Ärger und Wut, die sie für Freunde empfinden. Dominieren die negativen Gefühle, dann können keine positiven Gefühle für die Interaktionspartner mehr aufrecht erhalten werden. Sie wollen und können dann mit dem anderen nichts mehr zu tun haben und sind wieder etwas mehr isoliert.

Zur Veranschaulichung soll die Situation einer Patientin erläutert werden, die aufgrund ihres Spaltungsmechanismus ihre Tochter verliert.

> Die angesprochene Frau hatte eine Verabredung mit ihrer 15-jährigen Tochter, die nicht bei ihr, sondern beim geschiedenen Vater lebt. Kurz vor dem Termin ruft die Tochter sie an und erklärt, dass sie die Mutter nicht besuchen möchte, weil sie lieber mit ihren Freundinnen in ein Jugendzentrum gehen will. Darüber ärgert sich die Mutter sehr. Sie schreit ihre Tochter am Telefon an, dass sie sich einen „Dreck" um sie schere und dass sie nun nicht mehr ihre Tochter sei. Sie brauche sich nicht einzubilden, dass sie sie noch einmal sehen wolle, sie sei für sie nun gestorben. Kurz nach dem Telefonat fühlt sich die Mutter sehr schlecht, einsam und meldet sich bei einer Suizidambulanz, um dort mit jemandem darüber zu sprechen, dass ihr Leben kein Sinn mehr habe und sie sich umbringen müsse.

Dieses Beispiel verdeutlicht, dass einer suizidalen Phase ein Objektverlust vorangeht, der damit zusammenhängt, dass Enttäuschung über eine Bezugsperson nicht innerlich gegen die guten Seiten der Beziehung abgewogen werden kann, sondern die Beziehung derart überschwemmt, dass nichts Gutes mehr an ihr bleibt. Als Konsequenz hieraus folgt, dass die Beziehung nichts mehr wert ist und nicht mehr besteht. Auch nach dem verständlichen Ärger über die Absage der Tochter, kann sich die Mutter nicht überlegen, dass es sich um eine punktuelle schwere Enttäuschung handelt und dass es trotzdem noch Verbindendes und Liebevolles zwischen Mutter und Tochter geben kann. Auf dieser Grundlage ist die Mutter in Bezug auf die Tochter vereinsamt. Menschen, die das Entwicklungsniveau der Integration erreicht haben und auf Enttäuschung nicht mit Spaltung reagieren müssen, könnten sich dagegen über die Tochter ärgern, ohne sie damit endgültig verdammen zu müssen. Sie haben gelernt, dass die gleichen Menschen manchmal gut zu ihnen sind, und dass sie sich manchmal über sie ärgern müssen. Im obigen Beispiel wird außerdem deutlich, dass die Frau suizidal wird, nachdem sie ihre Tochter verloren hat. Im Kontakt zur Beratungsstelle hat die Suizidalität der Frau dann auch die Funktion, den Therapeuten an sich zu binden. Er darf sich nicht gleichgültig zeigen, sondern soll über die Suizidalität dazu gezwungen werden, ihr Zuwendung und Existenzberechtigung zu gewähren.

Erpressung bei chronischer Suizidalität

Jemanden über Suizidalität zum Kontakt zu zwingen hat oft den Charakter einer Erpressung. Im Therapeuten löst Erpressung das Gefühl, mattgesetzt zu sein aus. Er fühlt sich hilflos, ohnmächtig und wütend. Nachdem der Therapeut der Suizidambulanz eine Weile mit der oben beschriebenen Patientin telefoniert hat verweist er auf einen persönlichen Termin und möchte das Gespräch beenden. Die Frau weiß dies jedoch über ihre ernste Suiziddrohung zu verhindern: „Wenn Sie jetzt einhängen, haben Sie mich auf dem Gewissen. Mir bleibt dann nichts anderes mehr, als auf die Schienen zu gehen, jetzt wo ich nicht einmal mehr eine Tochter habe." Suizidale Erpressung funktioniert nach dem „Wenn-dann-Prinzip" Die Suizidale und der Therapeut kommen beide zunehmend zu dem Eindruck, dass Leben und Sterben der Patientin kausal vom richtigen oder falschen Verhalten des Therapeuten abhängt. Beiden Interaktionspartnern geht die Einsicht verloren, dass diese enge Verknüpfung nicht existiert, weil die Patientin, auch wenn sie in psychischer Not ist, selbst entscheidet, ob sie weiter lebt oder ob sie eine Suizidhandlung begehen wird. Erpressung hat damit auch eine aggressive Komponente. In dem Moment, in dem das Telefonat beendet werden soll, droht die Patientin aggressiv mit ihrem Suizid. Der Therapeut bleibt davon nicht unberührt, sondern spürt Angst und Ärger.

Im voranstehenden Beispiel haben wir eine telefonische Situation erläutert. Selbstverständlich ereignen sich erpresserische suizidale Interaktionen auch im direkten Kontakt beim niedergelassenen Therapeuten oder in der Klinik. In einer Therapiestunde meinte einmal ein Patient: „Jetzt werden Sie mir gleich sagen, dass die Stunde vorbei ist und mich mit meinem Elend allein lassen. Aber ich sage Ihnen, dass ich, wenn ich hier heraus gehe, nicht wiederkomme, weil ich tot bin, bevor Sie in der nächsten Stunde mit mir weiter sprechen wollen. Aber ich denke, dass rührt Sie nur noch als Profi, der nicht gerne vom Staatsanwalt befragt wird.". In einer Klinik äußerte sich eine Patientin zu ihrem Stationsarzt folgendermaßen: „Egal, ob Sie mich auf die Geschlossene bringen oder mich doch ins Wochenende gehen lassen, Sie können mich am letzten Zug in diesem Spiel nicht hindern."

Kind (1986) hat für derartige Situationen den Begriff der *Gegenübertragungskonstellation des manipulierten Objekts* kreiert. Der Therapeut übernimmt schrittweise die Gefühle seines Patienten, er fühlt sich hilflos und ohnmächtig und hat den Eindruck nach der Pfeife seines Patienten zu tanzen. Ausgangspunkt für eine derartige Beziehungsdynamik sind die schon angesprochenen unbewussten Ängste des Patienten vor Objektverlust, d. h. Angst davor, vom anderen abgeschoben und verlassen zu werden. Häufig gehen dieser Situation Kränkungserlebnisse und Objektverluste voraus. In Folge einer Kränkung werden frühe Ängste vor Objektverlust mobilisiert und erpresserische Objektbindung über Suizidalität erscheint als letzte Möglichkeit, sich vor erneutem Objektverlust zu schützen. Objektverlustangst mobilisiert aber auch Aggression. Diese Aggression richtet sich dann auf den Therapeuten, der sadistisch kontrolliert und an einer Trennung gehindert werden soll. Der wichtigste zugrunde liegende Abwehrmechanismus für diese Situation liegt in der projektiven Identifikation (Ogden 1988, Kernberg 1993). Der Patient fühlt sich selbst hilflos und ohnmächtig seinem Therapeuten ausgeliefert, da er meint, diesen für sein Überleben unbedingt zu brauchen. Durch die Projektion eigener Wut auf den Therapeuten und kommunikativen Druck durch entsprechende verbale Äußerungen entstehen diese Gefühle auch im Erleben des Therapeuten. Auf diese Weise gelingt es dem Patienten, sein Gefühl der Auslieferung auf den Therapeuten zu verlagern und damit zugleich jene Kontrolle über den Therapeuten zu entwickeln, der er sich selbst ausgeliefert sieht. In dieser Situation ist die Suizidalität des Patienten wie eine Geiselnahme organisiert. Er nimmt seinen Körper als Geisel um damit den Helfer unter Druck zu setzten (Kind 1992). Durch die erpresserische Suizidalität soll der Therapeut dazu gebracht werden, den Patienten eben nicht abzuschieben. So erpresst fühlt sich der Therapeut ähnlich hilflos und wütend wie sein Patient. Ohnmächtige und wütende Gefühle des Patienten werden über den erwähnten Vorgang der projektiven Identifikation teilweise im Helfer „untergebracht". Ein besonderes Risiko besteht darin, dass der hilflose Therapeut seinerseits wütend wird und nun den Patienten u.U. loswerden und abschieben will, wenn er seinen Gegenübertragungshass nicht kontrolliert. Da er aber zugleich den Suizid des Patienten fürchtet, fühlt er sich mattgesetzt und ohnmächtig.

Auf diese Weise entwickelt sich die Therapeut-Patient-Beziehung zu dem Punkt hin, den der chronisch suizidale Patient immer schon kannte. Er erlebt wieder das Gefühl nicht gewollt zu sein und deswegen abgeschoben werden zu sollen. Gelingt es dem Therapeuten, seine negativen und hasserfüllten Gefühlsreaktionen bei sich zuzulassen, ohne sie in destruktives Handeln umzusetzen, ist ein wichtiger Punkt in der Behandlung erreicht. Es geht dann darum, sich nicht erpressbar zu zeigen und die Angst des Patienten abgeschoben zu werden zu einem Schwerpunkt der Gespräche zu machen. Wird Suizidalität vor dem Hintergrund des Verlassenwerdens reflektiert, so wird sie für den Suizidalen und Therapeuten verständlicher und besser erträglich, weil eine wichtige Funktion der Suizidalität zum Fokus der Gespräche werden kann.

Narzisstische Kränkung als wiederkehrender Auslöser von Suizidalität

Chronisch Suizidale sind in der Regel sehr stark auf die narzisstische Bestätigung, das Lob und die Anerkennung ihrer Mitmenschen angewiesen. Das hängt damit zusammen, dass sie, entwicklungspsychologisch betrachtet, nicht von ihrer primären Bezugsperson innerlich hinreichend separiert sind. Deshalb suchen sie auch als Erwachsene Beziehungsmuster, in denen es keine negativen Untertöne gibt. Sie wenden verstärkt Abwehrmechanismen an, durch die sie vor der Wahrnehmung von Ärger und Konflikten geschützt werden. Unter Zuhilfenahme von Verleugnung und Verdrängung wird die Welt in gewissem Maße uminterpretiert. Nicht nur Schwierigkeiten werden ausgeblendet, auch die eigene Person wird dadurch erhöht. In dieser Selbstidealisierung hat der chronisch Suizidale den Eindruck, dass die anderen Beziehungspersonen ihm unterlegen sind. Das Gegenstück zur Selbstidealisierung ist die Entwertung von anderen. Auch sie dient dazu die eigene Wertigkeit zu erhöhen, gemessen am entwerteten anderen steht der chronisch Suizidale noch gut da. Die Entwertung als Ausdruck von Aggression wird in der Regel vom Suizidalen abgespalten und nicht wahrgenommen. Aggressionen als solche wahrzunehmen, stünde ja dem Bedürfnis nach harmonischen Beziehungen entgegen.

Wenn der chronisch Suizidale durch Enttäuschung oder Kränkung aus scheinbar ungetrübten Beziehungen herausgerissen wird, so gerät er in eine schwere narzisstische Krise und entwickelt Wut, die die Beziehung zerstören könnte und der Sehnsucht nach einer nahen harmonischen Beziehung entgegensteht. So entstehende Suizidalität hat dann die unbewusste Funktion, sich in einen phantasierten Primärzustand zu retten, in dem es keine Beziehungskonflikte gibt. Dabei wird der Tod in Kauf genommen, um der Kränkung und der Scham auszuweichen (Henseler 1974, Henseler u. Reimer 1981).

Ein Patient war aufgrund bestimmter biographischer Erfahrungen dazu erzogen worden, sich als etwas ganz besonderes zu fühlen und in der Welt hervorragende Aufgaben als Friedensstifter übernehmen zu müssen. Irgendwann würden ihn alle Menschen beachten, auf ihn schauen und in sich gehen. Diese Größenphantasie war sehr fest in ihm verankert, ließ sich aber, wie es mit Größenphantasien eben ist, nicht umsetzen. Ein Verzicht, verbunden mit der Anerkennung seiner eigenen Durchschnittlichkeit, war aber auch nicht möglich. In dieser Situation intrapsychischer Spannung zwischen realer und phantasierter Größe bildete sich in ihm eine letztlich tragende, wenngleich gefährliche Suizidphantasie heraus, die Phantasie, sich öffentlich umzubringen und dadurch die anderen, dabei anwesenden Menschen zur inneren Umkehr zu bewegen. In Situationen, in denen sein Selbstwertgefühl in einen kritischen Zustand geriet, verhalf ihm diese Phantasie zur Stabilisierung. Gefährlich wurde es, wenn sich in besonders starken Kränkungs- und Enttäuschungssituationen die Suizidphantasie in Richtung eines Impulses verstärkte.

Behandlungsprobleme bei chronisch suizidalen Patienten

Gegenübertragungshass

Chronisch suizidale Patienten leiden oft unbewusst an Ängsten vor Einsamkeit und vorm Verlassenwerden. Eng in Zusammenhang damit stehen unbewusste feindliche und sadistische Impulse, die auf ihre Mitmenschen gerichtet sind. Dieser Hass hat wenig Als-ob-Qualität und hängt mit dem subjektiven Gefühl des Bedrohtwerdens zusammen. Ätiologisch entstehen die Themen Einsamkeit, Feindlichkeit und Sadismus z.T. durch reale traumatische Erfahrungen mit den Bezugspersonen der chronisch Suizidalen.

Chronisch Suizidale richten ihre unbewussten Hassgefühle auch auf den Therapeuten, der ihnen Hilfe anbietet. Wie Maltsberger und Buie (1974) gezeigt haben besteht dieser Hass meistens aus zwei Komponenten. Die eine Komponente ist die Aversion, sie führt aus dem Kontakt heraus. Die andere Komponente ist die Böswilligkeit, sie ist der Motor für die Aufrechterhaltung des Kontaktes. Auf der kommunikativen Ebene wenden sich die Patienten in suizidalen Krisen mit Provokationen in Form von verbalen und indirekten Angriffen an ihre Therapeuten. Angriffspunkte beim Therapeuten sind seine eigenen überwertigen Überzeugungen. Zu ihnen gehören, allen helfen und zu allen Patienten eine liebevolle Beziehung aufbauen zu können. Auf der unbewussten Ebene der Kommunikation ist die Beziehung des chronisch Suizidalen zum Therapeuten stark von Projektionen dominiert. Im Grunde geht der chronisch Suizidale davon aus, dass der Therapeut auch ihn hassen und ablehnen wird. Diese projektiven Überzeugungen scheinen eigene Provokationen als Schutzmaßnahme zu legitimieren.

Aus dieser Perspektive führt der unbewusste Hass des chronisch Suizidalen in der Übertragung zu unbewusstem Gegenübertragungshass des Therapeuten (Maltsberger u. Buie 1974).

An dieser Stelle soll auf einen besonderen Umstand hingewiesen werden, den Henseler u. Reimer (1981) unter dem Aspekt des *Übertragungsangriffs* beschrieben hat. Führt man sich vor Augen, dass der Auslöser für eine akute suizidale Krise in Enttäuschung, Kränkung und Verlust eines signifikanten Menschen besteht, so wird einsichtig, dass dadurch mobilisierte Hassimpulse sich quasi ersatzweise auf den Therapeuten richten, der im Kontakt an die Stelle des soeben verlorenen Objekts tritt.

Im Therapeuten mobilisierte Hassimpulse stellen in der Therapie chronisch Suizidaler das schwierigste Behandlungsproblem dar. Je nach Regressionsgrad führt dieser Therapeutenhass zu unterschiedlichen Abwehrstrategien und zur wachsenden Gefahr, dass der Therapeut seinen Hass gegen den Patienten ausagiert und damit die Gefahr eines Suizids des Patienten erhöht. Ein Therapeut, der seinen Hass auf den Patienten verdrängt, wird vielleicht müde, denkt daran, was er nach der Stunde tun wird und wirkt eine Spur desinteressiert. Auf subtile nonverbale Weise vermittelt er so seinen Patienten indirekt seine negativen Gefühle und stellt mit her, was der Patient unbewusst erwartet, wieder wird er abgelehnt und nicht angenommen. Gelegentlich wenden Therapeuten Hassimpulse gegen sich, sie entwerten ihre Hilfe, fühlen sich hoffnungslos und schaden auch so ihrem Patienten wenn sie vor ihm kapitulieren und sich zurückziehen. Bei Reaktionsbildung zeigt sich der Therapeut überfürsorglich, er gibt zuviel und macht damit den Patienten kleiner und abhängiger als notwendig. Unterwirft sich der Therapeut seinem Patienten und geht in eine Opferhaltung, dann verstärkt er die Aggression seines Patienten und erzeugt außerdem mehr Schuldgefühle in ihm, wenn der Patient bemerkt, wie sich sein Therapeut von ihm quälen lässt.

Der beste Schutz gegen antitherapeutisches Agieren besteht darin, dass sich Therapeuten bewusst machen, dass Hassimpulse bei ihnen auftreten können und dass sie diese möglichst bewusst ertragen sollten. Es ist hilfreich sich vorzustellen, dass der Hass des Therapeuten ein Signal dafür ist, dass der Patient eine emotionale Beziehung zum Therapeuten hergestellt hat, die ihn dazu bringen soll, den Patienten zurückzuweisen, zu zerstören und zu verlassen.

Die Aufgabe des Therapeuten besteht dann darin, dem chronisch Suizidalen zu deuten, wie er dazu neigt, den Therapeuten ebenso wie andere Personen, in feindselige und letztlich zurückweisende Beziehungen zu verwickeln. Das ist kein einmaliger Vorgang, sondern muss immer wieder durchgearbeitet werden, wenn der Patient etwas tut oder sagt, womit der Therapeut provoziert oder entwertet wird.

Eine chronisch suizidale Patientin reagierte ab und zu mit einem leisen aber deutlich hörbaren „Zss ..." wenn ihr Therapeut etwas zu ihr sagte. Dadurch fühlte sich der Therapeut zurückgewiesen, unsicher und wütend.
Therapeut: „Mir fällt ihr ‚Zss ...' auf, wenn ich etwas sage."
Patientin: „Zss ..."
Therapeut: "Ja, genau wie jetzt gerade."
Patientin: „Zss kann viel bedeuten ..."
Therapeut: „Und was hat es gerade eben bedeutet?"
Patientin: „Ich will das dann nicht hören, weil es nichts bringt."
Therapeut: „Wie meinen Sie das?"
Patientin: „Es geht doch um meinen Selbstmord und nicht um mein Zss."
Therapeut: „Wenn Sie mit `Zss´ reagieren, komme ich mir zurückgewiesen vor und so wird verhindert, dass wir über Ihre Probleme im Einzelnen reden."

Damit der Therapeut feindseliges und zurückweisendes Verhalten deuten kann, muss er in der Lage sein, ein Interesse an seinem Patienten aufrecht zu erhalten. Wehrt er eigene Hassgefühle ab, so reduziert sich damit auch seine Kapazität dafür auf den Kontakt zu achten.

Therapeutische Strategien bei erpresserischer Suizidalität

Ohnmacht und Wut als Signal

Aufgrund der Projektionsvorgänge ist es günstig, wenn der Therapeut sein Erleben von Ohnmacht und Wut auch als Indikator dafür versteht, dass der Patient möglicherweise ähnliche Gefühle (unbewusst) erlebt. Oft sind ausweglos scheinende Situationen nur aus der Sicht des Patienten unauflösbar. In der projektiven Identifikation erlebt der Therapeut die Welt vorübergehend ähnlich wie der Patient. Unter Umständen ist der Patient durch die emotionale Ansteckung des Therapeuten kurzfristig entlastet. Vor diesem Hintergrund sind heftige negative Gefühle des Therapeuten auch als Signale, bzw. diagnostische Hinweise auf die emotionale Situation des Patienten und die Therapeut-Patient-Beziehung zu verstehen. In der Phase der suizidalen Erpressung ereignet sich zwischen Patient und Therapeut ein Beziehungsmuster, dass für den chronisch Suizidalen typisch ist. Beide Beteiligten erleben eine emotionale Grundlage, die immer wieder zu suizidalen Krisen führt. Die Suizidalität ist aus dem Da und Dort ins Hier und Jetzt der Übertragung geraten und kann aktuell bearbeitet werden.

Dem Erpressungsversuch standhalten

Der Therapeut sollte der Erpressung nicht nachgeben. Früher oder später wird er sich immer abgrenzen müssen. Außerdem hat das vorläufige Einlenken auf erpresserisches Ansinnen den Nachteil, dass der Therapeut dadurch seinen Ärger verstärkt und sich damit dem Projektionsbild seines Patienten weiter annähert. Er kann jedoch mit dem Patienten klären, welche Motive hinter der Erpressung liegen und versuchen, diese Motive zu legitimieren.

Das Grundmuster der Erpressung besteht darin, dass Therapeut und Patient glauben, dass der Therapeut durch Handeln oder Unterlassen einer Handlung (z.B. das Einsetzen für die Klinikentlassung) direkt das Leben des Patienten retten oder verwirken könnte. Diese Einschätzung ist Bestandteil projektiver Vorgänge, bei denen die Objekte nicht vollständig getrennt erscheinen. Diese Vorstellung entspricht natürlich nicht der Realität, denn bei aller Not und gegenseitiger Abhängigkeit, bleibt es die Entscheidung des Patienten ob er Hand an sich legen wird. In einer erpresserischen Situation kann es von Nutzen sein, wenn der Therapeut die prinzipielle Möglichkeit zum Suizid des Patienten bestätigt und ihn gleichzeitig damit konfrontiert, dass er jedoch mit dem Suizid nicht einverstanden ist und weiter mit ihm in Kontakt bleiben will. Gefährlich ist, wenn der Therapeut den Kontakt zu seinem Patienten abbricht. Denn dadurch wird der gefürchtete Objektverlust des Patienten bestätigt und die Suizidalität des Patienten weiter verschärft.

Aggressive Impulse kontrollieren und verstehen

Der Therapeut sollte auf aggressives Agieren verzichten. Da davon auszugehen ist, dass Ärger und Wut als zentrale Gegenübertragungsreaktionen auf sadistische Impulse des Patienten zu verstehen und nicht unbedingt als Zeichen für erforderliche Settingsveränderungen zu interpretieren sind. Insbesondere Schutzmaßnahmen wie Verlegungen auf andere Stationen, Einweisungen und Medikamenteneinsatz, müssen auf ihr agierendes Potential in Erpressungssituationen hin überprüft werden.

Die konstruktive Seite im destruktiven Impuls erkennen

Gelingt es dem Therapeuten die suizidale Erpressung, als den speziellen Umgang des Patienten mit seinen Objekten in innerer Not zu erkennen, so bekommt die suizidale Erpressung sogar positive Seiten. Denn so gesehen ist sie Hinweis auf die innere Verfassung des Patienten und auf einen vielleicht typischen Modus seiner Beziehungsgestaltung, die gerade dann, wenn sie sich zeigt, effektiv bearbeitet werden kann. Deshalb sollte der Therapeut versuchen, die suizidale Erpressung als Entwicklungsschritt in der Beziehung umzudefinieren, der dazu beitragen kann, die unbewusste Dynamik der Suizidalität besser zu verstehen. Erpressung ist dann als (destruktiver) Schutzmechanismus gegen überwältigende Angst vor Einsamkeit und Abgeschoben sein zu verstehen.

Daraus ergibt sich, dass der Therapeut besonders für Hinweise auf aktuell auftretende (unbewusste) Verlassenheitsängste des Patienten sensibel sein sollte. Kann Erpressung und Suizidalität als Folge extremer Verlassenheitsangst verstanden werden, tritt häufig Milderung ein, wenn es gelingt, dem Patienten diesen Zusammenhang näher zu bringen. Darüber hinaus ist es auch die Aufgabe des Therapeuten an dieser Situation aufzuzeigen, wie der Patient ihn in eine feindliche und letztlich zurückstoßende Beziehung verwickelt (Giernalczyk 1999).

Entspannung als Gefahr

Gelingt die Objektbindung über manipulative Suizidalität nicht, dann folgt ihr mitunter ein Stadium resignativer Suizidalität (Kind 1992). Der Versuch, ein Objekt zu binden, wird aufgegeben und die Interaktion beruhigt sich. Nach oftmals turbulenten Phasen einer Behandlung stellt sich eine Ruhe vor dem Sturm ein. In der Gegenübertragung des Therapeuten entwickelt sich evtl. das Gefühl, nicht mehr gebraucht zu werden, überflüssig zu sein und der Therapeut schaut hinter seinem Patienten her. Diese Art der Suizidalität ist weniger spektakulär, aber eher noch gefährlicher und schwerer zu handhaben, als die manipulative Suizidalität. Kommt es zu einer Suizidhandlung, werden oft sehr harte Formen gewählt, die so zu verstehen sind, als sollte das Objekt, durch diese drastische selbstzerstörerische Maßnahme, wenigstens im Anschluss daran und zumindest nach dem Leben doch noch beeindruckt und bewegt werden.

- Chronische Suizidalität ist ein wiederholt notwendiger intrapsychischer und interpersoneller Regulationsvorgang. Man kann sie nicht nur als Zusammenbruch auffassen. Vielmehr ist sie eine psychische Leistung, die wie andere psychische Symptome, als Folge wiederkehrender psychischer Notlagen auftritt. Nicht die Suizidalität an sich ist chronisch, sondern die dahinter liegenden Probleme sind es.
- Hervorgerufen wird chronische Suizidalität z. B. durch Kränkungen Trennungen und Enttäuschungen, die allgemein als drohender oder realer Objektverlust beschrieben werden können. Chronische Suizidalität kann aber auch durch Angst vor regressiver Verschmelzung mit dem Objekt ausgelöst werden.
- Chronische Suizidalität resultiert aus frühen konflikthaften Objektbeziehungserfahrungen und ereignet sich somit in Beziehungen, auch wenn die Bezugsperson real nicht anwesend ist.
- Chronische Suizidalität ist damit in zweifacher Hinsicht in Beziehungen angesiedelt: Sie beruht auf frühen Beziehungserfahrungen und wird in aktuellen Beziehungserfahrungen aktiviert.
- Durch Übertragungsprozesse gerät die Suizidalität in die Beziehung zum Therapeuten (Übertragungssuizidalität) und ist insofern eine indirekte Information über die objektale Seite der Suizidalität. Komplementär oder konkordant erlebt der Therapeut Aspekte der Suizidalität seines Patienten.
- Zentrale Themen chronischer Suizidalität sind Hass und Aggression. Dementsprechend sind auch die Gegenübertragungen rund um diese Affekte zentriert.
- Gegenübertragungshass entsteht als emotionale Antwort auf den Patienten. Der Patient provoziert und projiziert Hass von einem enttäuschenden Objekt auf seinen Therapeuten. Zentrale Angriffspunkte sind überwertige narzisstische Überzeugungen des Therapeuten (omnipotenter Heilungsanspruch, Liebesanspruch).

- Chronische Suizidalität kann damit als der unbewusste Versuch gesehen werden, eine Objektbeziehung zu ändern, die mit anderen Mitteln nicht beeinflussbar erscheint.
- Chronische Suizidalität ist nicht unbedingt Ausdruck eines primären Wunsch zu sterben, vielmehr wird der Tod in Kauf genommen, wenn keine andere Möglichkeit zur Objektänderung mehr gesehen wird.

5 Kognitiv-behaviorale Aspekte der Therapie von Suizidalität

Rolf Dieter Trautmann-Sponsel

Ein wesentliches Grundprinzip der kognitiven Verhaltenstherapie ist ihre Orientierung an der empirischen Psychologie (Margraf 1996). Für den Umgang mit akuten suizidalen Krisen liegen jedoch keine empirischen, verhaltenstherapeutische Untersuchungen vor. Einige wenige Untersuchungen existieren zur Verhaltenstherapie von chronisch suizidalen Patienten bzw. von solchen Patienten, die in der Vergangenheit schon häufiger Suizidversuche verübten. Diese wenigen empirischen Daten sollen in einem ersten Abschnitt kurz dargestellt werden. Der Schwerpunkt dieses Kapitels wird jedoch darauf liegen, die kognitiv-verhaltenstherapeutischen Erfahrungen des Autors im Umgang mit unterschiedlichen Therapiesituationen, bei denen es zu suizidalen Reaktionen beim Patienten kommen kann, darzustellen.

Für eine kognitiv-verhaltenstherapeutische Behandlung von *chronischer Suizidalität* hat die Dialektisch-Behaviorale Therapie (DBT) nach M. Linehan (1996 a, b) Nachweise für deren Effektivität erbringen können (Linehan u. Mitarb. 1991, Linehan u. Mitarb. 1993, Linehan u. Mitarb. 1994). Bei *akuter Suizidalität* ist es dagegen schwierig, Effektivitätsstudien durchzuführen, da es sich bei dem Problem der Suizidalität aus ethischen Gründen verbietet, kontrollierte Methodenvergleichsstudien durchzuführen. Jeder Therapeut wird bei der Krisenintervention mit einem suizidalen Menschen alles tun, was er persönlich für richtig und gerechtfertigt hält, um diesen Menschen davon abzubringen, sich das Leben zu nehmen. Dabei interessiert es ihn nicht, ob er sich dabei genau an die Vorgaben einer bestimmten Therapierichtung hält oder nicht. Schon die Ergebnisse von Untersuchungen, die unternommen wurden, um empirisch zu belegen, dass suizidpräventive Maßnahmen – unabhängig von der theoretischen Ausrichtung – überhaupt einen Effekt haben, stimmen nicht sehr optimistisch (Bronisch 1999), weswegen Methodenvergleichsstudien derzeit nicht erfolgversprechend erscheinen.

Dagegen finden sich einige (wenige) Untersuchungen zur Therapie von chronisch Suizidalen bzw. Personen, die häufiger suizidales Verhalten zeigen. Die Untersuchungen von Linehan und Mitarbeitern sind von Waltz und Trautmann-Sponsel (1999) ausführlich referiert worden.

Es gibt einige Therapieelemente im Umgang mit suizidalen Patienten, die in allen Therapierichtungen berücksichtigt werden müssen, ohne typisch verhaltenstherapeutisch zu sein (z.B. Aufbau einer therapeutischen Beziehung), die den schulenübergreifenden Grundsätzen der psychiatrisch-psychotherapeutischen Krisenintervention (Rupp 1996) und Notfallpsychiatrie (Deister u. Laux 2000) folgen. Auf solche Aspekte soll hier nicht weiter eingegangen werden, sondern es sollen lediglich die typisch kognitiv-verhaltenstherapeutischen Überlegungen herausgestrichen werden.

Empirische Untersuchungen

Liberman und Eckman (1981) verglichen ein verhaltenstherapeutisches Vorgehen mit einer einsichtsorientierten Therapie bei Personen mit wiederholten Suizidversuchen. Sie gingen dabei davon aus, dass es sich bei Personen mit häufigem suizidalen Verhalten nicht immer um Personen mit massiven psychischen Störungen handeln muss, sondern dass unter ihnen auch ein erheblicher Prozentsatz vertreten sein könnte, der sozial und ökonomisch depriviert ist und dem es an sozialen Fertigkeiten mangelt, um seine Lage verbessern zu können. Darüber hinaus sind die Autoren der Auffassung, dass auch suizidales Verhalten erlernt und durch soziale Konsequenzen aufrechterhalten wird. Außer einem Selbstsicherheitstraining bestand das verhaltenstherapeutische Behandlungspaket in dieser Untersuchung aus einem Angstbewältigungstraining und aus Verträgen mit Familienangehörigen. Es wurden 24 Patienten in die Studie aufgenommen, die in den vorangegangenen zwei Jahren insgesamt 70 Suizidversuche begangen hatten. Die Patienten wurden zufällig auf die beiden Behandlungsbedingungen verteilt. Alle Patienten erfüllten die Kriterien einer Major Depression nach DSM-III, und die meisten wiesen zusätzlich eine Persönlichkeitsstörung (histrionisch, narzisstisch, Borderline, ängstlichvermeidend, dependent) auf. Die Patienten wurden zehn Tage lang– unmittelbar nach einem Suizidversuch – vier Stunden täglich stationär behandelt. Es wurden Follow-ups durchgeführt zwei, sechs, zwölf, 24 und 36 Wochen sowie zwei Jahre nach der Entlassung. Während dieser zwei Jahre kam es bei fünf Patienten (drei aus der einsichtsorientierten Gruppe, zwei aus der verhaltenstherapeutischen Gruppe) zu insgesamt elf Suizidversuchen. Es wurden eine Reihe von Messverfahren eingesetzt. Bei den meisten zeigten sich Verbesserungen für beide Gruppen, die jedoch für die verhaltenstherapeutische Gruppe in vielen Variablen signifikant besser ausfielen. Vor allem hatten nach sechs Monaten und nach zwei Jahren doppelt so viele Patienten der verhaltenstherapeutischen Gruppe eine Vollzeitbeschäftigung aufgenommen wie aus der einsichtsorientierten Gruppe.

Ein interessanter Nebenbefund dieser Untersuchung war, dass 16 der untersuchten 24 Patienten ein Familienmitglied und sechs einen nahen Freund hatten, der vor dem ersten Suizidversuch des Patienten einen Suizidversuch verübt hatte. „The implication is that the choice of suicidal behavior as a coping response to stressors is made, in part, on the basis of social modeling." (Liberman u. Eckman 1981, S. 1130)

Dem Modelllernen scheint bei Suizidalität grundsätzlich eine große Bedeutung zuzukommen (Sonneck 2000). Goethe selbst hat versucht, den Werther-Effekt zu bekämpfen (Wilkes 1998). Brent und Mitarbeiter (1996) untersuchten, ob das überzufällig häufige Auftreten von suizidalem Verhalten in bestimmten Familien darauf zurückzuführen sein könnte, dass in diesen Familien psychiatrische Erkrankungen häufiger vertreten sind als in Familien mit weniger häufigen suizidalen Verhaltensweisen. Sie fanden, dass die Neigung zu suizidalem Verhalten familiär als trait übertragen wird, das unabhängig von Achse-I- und Achse-II-Störungen ist. Sie fanden keinen derartigen Zusammenhang bzgl. Suizidvorstellungen (ideators). Bei 58 Adoleszenten, die einen Suizid begangen hatten, wurden die Familienangehörigen untersucht und mit den Familien einer parallelisierten Kontrollgruppe hinsichtlich soziodemographischer Variablen verglichen. Bei den 58 Suizidprobanden wurden 203 Angehörige ersten Grades und 607 zweiten Grades untersucht, bei der Kontrollgruppe 207 Angehörige ersten Grades und 558 zweiten Grades. Die Rate von Suizidversuchen bei den Angehörigen ersten Grades der Suizidpatienten war signifikant verschieden von derjenigen der Angehörigen der Kontrollgruppe (11,4% vs. 2,4%). Dies betraf vorwiegend die Mütter und Geschwister, weniger die Väter. Die Rate der ideators war ebenfalls deutlich höher bei den Angehörigen (sowohl ersten als auch zweiten Grades) der Suizidpatienten als bei den Angehörigen der Kontrollgruppe

(14,7% vs. 8,2% für Angehörige ersten Grades, 7,6% vs. 4,5% für Angehörige zweiten Grades). Auch bei den Angehörigen zweiten Grades war die Rate von Suizidversuchen bei Verwandten von Suizidpatienten höher als bei Verwandten von Nicht-Suizidpatienten (4,9% vs. 1,4%). Die Angehörigen von Suizidpatienten zeigten darüber hinaus eine höhere Rate von aggressivem Verhalten als diejenigen der Kontrollgruppe. Signifikante Unterschiede bei der Anzahl der Achse-I und II-Störungen ergaben sich für affektive Störungen, Dysthymia, Störungen des Sozialverhaltens und der antisozialen Persönlichkeitsstörung. Bei den Angehörigen zweiten Grades fanden sich vermehrt affektive Störungen, Substanzmittelmissbrauch, Störungen des Sozialverhaltens, Angststörungen, antisoziale, ängstlich-vermeidende und Borderline-Persönlichkeitsstörungen. Aber auch nach statistischer Kontrolle dieser erhöhten Auftretenshäufigkeiten von Achse-I- und Achse-II-Störungen blieb ein signifikanter Unterschied in der Häufigkeit von suizidalen Handlungen zwischen den Angehörigen der Suizidpatienten und den Angehörigen der Kontrollgruppe bestehen, allerdings nicht bei den Suizidvorstellungen. „These results strongly suggest that the tendency to suicidal behavior is familially transmitted by a mechanism distinct from the familial transmission of other psychiatric conditions (Brent u. Mitarb. 1996, S. 1151). Die familiäre Übertragung der Neigung zu suizidalem Verhalten hängt ebenfalls mit der Neigung zu aggressivem Verhalten zusammen. Die beschriebene Studie kann allerdings keine Aussage dazu machen, ob es sich um genetische oder nicht-genetische Faktoren handelt, die diese familiäre Häufung von suizidalen (und aggressiven) Handlungen bedingt.

Stanley und Mitarbeiter (2001) untersuchten, ob das suizidale Verhalten von Patienten mit selbstverletzendem Verhalten in der Vergangenheit anders zu beurteilen ist als das derjenigen, die keine Selbstverletzungshandlungen zeigen. Selbstverletzendes Verhalten tritt fast ausschließlich bei Borderline-Patienten auf, die wiederum ein Suizidrisiko von ca. 5–10% haben. Ca. 55–85% der Patienten mit selbstverletzendem Verhalten haben mindestens einen Suizidversuch aufzuweisen. Dem selbstverletzenden Verhalten (SVV) liegen eine Reihe unterschiedlichster Motive zugrunde, wie Selbstbestrafung, Spannungsreduktion, Verbesserung der Stimmung, Ablenkung von unaushaltbaren Gefühlen, Unterbrechung einer Dissoziation. Nach dem SVV fühlt sich der Betreffende in der Regel besser und erleichtert. Dieser Gefühlszustand wird von Borderline-Patienten häufig auch mit suizidalem Verhalten angestrebt. In eine Studie aufgenommen wurden 53 Patienten mit mindestens einem Suizidversuch in der Vorgeschichte und einer Cluster B-Persönlichkeitsstörung (79% weiblich, 66% arbeitslos). 94% dieser Patienten erfüllten die DSM-III-R-Kriterien einer Borderline-Persönlichkeitsstörung, 66% litten unter einer komorbiden Major Depression. Im Durchschnitt hatten diese Patienten bereits drei Suizidversuche hinter sich. 30 der untersuchten Patienten zeigten in der Vergangenheit SVV ohne unmittelbare Suizidabsicht, 23 zeigten kein SVV. Die Patienten mit SVV berichteten signifikant häufiger von körperlichen Bestrafungen in der Kindheit, dagegen nicht häufiger von sexuellem Missbrauch. Die SVV-Patienten waren depressiver, hoffnungsloser und zeigten eine stärkere Borderline-Pathologie (obwohl fast alle Patienten aus beiden Gruppen als Borderline-Störung diagnostiziert worden waren). Bezüglich der Suizidalität fanden Stanley und Mitarbeiter (2001), dass sich weder die Anzahl der Suizidversuche, noch die Schwere der Suizidvorstellungen, noch die Letalität der Versuche zwischen beiden Gruppen unterschied. Die Ergebnisse zeigen jedoch, dass die Gruppe der Selbstverletzer in höherem Maße gestört ist und aus verschiedenen Gründen ein höheres Risiko für einen Suizid aufweist:

➢   Sie erleben ausgeprägtere Gefühle von Depression und Hoffnungslosigkeit.
➢   Sie sind aggressiver und zeigen mehr Merkmale einer Borderline-Persönlichkeitsstörung im Hinblick auf die affektive Instabilität.

> Sie unterschätzen die Gefährlichkeit ihres suizidalen Verhaltens, glauben, dass sie nach einem Suizidversuch gerettet werden. Sie sehen den Tod als weniger final an (eher als schlafähnlichen Zustand).
> Sie werden von suizidalen Vorstellungen länger und häufiger geplagt.

Eine verhaltenstherapeutisch-persönlichkeitspsychologische Sichtweise von Suizidalität

Was Verhaltenstherapie gegenüber anderen therapeutischen Ansätzen auszeichnet ist u.a. die Transparenz des Vorgehens dem Patienten gegenüber, ihre Orientierung an konkreten Zielen (Fiedler 1996) und an der Förderung von Bewältigungsfertigkeiten des Patienten (Waltz u. Trautmann-Sponsel 1999).

Das *Stress-Bewältigungsmodell* von Lazarus und Folkman (1984) kann auch für ein Verständnis von Suizidalität hilfreich sein. „Lazarus und Folkman (1984) definieren Bewältigung als sich ständig verändernde, kognitive und verhaltensmäßige Bemühungen einer Person, die darauf gerichtet sind, sich mit spezifischen externen und/oder internen Anforderungen auseinander zu setzen, die ihre adaptiven Ressourcen stark beanspruchen oder übersteigen" (Trautmann-Sponsel 1988, S. 15).

Suizidalität entsteht häufig dann, wenn die situativen Anforderungen die Bewältigungsfertigkeiten einer Person übersteigen. Dabei kommt es nach dem Stress-Bewältigungsmodell nicht auf die objektiven Bedingungen an, sondern auf die subjektive Einschätzung der Bedrohlichkeit einer Situation (*primäre Einschätzung)* im Hinblick auf aktuelle commitments (Klinger 1977) und auf grundlegende Wertvorstellungen sowie auf die subjektive Einschätzung der Bewältigungsressourcen (*sekundäre Einschätzung)*. Unter commitment versteht Klinger (1977) Motive und Ziele, die über längere Zeit unser Handeln in eine bestimmte Richtung lenken. Primäre und sekundäre Einschätzung entsprechen dem, was Beck in seinem Modell (Hautzinger 2001) als automatische Gedanken bezeichnet.

Beck, Kovacs und Weissman fanden bereits 1975 in einer Untersuchung, dass Hoffnungslosigkeit ein zentraler Prädiktor für suizidales Verhalten darstellt. Zur Erfassung der Hoffnungslosigkeit entwickelten sie die Hoffnungslosigkeits-Skala (Beck u. Mitarb. 1974). Hieraus folgt als Konsequenz, dass eine Behandlung primär darauf abzielen muss, durch eine Verbesserung der Bewältigungsfertigkeiten sowie der Reduktion von akuten Belastungen etwas an der Hoffnungslosigkeit zu verändern. Hoffnungslosigkeit ist bisweilen die Konsequenz aus nicht ausreichend vorhandenen Problemlösefähigkeiten, d.h. der Patient sieht momentan keine Lösung für sein Problem (Hilflosigkeit), schlussfolgert, dass es grundsätzlich und auch in Zukunft keine Lösung geben wird und ist deswegen hoffnungslos.

Eine positive Funktion der Hoffnungslosigkeit könnte darin liegen, dass der Patient sich nicht weiter (erfolglos) um Lösungen bemüht, er gibt den Kampf auf und kann sich damit körperlich und seelisch für den nächsten Kampf erholen. Vielleicht ist die Analogie zu weit hergeholt, aber von vielen Tierarten ist bekannt, dass sie eine Demutsstellung einnehmen, wenn sie glauben, sich in einer hoffnungslosen Kampfsituation zu befinden, Hunde legen sich z.B. auf den Rücken, um die Kehle anzubieten, was bei dem Kampfpartner eine Tötungshemmung zur Folge hat (Eibl-Eibesfeldt 1973). Beim Menschen könnte dies analog bedeuten, dass das Äußern von Hoffnungslosigkeit auch einfach nur bedeuten könnte, „ich will/kann nicht mehr kämpfen". Viele Patienten empfinden es bereits als erleichternd, wenn man ihnen sagt, dass kämpfen nicht die einzige Möglichkeit ist, mit Problemen umzugehen bzw. dass es unterschiedliche Arten zu kämpfen gibt. Dies bedeutet nicht immer, dass die Patienten eine unrealistische Sichtweise ihrer Situation haben. Viele Menschen haben real eine Vielzahl von Problemen, bis hin zu existenzbedrohenden wie z.B. Arbeitslosigkeit, die einen starken Einfluss auf die Suizidalität haben (Kposowa 2001). Hier bedeutet kognitive Therapie nicht, die Sichtweise der Patienten von der Realität zu verändern, sondern ihre Problemlösefähigkeiten zu erweitern, damit sie an ihrer schwierigen Situation tatsächlich etwas verändern können. Aufgrund der situativen Einengung im Sinne des präsuizidalen Syndroms (Ringel 1953) haben Patienten oft nicht die Kreativität, die benötigt wird, um auch aussichtslos erscheinende Situationen zu bewältigen.

Zum anderen zeichnen sich suizidale Patienten gegenüber nicht-suizidalen mit ähnlicher Problemsituation auch dadurch aus, dass sie besonders wenig Vertrauen in ihre eigenen Fähigkeiten haben, Probleme zu lösen (geringe self-efficacy im Sinne Banduras 1977, Beck u. Mitarb.1981).

Hoffnungslosigkeit ist einerseits ein wichtiger Aspekt bei der Depression sowohl als typisches Merkmal einer Depression als auch als möglicher ätiologischer Faktor, andererseits einer der wichtigsten Prädiktoren für suizidale Vorstellungen (Abramson u. Mitarb. 1989), für die Ernsthaftigkeit von Suizidversuchen (Beck u. Mitarb. 1975; Minkoff u. Mitarb. 1973) und für vollendeten Suizid (Kovacs u. Mitarb. 1975). Die Frage ist, ob Hoffnungslosigkeit nur im Rahmen einer Depression auftritt und in diesem Zusammenhang mit Suizidalität korreliert, wie es das Modell von Beck (Beck u. Mitarb. 1990) nahelegt, oder ob Hoffnungslosigkeit ein trait-Merkmal ist, das die aktuelle Hoffnungslosigkeit und damit die Suizidalität im Rahmen einer Depression entscheidend beeinflusst.

Young und Mitarbeiter (1996) untersuchten zu dieser Fragestellung 316 Probanden im Längsschnitt mit insgesamt 1339 Hoffnungslosigkeitsskalen. Das mittlere Intervall (Median) zwischen dem Ausfüllen der Skalen betrug 26 Wochen. Die grundlegende Hypothese war, dass sich Probanden in ihrem baseline-Niveau an Hoffnungslosigkeit unterscheiden, auch wenn keine Depression vorliegt, und dass durch das Ansteigen der Depressivität die Hoffnungslosigkeit unterschiedlich beeinflusst wird, in Abhängigkeit von dem Ausgangsniveau und der Sensitivität für Hoffnungslosigkeit. Die Ergebnisse bestätigen die Annahme, dass sich Personen signifikant hinsichtlich ihres Ausgangsniveaus der Hoffnungslosigkeit unterscheiden. Dafür gibt es drei mögliche Erklärungen.
1. Hoffnungslosigkeit kann bei Personen, die später depressiv werden bereits vor ihrer ersten Episode im Sinne einer Vulnerabilität erhöht sein.
2. Hoffnungslosigkeit nahm mit Beginn einer depressiven Episode zu.
3. Andere Faktoren als Depression (z.B. life events) tragen zur Hoffnungslosigkeit bei.

Die Ergebnisse dieser Studie zeigen, dass sich Personen darin unterscheiden in welchem Ausmaß die Hoffnungslosigkeit mit zunehmender Schwere der Depression zunimmt. Das Ausgangsniveau der Hoffnungslosigkeit scheint mit einem externalen Attributionsstil in Zusammenhang zu stehen (Abramson u. Mitarb. 1978). Das Ausgangsniveau der Hoffnungslosigkeit konnte in der Studie von Young und Mitarbeitern (1996) als Prädiktor für das Auftreten einer depressiven Episode innerhalb der folgenden drei Jahre angesehen werden. Weiterhin ließ sich mit dem Ausgangsniveau der Hoffnungslosigkeit die Wahrscheinlichkeit eines künftigen Suizidversuches voraussagen, nicht jedoch mit Hilfe der Hoffnungslosigkeits-Sensitivität. Es war also weder die Intensität der Hoffnungslosigkeit während der Depression noch der Anstieg der Hoffnungslosigkeit im Rahmen der Depression, der suizidales Verhalten vorhersagte, sondern das Ausgangsniveau, d.h. Hoffnungslosigkeit ist ein stabiler trait-Faktor, der suizidales Verhalten unabhängig von der Schwere der Depression vorhersagt. Dies scheint zunächst ein Widerspruch zur Hypothese von Beck und Mitarbeitern (1990) zu sein, dass Hoffnungslosigkeit nur im Rahmen einer Depression suizidales Verhalten vorhersagt. Young und Mitarbeiter (1996) bemerken jedoch selbst, dass sie lediglich Suizid*versuche* untersuchten, bei vollendeten Suiziden könnte es durchaus sein, dass hier die Kombination von schwerer Depression mit ausgeprägter Hoffnungslosigkeit verantwortlich zu machen ist.

Das Thema der Hoffnungslosigkeit wurde hier deshalb so ausführlich behandelt, weil es neben der subjektiv erlebten Hilflosigkeit den zentralen Fokus für ein kognitiv-verhaltenstherapeutisches Vorgehen bei Suizidalität bildet. Den Patienten muss vermittelt werden, dass Hoffnungslosigkeit eine subjektive Einschätzung, nicht eine objektive Beurteilung ihrer Situation darstellt, die mit ihrer aktuellen Depressivität in Zusammenhang steht und schon deswegen nicht objektiv sein kann. Es handelt sich um eine Einschätzung, die sich im Laufe der Psychotherapie verändern kann.

Die Bedeutung des Settings, in dem Suizidalitität behandelt werden soll

Die konkrete verhaltenstherapeutische Intervention – wie wahrscheinlich auch diejenige aus jeder anderen Therapierichtung – hängt sehr stark davon ab, unter welchen Bedingungen man einen suizidalen Patienten sieht, ob dies im Verlauf einer bereits stattfindenden ambulanten Therapie passiert, während eines stationären Aufenthaltes in einer psychosomatischen oder psychiatrischen Klinik oder als Erstkontakt im Rahmen einer Krisenintervention.

Ambulant während einer laufenden Therapie

Eine Voraussetzung für die angemessene Durchführung einer Krisenintervention bei plötzlich auftretender Suizidalität im Rahmen einer ambulanten Therapie ist die frühzeitige korrekte Diagnose der Störung, deretwegen ein Patient in Behandlung kommt. Dies beeinflusst sowohl die Einschätzung, ob Suizidalität überhaupt vorliegt sowie deren Akuität, als auch die Frage ob diese im Rahmen einer bestimmten psychischen Störung zu sehen ist. Gerade im ambulanten Bereich können Persönlichkeitsstörungen leicht übersehen werden, da die Patienten in einem Umfeld leben, in dem sie primär familiär, beruflich und sozial funktionieren müssen, so dass sie problematische Persönlichkeitsmerkmale häufig zu überspielen versuchen. So können viele Menschen mit Borderline-Störungen im ambulanten Setting zunächst nur ihre Achse-I-Symptomatik im Sinne des DSM-IV (Saß u. Mitarb. 1996) präsentieren (z.B. Essstörung, Depression, Agoraphobie, Zwang), ähnlich wie Menschen mit narzisstischen und histrionischen Persönlichkeitsstörungen sich häufig dann an einen Psychotherapeuten wenden, wenn sie depressiv sind. Die Diagnostik dieser Persönlichkeitsstörungen ist jedoch deswegen von Bedeutung, weil die Funktionalität der Suizidalität bei diesen genannten Persönlichkeitsstörungen äußerst unterschiedlich ist (s. u.).

Zur Einschätzung des akuten Risikos – besonders bei Personen, die bereits einen Suizidversuch hinter sich haben können aus kognitiv-verhaltenstherapeutischer Sicht folgende Fragen sinnvoll sein (Reinecke 1994).

➤ Welche Gründe hat der Patient, an Suizid zu denken? Hat er einen Wunsch nach Erleichterung von seinen Problemen oder einen Wunsch, andere zu manipulieren, Aufmerksamkeit zu erhalten oder Rache zu üben?

➤ Hat er eine spezifische psychiatrische Erkrankung?

➤ Leidet er aktuell unter einer depressiven Störung oder Hoffnungslosigkeit? Erscheint er sehr ängstlich, agitiert feindselig, misstrauisch oder ausweichend?

➤ Glaubt er, dass seine Belastung unaushaltbar ist und eine sofortige Lösung erfordert?

> Was ist das Ausmaß seines suizidalen Wunsches? War der Suizidversuch sorgfältig geplant oder impulsiv (falls sich in der Anamnese herausgestellt hat, dass es einen solchen schon einmal gegeben hat)? Glaubte er dass er erfolgreich sein würde? War Rettung vorgesehen oder wahrscheinlich?
> Welche situationalen oder sozialen Faktoren trugen zu dem Versuch bei? Sind diese Probleme seit langem bestehend oder unlösbar?
> Hat der Patient adaptive Bewältigungsfertigkeiten oder benutzt er maladaptive Copingstrategien wie Alkohol oder Drogen? War er in der Vergangenheit in der Lage, schwierige Lebenssituationen zu meistern?
> Welche Ressourcen und sozialen Unterstützungen stehen zur Verfügung? Gibt es Menschen, an die er sich wenden kann und denen er vertraut? Was denkt er über diese Personen (z.B. Familie und Freunde)? Ist er einsam, isoliert oder zurückgezogen?
> Was ist die Haltung der anderen gegenüber Tod und Suizid?
> Gibt es Ablenkungsmöglichkeiten oder was sind die Gründe, um zu leben? Gibt es Hoffnung für die Zukunft? Glaubt er, dass es prinzipiell Lösungen für sein Problem gibt und dass er in der Lage ist, diese Lösungen herbeizuführen (self-efficacy)?
> Gibt es Glaubenssätze, Einstellungen oder Erwartungen, die den Wunsch zu sterben, aufrechterhalten?
> Ist der Patient in der Lage, alternative Lösungen zu generieren und zu bewerten? Ist er flexibel oder rigide in seinem kognitiven Stil? Akzeptiert er Alternativen, die vom Therapeuten vorgeschlagen werden oder weist er diese sofort als unmöglich zurück?

Der Therapeut sollte auch immer wissen, welche konkrete Phantasie der Patient hat, wie er sich suizidieren würde. Gerade bei Borderline-Patienten ist das akute Risiko nicht immer sicher einzuschätzen.

Eine Borderline-Patientin des Autors hatte beispielsweise die Vorstellung, wenn sie sich suizidiert, mietet sie sich in einem teuren Hotel ein, geht noch einmal gut essen, trinkt (viel) Sekt und nimmt dann mit Yoghurt Digitalissamen ein. Als die Patientin eines Freitagnachmittags zum verabredeten Termin nicht erschien, konnte sie so gezielt gesucht werden. Sie wurde schließlich gefunden, als sie bereits komatös war. Da die Einnahme des Gifts jedoch noch nicht lange zurück lag, konnte sie durch Auspumpen des Magens gerettet werden.

Psychotherapeuten sollten wissen, bei welchen Störungen mit einem erhöhten Risiko für Suizidalität grundsätzlich zu rechnen ist.
> Bei (schweren) depressiven Störungen
> Bei Alkohol- und Drogenabhängigkeit
> Bei Schizophrenie (Wolfersdorf u. Mitarb. 1993)
> Bei bestimmten Persönlichkeitsstörungen (Fiedler 2000)

Einige Autoren sind der Ansicht, dass auch Patienten mit Angststörungen ein erhöhtes Risiko aufweisen (Reinecke 1994). Empirische Belege gibt es allerdings nur für die Panikstörung, und hier wiederum scheint eher ein Zusammenhang mit der Häufigkeit von Suizidversuchen, weniger mit erfolgten Suiziden zu bestehen (Wolfersdorf u. Straub 1995). Dabei ist zu berücksichtigen, dass Angststörungen in einem hohen Prozentsatz mit einer (sekundären) Depression und/oder Abhängigkeitserkrankung einhergehen. Umgekehrt leiden viele depressive Patienten gleichzeitig unter einer Angststörung (Wolfersdorf u. Straub 1995). Eine Komorbidität von einer Panikstörung mit einer Borderline-Störung weist sogar ein Suizidrisiko von 25% auf (Friedman u. Mitarb. 1992). Ebenso sollten Therapeuten die demographischen und sozialen Risikofaktoren kennen (s. auch Bronisch 2000):

> Alter über 45
> Alleinlebend
> Arbeitslos.

„If there is a truism in psychology, it is that the best predictor of future behavior is past behavior. So it is with predicting suicidal risk." (Reinecke 1994, p. 75) Das heißt besondere Vorsicht ist immer dann geboten, wenn man aus der Anamnese des Patienten weiß, dass er bereits einen oder mehrere Suizidversuche begangen hat. Auf der anderen Seite muss man sich darüber im Klaren sein, dass es sich für ca. 70% derjenigen, die durch Suizid sterben, um den ersten und einzigen Suizidversuch handelt (Maris u. Mitarb. 2000)

Die Borderline-Persönlichkeitsstörung (und auch andere Persönlichkeitsstörungen) werden besonders häufig bei eher älteren (>40 Jahren) Patienten übersehen. Ihre Suizidalität ist in der Regel jedoch als wesentlich ernsthafter einzuschätzen als diejenige jüngerer Patienten. Diese Patienten waren oftmals in der Vergangenheit nicht besonders auffällig, solange sie Situationsbedingungen hatten, die sie stabilisierten. Änderungen in den Umgebungsbedingungen aber auch psychische Veränderungen im Rahmen einer laufenden Therapie können zu einer Dekompensation der Störung führen. Beispielsweise können Patienten mit einer dependenten Persönlichkeitsstörung über viele Jahre hinweg völlig unauffällig sein, solange sie z.B. das Gefühl haben, in der Familie gebraucht zu werden. Lösen sich dann jedoch die Kinder aus dem Elternhaus und der Partner wird zum einzigen Menschen, der die dependenten Bedürfnisse des Patienten erfüllen kann, entsteht sehr schnell eine bedrohliche Situation, wenn im Rahmen der Therapie diese Beziehung infrage gestellt wird. Therapeuten müssen sich darüber im Klaren sein, dass das Generieren von neuen Lösungen für die problematischen Situationen des Patienten nicht immer positiv aufgefasst wird, sondern aus seiner subjektiven Sicht auch bedeuten kann, dass er offenbar jetzt erneut kämpfen soll, wo er doch schon beschlossen hatte, dass „alles keinen Sinn macht" – zumindest, wenn „die anderen sich nicht ändern". Dagegen wird der Patient im Rahmen einer Psychotherapie in der Regel auf die Aspekte hingewiesen, die er selbst ändern könnte/müsste. Es ist wichtig, den Patienten frühzeitig auf das mögliche verstärkte Auftreten von Suizidalität im Rahmen der Therapie hinzuweisen, damit er solche Impulse nicht als Hinweis dafür interpretiert, dass die Therapie ihm auch nicht helfen kann, sondern die Impulse eher als Herausforderung annimmt, solche wiederauftretenden Suizidwünsche jetzt im Rahmen der Therapie durchzuarbeiten (Beck u. Mitarb. 1981). Suizidalität vorauszusagen, ist eine Technik, die dem Patienten die Kompetenz des Therapeuten verdeutlicht und ihn in der Regel davon überzeugt, dass Suizidalität ein psychisches Phänomen ist, das nicht direkt mit den tatsächlichen, realen Problemen in Zusammenhang stehen muss. Bei denjenigen Störungen, von denen bekannt ist, dass sie mit erhöhter Suizidalität einhergehen, sind die Prognosen des Therapeuten durchaus wissenschaftlich begründet, und sie fördern beim Patienten auch die erwünschte Grundhaltung der kognitiven Verhaltenstherapie, dass der Patient zum Wissenschaftler wird, der gemeinsam mit dem Therapeuten an wissenschaftlichen Problemen arbeitet, was eine Distanzierung von seinem Problem bewirken kann.

Die frühzeitige Diagnosestellung ist u. a. auch wichtig, um zu vermeiden, dass der Therapeut vom Patienten in eine Art von therapeutische Beziehung hineingezogen wird, die später nur noch schwer korrigierbar ist. Wie bei Trautmann-Sponsel und Gleich (2001) ausgeführt, ist es gerade für eine verhaltenstherapeutische Behandlung wichtig, dass der Therapeut die Macht über die Behandlungsbedingungen hat bzw. behält. Die meisten Persönlichkeitsstörungen jedoch führen zu einer therapeutischen Interaktion, bei der der Therapeut mehr Veränderung will als der Patient, was den Patienten in die mächtigere Position bringt. Dies wird dann zum besonderen Problem, wenn der Patient suizidale Äußerungen macht, da diese als extremes Machtmittel von Seiten des Patienten benutzt werden können, um den Therapeuten dazu zu bringen, ihm besondere Aufmerksamkeit zu schenken.

Eine Reihe von hilfreichen Interventionstechniken bei Suizidalität im ambulanten Rahmen werden von Dorrmann (1991) dargestellt.

Stationär während einer psychosomatischen Behandlung

Die Indikation zur stationären Behandlung wird häufig dann gestellt, wenn die sozialen Lebensbedingungen des Patienten desolat sind und man glaubt, der Patient sei erst dann in der Lage, seine Situation zu verbessern, wenn er psychisch stabil ist. Sinnvoll ist jedoch fast immer der umgekehrte Weg! Die Therapie in einer psychosomatischen Klinik ist häufig emotional labilisierend. Sie sollte deshalb nicht dann erfolgen, wenn der Patient in seiner realen Lebenssituation massive Probleme hat, die eine schnelle Lösung erfordern. Dies muss bei einer stationären psychosomatischen Behandlung bedacht werden. Häufig werden hier die sozialen Probleme an den Sozialtherapeuten delegiert und der Therapeut beschäftigt sich mit der „eigentlichen" psychischen Problematik des Patienten, was mit anderen Worten bedeutet, dass dem Patienten damit nicht nur klar wird, dass er im realen Leben gescheitert ist, sondern dass er auch noch selbst daran Schuld ist. Eine Situation, die relativ plötzlich zu suizidalen Gedanken beim Patienten führen kann.

Stationär während der Behandlung in einer psychiatrischen Klinik

Die psychiatrische Klinik bietet oft einen Schutzraum für den Patienten, in dem die realen Lebensprobleme ausgeblendet werden können. Es geht nur darum, dass es dem Patienten wieder besser geht. Dies ist zwar ein wichtiges Ziel, da es Voraussetzung dafür ist, dass sich der Patient seinen realen Lebensproblemen wieder stellen kann, es bereitet jedoch nicht automatisch darauf vor, mit diesen Problemen tatsächlich besser umgehen zu können. Es sollte v.a. kurz vor der Entlassung der Therapeut seine Aufmerksamkeit darauf richten, ob der Patient für die Entlassung in die (böse) Welt ausreichend vorbereitet ist. Hier gilt es v.a. kurz vor der Entlassung von Patienten mit Störungen, die häufig Suizidalität aufweisen (Depression, Schizophrenie, Sucht, Borderline) die Suizidalität erneut zu explorieren. Umgekehrt kann die Angst der Patienten, dass sie evtl. entlassen werden könnten, wenn es ihnen besser geht, dazu führen, dass ihnen ein suizidales Verhalten antrainiert wird. Patienten in Kliniken, egal ob psychosomatischen oder psychiatrischen, erhalten üblicherweise besonders viel Aufmerksamkeit dann, wenn sie sich suizidal äußern. Dass die Patienten dies in diesem Fall häufiger tun, hat nichts mit Manipulation zu tun, sondern basiert auf den einfachen Lerngesetzen (positive Verstärkung). Häufig hat das diensthabende Personal keine Zeit (oder keine Lust) sich mit bestimmten problematischen Patienten auseinander zu setzen. Machen diese jedoch suizidale Äußerungen oder zeigen entsprechende Verhaltensweisen, ist das Personal zu entsprechender Aufmerksamkeit gezwungen, was gerade bei Borderline-Patienten schnell einen Teufelskreis in Gang setzt. Das Personal mag den Patienten gerade deswegen nicht, weil er immer ausgerechnet im Nacht- oder Wochenenddienst oder wenn sonst gerade besonders wenig Zeit ist, Schwierigkeiten macht. Dies führt evtl. dazu, dass dieser Patient normalerweise weniger Aufmerksamkeit erhält als andere Patienten. Ohne dass diese Patienten dies nun bewusst möchten, bleibt ihnen als einzige Möglichkeit, um auch wieder ins Zentrum der Aufmerksamkeit der Therapeuten zu gelangen, suizidale Äußerungen zu machen.

Hier bedarf es klarer Regeln auf den Stationen (die den Patienten auch mitgeteilt werden müssen!), wie mit suizidalen Äußerungen oder Handlungen umgegangen wird.

Als Krisenintervention

Die Grundannahme der dialektischen Verhaltenstherapie (Linehan 1996a), dass Therapie nur bei einem ausgeglichenen Verhältnis von Validierung (Bestätigung der Sichtweisen der Patienten) gegenüber Veränderungsstreben möglich ist, kann auch beim Umgang mit suizidalen Menschen gelten. Aufgrund des engen zeitlichen Rahmens neigt man gerade bei der Krisenintervention dazu, die Veränderung in den Vordergrund zu stellen. Ohne ausreichende Validierung führt dies jedoch bei den meisten Menschen eher zu einer Zunahme von dysfunktionalen Verhaltensmustern. Die Aufnahme einer Beratung in einer suizidalen Krise ist bereits ein gewisses Zugeständnis des Patienten darein, dass er mit seinen bisherigen Strategien gescheitert ist, Validierung – nicht Veränderung – sollte daher zunächst im Vordergrund der Maßnahmen stehen.

In dem Buch „Cognitive-Behavioral Strategies in Crisis Intervention" von Dattilio und Freeman (1994) taucht das Wort „Suicide" nur in einer einzigen Kapitelüberschrift auf, „Suicide and Depression" von M. Reinecke. Die Behandlung des Themas Suizidalität innerhalb des Kapitels über Krisenintervention bei Depression ergibt sich daraus, dass ca. 80% der suizidalen Patienten unter einer Depression leiden. Krise wird hier definiert als

➢ erstens ein zeitlich begrenzter Zustand von Unbehagen und Desorganisation, der hauptsächlich charakterisiert ist durch die Unfähigkeit eines Individuums, eine bestimmte Situation mit den üblichen Methoden oder Problemlösefähigkeiten zu bewältigen

➢ und zweitens durch die Möglichkeit eines radikal positiven oder negativen Ergebnisses.

Das primäre Ziel beim Management einer suizidalen Krise besteht darin, den Patienten vor sich selbst zu schützen, was auf unterschiedlichen Wegen erfolgen kann (z.B. Krankenhauseinweisung, Medikation, intensive ambulante Therapie, Reduzieren von Stressoren, Schaffung eines unterstützenden und sicheren Umfeldes). Dagegen beinhaltet die Behandlung eines suizidalen Patienten in erster Linie die Identifikation und Lösung von Faktoren, die zur Suizidalität beigetragen haben. Nach Überwindung der Krise und Stabilisierung geht es also hauptsächlich um ein Training in Bewältigungsfertigkeiten für zukünftige Stresssituationen.

Die Grundannahme der kognitiven Therapie beinhaltet, dass es eine Interaktion gibt zwischen dem, was Personen denken und der Art und Weise wie sie sich infolgedessen fühlen und verhalten. Die individuellen Annahmen, Schemata, Erinnerungen, Glaubenssätze, Ziele, Attributionen, Erwartungen, Pläne, Schlussfolgerungen und Aufmerksamkeitsneigungen beeinflussen, wie ein Individuum auf Ereignisse seines Lebens reagiert. Diese kognitiven Prozesse sind adaptiv, selektiv und automatisch. Emotionale und behaviorale Probleme, einschließlich der Suizidalität werden als Ergebnis von maladaptiven oder verzerrten Gedankenprozessen angesehen, die früher gelernt wurden. Aufgabe des Therapeuten ist es, dem Patienten dabei zu helfen, diese kognitiven Prozesse zu identifizieren und ihn zu ermuntern, adaptivere oder funktionalere Glaubenssysteme und entsprechende Bewältigungsfertigkeiten zu entwickeln.

Die sog. kognitive Triade von Beck (1979) dürfte mittlerweile unter Therapeuten Allgemeinwissen sein. Beck kennzeichnet mit diesem Begriff die typische negative Sicht des Depressiven von sich selbst, der Umgebung und der Zukunft. Besondere Bedeutung kommt bei suizidalen Patienten dem letzten Punkt, der Hoffnungslosigkeit, zu. Als zweite wesentliche kognitive Bedingung für Suizidalität wurde das dichotome Denken herausgearbeitet, was erklären könnte, warum gerade Borderline-Patienten so häufig unter Suizidalität leiden.

Beck und Mitarbeiter (1975), Bedrosian und Beck (1979) sowie Nekanda-Trepka und Mitarbeiter (1983) identifizierten Hoffnungslosigkeit als wichtigeren Prädiktor für Suizidalität als Depression im Allgemeinen. „Die therapeutische Strategie, mit der man gegen die Hoffnungslosigkeit des Patienten vorgeht, basiert auf der Prämisse, dass er der Gefangene seiner willkürlichen Schlussfolgerungen ist... Durch Schaffung einer „kognitiven Dissonanz", d.h. indem wir die inneren Widersprüche seines Glaubenssystems aufzeigen, können wir dieses geschlossene System für Argumente und korrigierende Informationen öffnen" (Beck u. Mitarb. 1981, S. 267).

Freeman und Reinecke (1993) unterscheiden vier Typen von Suizid.

1. Hoffnungslosigkeitssuizid
2. psychotischer Suizid
3. rationaler Suizid
4. histrionischer oder impulsiver Suizid.

Bei dem ersten Typus ist die Hoffnungslosigkeit meistens gepaart mit einer ausgeprägten Hilflosigkeit, d.h. diese Patienten glauben, dass sie nichts tun können, um ihre, ihrer Ansicht nach, desolate Situation zu verbessern. Bei dem zweiten Typ ist zu berücksichtigen, dass es häufig nicht während einer psychotischen Episode (z.B. aufgrund imperativer Stimmen) zu Suiziden kommt, sondern in Phasen, in denen der schizophrene Patient seine Störung und deren Auswirkung auf sein Leben erkennt. Rational suizidale Patienten (Typ 3) sind häufig solche mit einer terminalen oder progressiven Erkrankung. Ähnlich wie die hoffnungslosen Patienten sehen sie den Suizid als Lösung für ihr Leid an. Demgegenüber geht es bei den histrionischen oder impulsiven Suizidversuchen (Typ 4) nicht um Erlösung von einem Leid, sondern um den Versuch, Aufmerksamkeit zu erhalten oder Rache zu üben.

Aufbauend auf diesen theoretischen Grundlagen ergeben sich einige Interventionen, die typisch für die kognitive Verhaltenstherapie sind. Der Therapeut versucht die Welt aus der Sicht des Patienten zu verstehen, indem er sich die Gedankenprozesse vergegenwärtigt, die schließlich zu der Schlussfolgerung führten, der Suizid sei eine Lösung für die vorhandenen Probleme, d.h. der Therapeut versucht nicht, dem Patienten den Suizid auszureden, sondern ihn als eine Möglichkeit von vielen anzuerkennen. Danach erarbeitet er mit dem Patienten zusammen alternative Möglichkeiten und konkrete Schritte, mit deren Hilfe der Patient überprüfen kann, ob diese Alternativen wirksam sind oder nicht. Mit diesem Vorgehen verhindert der Therapeut gleichzeitig, dass er durch Suiziddrohungen manipuliert wird. Die Verantwortung verbleibt bei dem Patienten – solange er dazu noch in der Lage ist.

Ein problemlöseorientierter Ansatz (D´Zurilla u. Goldfried 1971, D´Zurilla u. Nezu 1982) kann an dieser Stelle ebenfalls hilfreich sein. Er beinhaltet nicht nur, dass der Patient selbst lernt, Probleme besser zu lösen, sondern auch sich bei entsprechenden Personen oder Institutionen Hilfe zu holen.

„Zunächst ist es für den Therapeuten wichtig, ‚Zeit zu gewinnen', bis die Phase, in der ein Suizid droht, vorüber ist. Eine Strategie zur Beeinflussung des Patienten, den Selbstmord aufzuschieben, besteht darin, ihn so stark in den therapeutischen Prozess zu verwickeln, dass er beschließt, ‚durchzuhalten', bis er sieht, worauf die Therapie hinauswill. Der Therapeut muss also die Neugier des Patienten erregen und wachhalten sowie des Patienten Interesse an dem therapeutischen Vorgehen stimulieren. Außerdem sollte der Therapeut eine Kontinuität zwischen den Sitzungen herstellen" (Beck u. Mitarb. 1981, S. 264).

Funktionen von suizidalen Äußerungen

„Suizidales Verhalten will etwas verändern, den Anderen und dessen Beziehung zum Suizidalen, sich selbst in der Beziehung zu sich bzw. zum Anderen, sich selbst in der Beziehung zur Umwelt" (Wolfersdorf u. Straub 1995, S. 85). Funktionalität darf jedoch nicht mit absichtlichem, bewusstem Manipulieren verwechselt werden. Eine grundlegende diagnostische Technik in der Verhaltenstherapie ist die funktionale Bedingungsanalyse, d.h. die Frage, welche positive Funktion das problematische Verhalten erfüllt. Dabei geht es nicht nur um die Wirkung auf das Umfeld (z.B. positive Verstärkung durch Zuwendung von anderen auf suizidale Äußerungen oder negative Verstärkung, indem durch Suizidalität schwierige Situationen vermieden werden können), sondern auch um innerpsychische Funktionen, auf die im Folgenden näher eingegangen wird.

Bei Borderline-Störungen

Borderline-Patienten leiden üblicherweise unter chronischer Suizidalität. Es müssen mindestens drei Gruppen von Suizidalen unterschieden werden, die Pokorny als „ideators", „attempters" und „completers" bezeichnete (zit. nach Reinecke 1994). Borderliner finden sich in allen drei Gruppen. Sie haben häufig über viele Jahre hinweg gelernt, dass die Vorstellung vom Suizid eine Reihe von Funktionen erfüllen kann (Trautmann-Sponsel u. Gleich 2001). In der therapeutischen Situation – egal in welchem Setting – gewinnt das Äußern von Suizidalität noch einmal unabhängig von der ursprünglichen innerseelischen eine interaktionelle Funktion.

> „Ich möchte nicht mehr leben bzw. ich möchte tot sein." Der Borderline-Patient kann damit zum Ausdruck bringen, dass er von seinem Leiden wirklich genug hat und sich eigentlich suizidieren möchte. Das Äußern dieses Wunsches bringt jedoch gleichzeitig zum Ausdruck, dass noch ein klein wenig Hoffnung besteht, die aber derzeit nicht ausreicht, um weiter zu kämpfen. Für diese Situation muss mit dem Patienten eine Verlegung in eine geschützte Umgebung (geschlossene Station einer psychiatrischen Klinik) vereinbart werden. Es ist wichtig, diesen Punkt frühzeitig vertraglich zu regeln, auch wenn dies bisher nie ein Problem des Patienten gewesen ist, da sonst später die Frage der Verlegung zur Beziehungsfrage mit dem Therapeuten wird.

> „Ich möchte, dass diese unaushaltbaren Gefühle so schnell wie möglich und ein für allemal aufhören." Dies ist unserer Erfahrung nach das häufigste Motiv für die Äußerung von Suizidalität von Borderline-Patienten. Die Patienten äußern dies meist in einer großen emotionalen Notlage, d.h. hier reicht es nicht, den Patienten irgendwie zu beruhigen und ihm Mut zuzusprechen – was aber dennoch geschehen sollte. Zunächst muss die emotionale Situation validiert werden, indem der Therapeut versucht zu verstehen, welche aktuelle Situation welche Gefühle bei dem Patienten ausgelöst hat (Verhaltensanalyse). Dem Patienten muss vermittelt werden, dass genau dieses Interesse, zu lernen Gefühle besser regulieren zu können, im Zentrum der Therapie stehen wird.

> „Ich möchte mit jemandem Kontakt/Beziehung." Gerade diese Funktion von suizidalen Äußerungen bei Borderline-Patienten wird von den Behandlern häufig als Manipulation (fehl-)interpretiert. Borderliner haben häufig nicht gelernt, auf adäquate Weise Kontaktwünsche zu äußern bzw. die Erfahrung gemacht, dass auf vermeintlich adäquate Wünsche nicht reagiert wird. Sie lernen dagegen – bei therapeutischem Personal – sehr schnell, dass jede Art von suizidaler Äußerung – egal wie inadäquat sie vorgebracht wird – sofort zu einem Kontaktangebot führt. Auch dass dies häufig außerhalb der üblichen Arbeitszeiten passiert, hat nichts mit Manipulation von Seiten des Borderliners zu tun, sondern dies sind einfach die Zeiten, zu denen er sich am meisten verlassen fühlt. Das Bedürfnis der Borderliner nach Kontakt wird jedoch häufig nicht erfüllt, wenn sie Suizidalität äußern. Es wird mit ihnen nur noch darüber gesprochen, ob eine Verlegung auf eine geschlossene Station stattfinden muss oder nicht, wobei die Zuwendungsbedürfnisse der Patienten ignoriert werden.

Borderline-Patienten müssen von Beginn der Behandlung an kontinuierlich trainiert werden, die Funktion ihrer Suizidalität in der jeweiligen Situation richtig zu erkennen und adäquat zu äußern, damit sie das bekommen, was sie aktuell brauchen.

Bei anderen Persönlichkeitsstörungen

Im Prinzip ist Suizidalität bei jeder Persönlichkeitsstörung möglich, besonders häufig geäußert wird sie jedoch außer von Patienten mit Borderline-Störungen hauptsächlich von Patienten mit narzisstischen und histrionischen Persönlichkeitsstörungen (Fiedler 2000, Benjamin 1996). Hier ist es besonders schwierig zu differenzieren, ob es sich um den Ausdruck tiefster Verzweiflung mit ernsthafter Suizidabsicht handelt, wenn der Betreffende sein geringes Selbstwertgefühl spürt, das hinter der narzisstischen oder histrionischen Maske häufig verborgen ist, oder ob es sich auf einem oberflächlichen emotionalen Niveau um den Versuch handelt, die Umgebung dazu zu bringen, den Patienten wieder mehr ins Zentrum der Aufmerksamkeit zu nehmen. Während die erstgenannte Situation als sehr bedrohlich einzuschätzen ist und entsprechend viel Aufmerksamkeit verlangt, ist es im zweiten Fall aus verhaltenstherapeutischer Perspektive eher sinnvoll zu versuchen, ein solch manipulatives suizidales Verhalten zu löschen.

Bei sog. neurotischen Störungen

Am häufigsten werden suizidale Gedanken während der Behandlung von depressiven Patienten geäußert. Dies geschieht häufig in der Form, dass die Patienten sagen: „Das Leben hat keinen Sinn." Aus kognitiv-verhaltenstherapeutischer Sicht wird diese Aussage nicht als rationale, philosophische Aussage genommen, sondern hinterfragt, was der Patient damit tatsächlich meint. Im Sinne der Transformationsgrammatik (Chomsky 1965) kann man davon ausgehen, dass solche Sätze als Oberflächenstruktur betrachtet werden können, die mit unterschiedlichen Aussagen auf der Tiefenstruktur verbunden sein können. Erste Aufgabe des Therapeuten ist es daher, mit dem Patienten gemeinsam herauszuarbeiten, was er mit seiner Aussage eigentlich (d.h. auf der Ebene der Tiefenstruktur) meint. Hierzu kann eine kognitive Disputation im Sinne der rational-emotiven Therapie (Ellis u. Hoellen 1999) hilfreich sein, die grob skizziert folgendermaßen aussehen könnte:
➢ „Was meinen Sie mit das Leben? – „Mein Leben."
➢ „Alles bisher und in Zukunft?" – „Nein, so wie es jetzt ist".
➢ „Was meinen Sie mit „Sinn"? – „Es macht keinen Spaß".
➢ „Sie wissen also momentan nicht, was Sie dafür tun können, dass Ihnen Ihr Leben momentan wieder mehr Spaß macht?" – „Ja."
➢ „Das heißt der Gedanke, der mit Ihrer momentanen Suizidalität zusammenhängt, heißt nicht ‚Das Leben hat keinen Sinn', sondern ‚Mein Leben, so wie es derzeit ist, macht mir keinen Spaß?' – „Ja."
➢ „Heißt das, dass Sie mit mir zusammen in den nächsten Sitzungen herausfinden möchten, was sich ändern müsste bzw. was Sie dafür tun können, damit Ihnen das Leben wieder mehr Spaß macht?"
Wichtig ist, dass die Disputationsstrategie so angelegt ist, dass der Patient nicht den Eindruck gewinnt, man wolle ihm die Suizidalität ausreden. Dies passiert manchmal dann, wenn man die obige Aussage nur auf der Oberflächenstruktur versteht und argumentiert: „Aber schauen Sie, Ihr Leben hat doch einen Sinn, weil …". Dies unterstützt weiter die Grundannahme des Patienten, der glaubt, dass ein Leben nur unter bestimmten Bedingungen Sinn macht.

Verträge

Viele (Verhaltens-)Therapeuten neigen dazu, das Thema Suizidalität bei ihren Patienten mit Hilfe von Verträgen zu regeln. Ein schriftlicher Non-Suizid-Vertrag evtl. mit Standardformulierungen hat erstens keinerlei juristische Bedeutung und kann zweitens den Patienten in massive Konflikte bringen, wenn nicht ausführlichst die exakte Bedeutung des Vertrages mit ihm besprochen wird. Patienten verstehen einen solchen Vertrag häufig als Verbot, suizidale Gedanken und Impulse zu haben. In dem Moment, in dem sie merken, dass sie dies nicht 100-prozentig kontrollieren können, fühlen sie sich möglicherweise auch nicht mehr an den Vertrag gebunden. Sie glauben möglicherweise, dass damit auch suizidale Handlungen nicht unter ihrer Kontrolle stünden – was außer bei psychotischen Patienten praktisch nie der Fall ist. Und nur dies kann die Grundlage für den Vertrag bilden, die absolute Gewissheit des Therapeuten, dass zwar suizidale Gedanken und Impulse nicht unterlassen werden können, suizidale Handlungen aber sehr wohl.

Zwei Aspekte sollten in diesem Kapitel deutlich werden.
Genauso wichtig, wie sich in einer suizidalen Krise eines Patienten richtig zu verhalten, ist es zu wissen, bei welchen Störungen grundsätzlich mit einem erhöhten Risiko von Suizidalität zu rechnen ist. Diese Störungen sind frühzeitig zu diagnostizieren und gemeinsam mit dem Patienten sind für den Fall Vorkehrungen zu treffen, dass im Verlauf der Therapie suizidale Impulse auftreten oder stärker werden. Vor allem muss der Therapeut auch wissen, durch welche psychotherapeutischen Techniken er evtl. selbst Suizidalität auslösen kann. So können auch vermeintlich harmlose therapeutische Maßnahmen wie ein Jacobson-Entspannungstraining bei einer Patientin mit sexuellen Missbrauchserfahrungen in der Vergangenheit gefährlich sein (Zaudig u. Mitarb. 2000).
Kernstück der Verhaltenstherapie ist die funktionale Bedingungsanalyse. Für den Umgang mit Suizidalität bedeutet dies, dass auch hier mit dem Patienten gemeinsam herausgearbeitet werden muss, welche externen und innerpsychischen Funktionen die Suizidalität bzw. das Äußern von Suizidalität hat. Hiervon muss die Interventionsstrategie abhängig gemacht werden.

6 Therapie mit Antidepressiva bei Suizidalität

Manfred Wolfersdorf, Christian Mauerer, Christoph Franke
und Matthias Dobmeier

Antidepressiva sind bei allen Depressionsformen und -schweregraden, neben anderen biologischen, neben psychotherapeutischen und soziotherapeutischen Verfahren ein Standardtherapie-Teil. Indikationen für eine Therapie mit Antidepressiva reichen heute deutlich über die primäre Depression hinaus und umfassen neben Angststörungen v.a. auch sekundäre depressive Störungen bei somatischer bzw. psychischer Komorbidität. Eine Therapie der Suizidalität mit Antidepressiva ist umstritten, wenngleich es für den SSRI Paroxetin erste Hinweise einer positiven Wirkung auch bei nicht-depressiven Patienten mit zahlreichen Suizidversuchen gibt. Bei der Depression wird eher ein indirekter Effekt durch die antidepressive Wirkung und die damit verbundene Symptombesserung sowie durch die Rezidivprophylaxe mit der damit verbundenen Hoffnung auf Schutz vor Wiedererkrankung unterstellt. Einige Grundregeln der Antidepressiva-Therapie müssen beachtet werden: ausreichende Dosierung, ausreichend lange Behandlungsdauer, bei Bedarf von Sedierung immer zusätzlich Benzodiazepine bzw. nieder- bis mittelpotente sedierende Neuroleptika, bei massiv drängender und impulshafter Suizidalität Vermeidung von stimulierenden antidepressiven Substanzen. Ansonsten richtet sich die antidepressive Medikation bei der Depressionsbehandlung nach der zugrundeliegenden Depression. Eine zusätzliche sedierende Medikation wegen Suizidalität muss immer bedacht werden.

In der *Suizidprävention* spielen Diagnostik und Therapie psychischer Erkrankungen – insbesondere von Depression, Suchtkrankheiten, schizophrenen Psychosen, Angst- und Persönlichkeitsstörungen – eine besondere Rolle. Der Depression/depressiven Episode und ihrer Therapie kommt dabei wesentliche Bedeutung zu, denn 29–88% aller Suizide in der Allgemeinbevölkerung sind solche von depressiv kranken Menschen (Übersichten bei Lönnquist 2000, Wolfersdorf 2000b). Im Allgemeinen wird davon ausgegangen, dass zwei Drittel der späteren Suizidenten vor ihrem Suizid depressiv erkrankt waren. Die Lebenszeitsuizidmortalität einer schwer kranken, depressiven Kohorte liegt auch heute noch bei ca. 15% (Guze u. Robins 1970). Die kumulative Suizidmortalität bei einer ehemals stationär behandelten depressiven Klientel betrug nach sechs Jahren 7,8% (Ruppe u. Mitarb. 1995). Für alle depressiv Kranken (alle Schweregrade) wird heute eine Lebenszeitsuizidmortalität von ca. 4% geschätzt (Blair-West u. Mitarb. 1997, Wolfersdorf 2000b).

Die meisten Suizide psychisch kranker Menschen geschehen unter ambulanten Behandlungsbedingungen bzw. außerhalb jeglicher Therapie. Der Anteil von Suiziden während stationärer psychiatrischer Behandlung im Vergleich zur Gesamtsuizidmortalität liegt bei ca. 5–7% (Wolfersdorf 2000d). Von diesen 5–7 % sind etwa ein Fünftel depressiv kranke Menschen. Dies verweist auf das allseits bekannte Problem der Unter- bzw. Fehldiagnostik von Depression in der Allgemeinbevölkerung mit der Konsequenz der Unter- und Fehl- bzw. Nicht-Behandlung der Störungen (Tab. 6.1).

Tabelle 6.1 Depression und Suizid: Warum ist die Suizidmortalität bei Depression heute noch so hoch?

• Suizid ist kein Problem des Wissens um die Suizidgefahr bei Depression, sondern des Erkennens von Depression	• Unter- und Fehldiagnostik, d.h. ein Aus-, Weiter- und Fortbildungsproblem
• Suizidprävention ist kein Problem des Wissens, sondern des Nichtfragens	• Vorurteil Suizidgefahr wecken, Angst vor Verantwortung, Nicht wissen was tun u. Ä., d.h. Arztproblem
• Erkennen von Suizidalität setzt Kontaktdichte und Zeit voraus	• Versorgungsproblem, v.a. in Bezug auf die ambulante Versorgung Depressiver
• Suizidprävention bei Depression setzt Wissen um Risiko-psychopathologie und suizidale Pschyodynamik voraus	• Weiterbildungsproblem
• Problem der Suizidprävention ist nicht die im Einzelfall mögliche Suizidförderung durch Fehlbehandlung (Psychotherapie, Psychopharmakotherapie etc.), sondern die Nicht- und/oder Unterbehandlung	• Einschätzungsproblem und Personal-problem
• Suizidprävention ist eher ein ambulantes denn ein stationäres Problem	
• Suizidprävention unter stationären psychiatrisch-psychotherapeutischen Rahmenbedingungen ist häufig eher ein Problem der Kommunikation und Kontrolle sowie des Schutzes durch Menschen	

Die Ehefrau des 60-jährigen Patienten verstarb innerhalb weniger Wochen an einer erstmals diagnostizierten Leukämie. In dieser Zeit hatte der Ehemann sie täglich besucht und durchlebte einen intensiven Trauerprozess. Wegen Schlafstörungen hatte er vom Hausarzt ein Benzodiazepin-Hypnotikum erhalten. Wenige Wochen nach Verwitwung zog die einzige Tochter aus, der spätere Patient verkaufte das Haus und zog in das Zentrum eines kleinen Ortes, wobei er vom Tag des Einzuges in die neue Eigentumswohnung an eine depressive Symptomatik bis hin zu innerer Erstarrtheit, deutlicher depressiver Herabgestimmtheit, Schlaf- und Arbeitsstörungen entwickelte. Er war weiterhin bei seinem Hausarzt in Behandlung, der bei der Verordnung von Schlafmitteln blieb. Erst als der Patient Suizidideen äußerte, erkannte der Hausarzt die depressive Erkrankung und wies den Patienten wegen akuter Suizidgefahr in stationäre psychiatrisch-psychotherapeutische Behandlung ein.

Depression, Antidepressiva und Suizidalität: Ein Überblick

Eine *Depression/depressive Episode* ist eine affektive Störung von Krankheitswert, mit einer typischen Symptomatik, mit innerseelischen und/oder äußeren Auslösefaktoren (überwiegend von Verlustcharakter: Psychodynamik als Wechselwirkung von Persönlichkeit und Lebensgeschichte mit aktuellen Lebensereignissen und chronischen Belastungen) und mit einem einmaligen oder häufigerem Auftreten (eine depressive Episode oder rezidivierender unipolarer Verlauf bzw. bipolare affektive Störung). So versteht man unter einer Depression ein Zustandsbild umfassender seelisch-körperlicher Herabgestimmtheit, welches sich auf der Basis eines reduzierten Lebensgefühles kennzeichnen lässt durch:
➢ depressive Herabgestimmtheit und Freudlosigkeit
➢ Ängste und Panikzustände
➢ Interesselosigkeit, Lustlosigkeit und Antriebslosigkeit
➢ Grübeln, Gedankenkreisen und Denkhemmung

> Gedanken von Insuffizienz, Wertlosigkeit, Schuld, Verarmung und Krankheit
> Sorge, Einengung, überwertige Ideen und Wahnsymptomatik
> Hoffnungslosigkeit und Suizidalität
> psychomotorische Agitiertheit bzw. Hemmung
> Schlafstörungen, Morgentief und Tagesschwankungen
> Appetit- und Leibgefühlsstörungen
> Rückzugsverhalten, appellative vorwurfsvolle Klagsamkeit und Hilflosigkeit (Wolfersdorf 2000c, Hoffmann u. Schauenburg 2000, Hautzinger u. Bronisch 2000).

Das Syndrombild einer depressiven Episode umfasst also immer psychische (affektive und kognitive), somatische sowie Antriebs- und psychomotorische Symptome.

Die *Grundzüge der Depressionsbehandlung* sind vieler Orts beschrieben und umfassen jeweils eine psychotherapeutische (z.B. Einzel- und Gruppenpsychotherapie, Selbstsicherheitstraining, Familientherapie, Entspannungsverfahren), eine soziotherapeutische (Sozialarbeit im engeren Sinne, Psychoedukation, Angehörigenarbeit) und eine biologische Schiene. Zu letzterer zählen neben der Psychopharmakotherapie mit Antidepressiva auch Schlafentzug, Lichttherapie, Elektrokrampftherapie und allgemein körperbezogene Maßnahmen wie Massagen, Gymnastik oder Sport. Im Folgenden sind die hauptsächlichen Indikationen für eine Therapie mit Antidepressiva zusammengefasst.

> Primäre Depression: typische depressive Episode, einmalig oder/und rezidivierend, Akut-, Erhaltungs- und Langzeittherapie, Rezidivprophylaxe, mit/ohne somatisches (melancholisches) Syndrom; mit/ohne psychotische Symptomatik (Kombination mit Neuroleptika!); alle Schweregrade; alle Symptombilder; bei uni- und bipolaren affektiven Störungen
> Sekundäre Depression: typische depressive Episode, einmalig oder/und rezidivierend, Akut-, Erhaltungs- und Langzeittherapie, Rezidivprophylaxe; bei psychischer und/oder somatischer Komorbidität (Cave Borderline-Persönlichkeitsstörung, cave akute Schizophrenie, cave Suchtkrankheiten!)
> Panikstörung: Selektive Serotonin-Wiederaufnahme-Hemmer (SSRI)
> Generalisierte Angststörung, Phobien: Antidepressiva u. a. möglich
> Zwangserkrankungen: insbesondere SSRI
> Angst und Depression als kombinierte Störung
> Chronische Schmerzsyndrome insbesondere solche mit depressiven Verstimmungen
> Depressive Verstimmung: bei längerer Dauer (≥ 2 Wochen) und ausgeprägter Form, im Rahmen von Anpassungs- und Belastungsreaktionen, bei hirnorganischen insbesondere dementiellen Erkrankungen, bei Suchterkrankungen in der Entzugs- bzw. Entwöhnungsphase, bei schizophrenen Psychosen und anderen wahnhaften Erkrankungen insbesondere nach psychotischer Plussymptomatik, in der Remission
> therapieresistente Migräne
> schwerer Tinnitus
> Ejaculatio praecox: SSRI bevorzugt.

Tabelle 6.2 zeigt eine Auswahl heutiger Antidepressiva (Stand Oktober 2000).

Die neurobiologischen und psychophysiologischen Grundlagen affektiver Störungen haben Musselmann und Mitarbeiter (1998) die Behandlungsansätze u.a. Charney und Mitarbeiter (1998) dargestellt. Die Grundlagen unseres psychobiologischen Wissens zur Suizidalität haben vor kurzem Brunner und Bronisch (1999) zusammengefasst. Übereinstimmend wird – hier verkürzt formuliert – für depressive Erkrankungen u.a. eine Störung im serotonergenen System des zentralen Nervensystem (Imbalance, Defizit) und bei Suizidalität ein präsynaptisches serotonerges Defizit mit kompensatorischer Zunahme von

Tabelle 6.2 Antidepressiva – eine Auswahl, Substanzen auf dem deutschen Markt (Herbst 2000)

• Trizyklische Antidepressiva (TZA)	z.B. Amitriptylin, Nortriptylin, Doxepin, Clomipramin, Trimipramin
• Tetrazyklische Antidepressiva (TeZA)	z.B. Maprotilin, Mianserin
• Monoaminooxidase-Hemmer (MAOH)	z.B. Moclobemid (RIMA)
• Selektive Serotonin-Wiederaufnahme-Hemmer (SSRI)	z.B. Fluvoxamin, Fluoxetin, Paroxetin, Citalopram, Sertralin
• Selektive Noradrenalin-Wiederaufnahme-Hemmer	z.B. Reboxetin
• Serotonin- und Noradrenalin-Wiederaufnahme-Hemmer	z.B. Venlafaxin
• andere Mechanismen	z.B. Nefazodon, Mirtazapin

5-HT2-Rezeptoren im präfrontalen Kortex angenommen. Damit sind für beide Störungen nicht nur verwandte bzw. partiell gleiche neurobiologische Konzepte formuliert, sondern auch Hoffnungen und Erwartungen hinsichtlich einer Psychopharmakotherapie der Suizidalität, eben auf der genannten neurobiochemischen Basis, geweckt worden, welche den strukturellen Aspekten suizidalen Verhaltens – der Psychopathologie, der Psychodynamik, dem Verlust protektiver Faktoren, der gesellschaftlichen Einbettung, Imitation und Griffnähe usw. – eine biologische Dimension zuordnen (Wolfersdorf 2000b). Mann und Stanley (1986) haben in ihrem Impulskontrollverlust-Konzept von Suizidalität eine Neurobiologie suizidalen Verhaltens bereits angedacht.

Antidepressiva und Suizidalität: Allgemeine Bemerkungen

Die Einnahme von Antidepressiva über 6-8 Wochen in ausreichender Dosierung führt bei einer akuten Depression mittel- bis schwergradiger Ausprägung (ohne psychotische Symptome, dann wäre nämlich die Kombination eines Antidepressivums mit einem Neuroleptikum nötig) in der Regel bei 70–80% der behandelten Patienten zu einer deutlichen bis vollständigen Symptombesserung. Dadurch kommt es auch zur Abnahme der Risikopsychopathologie, die, neben der konkreten Äußerung von Hoffnungslosigkeit, Todeswünschen, Suizidideen und –absichten, für sich selbst bereits mit dem erhöhten Risiko einhergeht, suizidale Denkweisen zu entwickeln. Als solche Risikopathologien gelten v.a.

➢ tiefe Herabgestimmtheit mit Verzweiflung
➢ ausgeprägte Panikstörungen
➢ Unruhe und Getriebenheit
➢ Gedanken, die von Hoffnungs- und Hilflosigkeit geprägt sind
➢ Gefühle von Wertlosigkeit, Überflüssigsein und Nichtgeliebtwerden
➢ Gedanken von altruistischer Handlung durch einen Suizid
➢ zunehmende kognitive Einengung bis hin zum Wahn
➢ ausgeprägte Schlafstörungen.

Durch die Abnahme dieser Risikopsychopathologie kommt es zu einem *indirekten antisuizidalen Effekt.* Ziel der Einnahme von Antidepressiva ist also die Besserung der Depression und damit die Abnahme von Hoffnungslosigkeit und suizidfördernder Symptomatik. Da Hoffnungslosigkeit und Suizidversuche in der Vorgeschichte als die wahrscheinlich einzigen harten Prädiktoren gelten, kommt der Reduzierung von Hoffnungslosigkeit besondere Bedeutung in der Suizidprävention zu. Eine Besserung der Symptomatik führt, ähnlich wie die psychotherapeutische stellvertretende Hoffnung, dass geholfen werden kann, zu einem Zuwachs an neuer Perspektive, Vertrauen und Erwartung von weiterer Besserung, so dass sich hierdurch die Wahrscheinlichkeit dafür, dass depressive Suizidideen und -absichten in suizidale Handlungen umgesetzt werden, reduziert. Anxiolyse, Schlafförderung, Sedation und Antriebsdämpfung, affektive Stabilisierung und Aufhellung, sind wichtige Behandlungsaspekte, ebenso wie die Vermittlung eines biologischen Krankheitskonzeptes durch die Verordnung von Antidepressiva, welche die Krankheit Depression lindern helfen. Dies kann zu einer psychologischen Entlastung führen, der Patient wird von Schuldgefühlen, Schuld an seiner Krankheit zu sein, befreit.

Eine antidepressive Wirkung ist definitionsgemäß von allen Antidepressiva zu erwarten. Nach heutigem Wissensstand unterscheiden sich die verschiedenen Antidepressiva nicht hinsichtlich ihrer Hauptwirkung, sondern im Wesentlichen hinsichtlich ihres Profils von Begleit- und Nebenwirkungen. Benötigt man z.B. wegen des Vorliegens eines agitiert-ängstlichen depressiven Syndroms eine zusätzliche Sedierung, so ist entweder an ein primär sedierendes Antidepressivum zu denken oder, wenn ein solches aus unterschiedlichen Gründen nicht gewählt wird oder nicht in Frage kommt (z.B. wegen des Alters des Patienten), an die Kombination mit einem Benzodiazepin bzw. nieder- bis mittelpotenten sedierenden Neuroleptikum.

So entspricht es der klinischen Erfahrung, dass mit einer adäquaten antidepressiven Medikation und einer damit verbundenen Rückbildung der depressiven Symptomatik sich auch die Suizidalität im weitesten Sinne rückbildet. Nach klinischer Beobachtung ist damit nicht das Verschwinden von Suizidideen überhaupt gemeint, sondern die Reduktion von Hoffnungslosigkeit und die Reduktion des Handlungsdruckes, also des psychobiologischen Druckes, den ein Patient bzgl. der Umsetzung von Suizidalität verspürt. Deswegen ist auch am Ende eines jeglichen Krisengespräches mit einem suizidalen Patienten (nicht nur mit suizidalen Depressiven) zu klären, ob der Patient jetzt mit seinen Suizidideen zurechtkommt, auf die aktuelle Umsetzung von Suizidabsichten verzichten kann, oder ob er vielleicht weiterhin in Angst vor Kontrollverlust eine drängende Suizidalität verspürt. Letzteres würde dann neben einer deutlichen psychopharmakotherapeutischen Sedierung auch die Notwendigkeit eines schützenden Rahmens, z.B. in einer Psychiatrischen Klinik bedeuten.

In der Rezidivprophylaxe unipolarer Depressionen ist heute die Fortführung der antidepressiven Medikation in ausreichender Dosierung über mindestens ein Jahr, bei mehreren depressiven Episoden über mindestens 3-5 Jahre im Sinne der Erhaltungs- und Langzeittherapie/Rezidivprophylaxe das übliche pharmakotherapeutische Vorgehen. Bei manisch-depressiven Erkrankungen wird nach den hierfür geltenden Regeln ein Phasenprophylaktikum zu bedenken sein, wobei die Gabe von Lithium unter suizidpräventiven Aspekten beim derzeitigen Wissensstand zwei Seiten aufweist. Zum einen verfügt Lithium über eine hohe eigene Toxizität, so dass Intoxikationen bereits durch übliche Packungsmengen von Lithiumpräparaten erreichbar sind, zum anderen gibt es heute deutliche Hinweise dafür, dass neben der Phasenprophylaxe dem Lithium möglicherweise auch ein eigener antisuizidaler Effekt zukommt (Ahrens 1995, Felber 1993, Felber in diesem Buch). Auch hier erwartet man von der langfristigen Gabe von Antidepressiva psychopathologisch eine Symptomminderung bzw. -unterdrückung, eine Vermeidung von Wiedererkrankung, neurobiochemisch längerfristig einen Ausgleich einer Neurotransmitterbalance bzw. eines entsprechenden Defizits und damit auf der neurobiochemischen Ebene einen stabilisierenden Einfluss auf suizidale Impulse (Verbesserung der Impulskontrolle).

Die Verwendung von Antidepressiva in der Behandlung von Suizidalität zielt also im Wesentlichen auf die Therapie eines Patienten mit einer medikamentös behandlungsbedürftigen Depression, der hoffnungslos und suizidal ist bzw. der in der Vorgeschichte – z.B. Aufnahme nach akutem Suizidversuch, in der längerfristigen Vorgeschichte suizidale

Krisen und Suizidversuche – bereits suizidales Handeln aufweist und daher nicht nur wegen der Depression, sondern auch wegen der bereits erfolgten suizidalen Handlungen zur Hochrisikogruppe zählt. Im Bereich der Klinikpsychiatrie und Psychotherapie muss man heute bei etwa 60% der stationär behandlungsbedürftigen depressiven Patienten mit Suizidalität im weitesten Sinne rechnen, wobei Ruhe- und Todeswünsche der deutlich größeren Teil und konkrete Suizidideen oder -absichten nur einen kleineren Teil ausmachen. Die stationäre psychiatrisch-psychotherapeutische Behandlung, die Aufnahme in einen beschützenden Rahmen und der Beginn von Therapie mit der Vermittlung von Hoffnung und Hilfe führen bei den meisten depressiven Patienten zu einer deutlichen Entlastung und Entspannung der Suizidalität.

Seit kurzem wird die Therapie von Suizidalität mit Antidepressiva auch bei primär nicht-depressiven Patienten wieder diskutiert, nachdem die früheren Erfahrungen (Soloff u. Mitarb. 1986) bzgl. des Einsatzes von Antidepressiva bei suizidalen Menschen z.B. mit Persönlichkeitsstörungen abraten ließen. Die Ergebnisse von Verkes und Mitarbeiter (1998) zeigen eine Reduktion von suizidalem Verhalten durch die Gabe des SSRI Paroxetin bei nicht-depressiven Patienten mit Suizidversuchen. In einer Gruppe von Patienten mit fünf und mehr Suizidversuchen kam es bei den mit Paroxetin Behandelten im Vergleich zu einer Placebo-Gruppe zu einer signifikanten Abnahme.

Antidepressiva und Suizidförderung, bisheriger Wissenstand

Die derzeit bzgl. der Verwendung von Antidepressiva bei suizidalen depressiven Patienten herrschenden Meinungen lassen sich folgendermaßen zusammenfassen.
> Antidepressiva bessern bei 70–80% aller akut depressiven Menschen die Symptomatik und vermindern dadurch Hoffnungslosigkeit sowie Leidensdruck somit wirken sie antisuizidal.
> Einzelne Antidepressiva wirken (s. sog. Kielholz-Schema) antriebssteigernd. Das kann bei apathisch-avitalen, bei gehemmt-depressiven Patienten erwünscht sein, bei anderen kann es zu quälender Unruhe und Agitiertheit, zu Akathisie-ähnlichen Zuständen führen. In solchen Fällen können Antidepressiva via zentralnervöse Überstimulation und/oder Wegfall von Sedierung auch suizidfördernd sein.
> Antidepressiva bewirken bei sog. therapieresistenten Patienten keine deutliche Symptombesserung. Die Patienten leiden weiter unter depressiven Gedanken und Hoffnungslosigkeit und bleiben bzw. werden suizidal.
> Antidepressiva verhelfen insgesamt zu einer guten Symptombesserung. Ein Patient bleibt/wird aus äußeren z.B. psychoreaktiven Gründen (Partner-, Familien-, andere Problematik) hoffnungslos und wird aus exogen Gründen suizidal, unabhängig vom Antidepressivum.
> Antidepressiva bewirken, insbesondere wenn antriebssteigernd, das Auftreten von Suizidalität, wenn Hemmungsphänomene wegfallen und depressive Herabgestimmtheit sowie kognitive Hoffnungslosigkeitseinstellung bestehen. Dies wird als *Stimmungs-Antriebs-Dissoziation* (verschlechterte Stimmung, verbesserter Antrieb bzw. weitere Herabgestimmtheit, Abnahme von Hemmung oder Zunahme von Agitiertheit) verstanden. In dieser Schere ist ein Patient hoffnungslos und herabgestimmt, aber von der Antriebsseite her in der Lage, Suizidalität um zusetzen. Das Entstehen einer derartigen Schere hätte also eine suizidfördernde Entwicklung.
> Antidepressiva führen zur Symptombesserung; eine raptusartige (impulshafte) Suizidalität (Drang, Selbstvernichtungstrieb) führt z.B. beim Anblick einer möglichen Suizidmethode zur sofortigen Durchführung einer suizidalen Handlung, unabhängig von der Wirkung eines Antidepressivums.

Das traditionelle klinisch-psychiatrische Paradigma zur antidepressiven Therapie bei suizidgefährdeten Depressiven lautet, keine sog. antriebssteigernden Antidepressiva zu verwenden. Diese Paradigma ist umstritten und heute in dieser Weise nicht mehr gültig. Primär zielt die heutige antidepressive Therapie auf die Depressionssymptomatik ab, die Notwendigkeit einer zusätzlichen sedierend-anxiolytischen Therapie (z.B. mit Benzodiazepin-Tranquilizern) wegen Suizidalität muss immer getrennt diskutiert werden. Zudem kann man darüber streiten, ob es überhaupt Antidepressiva gibt, die eindeutig antriebssteigernd oder nur sedierend wirken. So kann es bei einzelnen Patienten, die mit dem primär sedierenden antidepressiven Amitriptylin behandelt werden, innerhalb kürzester Zeit zu Unruhe und Getriebenheit in Folge des besonderen Metabolismus dieser Patienten und zu einem rasch anfallenden hohen Anteil von Nortriptylin kommen. Bei längeren Behandlungen mit Amitriptylin schwindet der anfänglich sedierende Effekt. Umgekehrt wurde auch bei der Behandlung mit Clomipramin, einem primär als antriebssteigernd geltendem Imipramin-Derivat bei Infusionstherapie ein sedierender Effekt beobachtet. Bis heute ist nur eine Studie bekannt, eine Anwendungsbeobachtung (mit dem SSRI Paroxetin über drei Wochen) von Barg und Mitarbeitern (1995), die das Paradigma einer Antriebs-Stimmungs-Dissoziation überprüfte. Barg und Mitarbeiter (1995) konnten zeigen, dass trotz fehlender Stimmungsbesserung bei gleichzeitiger Abnahme der psychomotorischen Hemmung die Suizidalität, gemessen mit Item 3 der Hamilton-Depressionsskala, ebenfalls abnahm. Die Untersuchungsgruppe war jedoch sehr klein und die Anwendungsbeobachtung nicht zur Überprüfung des Verlaufes von Suizidalität konzipiert. Die Beobachtung verweist jedoch auf die Bedeutung nicht-medikamentöser Faktoren bei der Entstehung von Suizidalität.

Montgomery und Mitarbeiter (1981) fanden in einem Doppelblindvergleich des SSRI Zimelidin mit Amitriptylin eine raschere Abnahme von Suizidideen unter dem SSRI. Bei Studienende waren jedoch beide untersuchten Gruppen auf dem gleichen Niveau angelangt. Wakelin (1985) berichtete von einer rascheren Abnahme von Suizidideen unter Fluvoxamin im Vergleich zu Kontrollgruppen. Montgomery und Montgomery (1983) verglichen Mianserin, Maprotilin und Amitriptylin und beobachteten unter Mianserin eine signifikant raschere Abnahme von Suizidideen. Muijen und Mitarbeiter (1988) hatten unter dem SSRI Fluoxetin im Vergleich zu Mianserin und Placebo eine größere Abnahme von Suizidideen gefunden.

Zwei Arbeiten, die Studie von Roullion und Mitarbeitern (1989) sowie die Kasuistiken von Teicher und Mitarbeitern (1990) führten zu einer heftigen Diskussion des Themas Suizidförderung durch Antidepressiva. Roullion und Mitarbeiter (1989) hatten in einer Ein-Jahres-Katamnese verschiedene Dosierungen von Maprotilin vs. Placebos bei ambulanten depressiven Patienten verglichen und unter dem spezifischen Noradrenalin-Wiederaufnahmehemmer Maprotilin signifikant mehr Suizide und Suizidversuche beobachtet als in der Placebogruppe. Teicher und Mitarbeiter (1990) beschrieben in ihren Kasuistiken unter dem SSRI Fluoxetin eine Zunahme gewalttätiger und erstmaliger Suizidideen. Bei genauerer Betrachtung der Kasuistiken ist jedoch festzustellen, dass häufig die Kombination mehrerer Substanzen, auch die Kombination mit Neuroleptika vorlag (Kelleher 1995, Hamilton u. Opler 1992).

Neuere Studien zum Thema wurden u. a. von Wolfersdorf (1992, 1997), Möller (1992, 1995) oder auch Verkes und Cowen (2000) zusammengestellt (Tab. 6.3).

Tabelle 6.3 Antidepressiva und Suizidalität – Zusammenfassung der Studien*

Art der Untersuchung	Inhalte	Substanzen, Ergebnisse, untersucht von
Anwendungsbeobachtungen, Kasuistiken	Zunahme von Suizidideen Neuauftreten von Suizidalität Suizidversuche, die der Substanz zugeschrieben werden	• *Amitriptylin* von Soloff u. Mitarb. (1986) • *Desipramin* von Damluji u. Ferguson (1988) • *Fluoxetin* von Teicher u. Mitarb. (1990)
	Abnahme von Suizidalität	• *Fluvoxamin* von Wakelin (1985) • *Paroxetin* von Barg u. Mitarb. (1992)
Katamnesen	Zu- oder Abnahme bzw. die Anzahl der Suizidhandlungen	• *Maprotilin verschiedene Dosierungen vs. Placebo* 1-Jahreskatamnese: mehr Suizidversuche/ Suizide unter Maprotilin von Roullion u. Mitarb. (1989)
Metaanalysen (Daten aus verschiedenen Doppelblindstudien)	Suizidale Handlungen, Abnahme, Zunahme und Neuauftreten von Suizidalität → Aktive Substanzen sind Placebo hinsichtlich Suizidprävention und seltener Zunahme von Suizidalität überlegen.	• *Fluoxetin, TZA und Fluox, TZA mit/ohne Li, MAOH, andere*: Kein signifikanter (sign.) Unterschied bzgl. Neuauftreten von Suizidalität, von Fava u. Rosenbaum (1991) • *Fluoxetin vs. TZA bzw. Placebo*: Bei Fluox sign. weniger Zunahme von Suizidalität als bei TZA bzw. bei Placebo, von Beasley u. Mitarb. (1991) • *Paroxetin vs. Aktive Kontrollen bzw. Placebo*: Parox = aktive Kontrollen, beide sign. überlegen gegenüber Placebo, von Montgomery u. Mitarb. (1995) • *Mirtazapin vs. Amitriptylin bzw. Placebo*: Mirtazapin bzw. Amitriptylin überlegen gegenüber Placebo, von Montgomery (1995), Remeron Scientific Information (1996) • *Nefazodon vs. Placebo, Imipramin, Fluoxetin*: Kein. sign. Unterschied hinsichtlich Auftreten von Suizidideen, -Versuchen, Suiziden, von Lader (1996) • *Sertralin vs. TZA, Fluox*: kein Unterschied zu aktiven Kontrollen, von Pfizer Product Monograph (1995)
Doppelblindstudien, Substanzen verglichen mit Kontrollen bzw. Placebo	Suizidale Handlungen, Abnahme, Zunahme	• *Citalopram vs. Mianserin bzw. vs. Maprotilin*: Cita = Mianserin bzw. Maprotilin, aktive Substanz überlegen gegenüber Placebo, von De Wilde u. Mitarb. (1985), Bouchard u. Mitarb. (1987), Ahlfors u. Mitarb. (1988) • *Venlafaxin vs. Placebo*: Venlafaxin sign. Geringere Zunahme von Suizidideen, von Rudolph u. Mitarb. (1995) • *Reboxetin vs. Fluoxetin bzw. Imipramin bzw. Placebo*: Häufigkeit von Suizidversuchen/Suizid 0,3 % vs. 0,5 % vs. 1,0 % vs. 0,6 %, von Mucci (1997)

*Literatur, soweit nicht im Literaturverzeichnis angeführt, s. bei Wolfersdorf 1992, 1997; Möller 1995, Preskorn 1997, Dunner u. Dunbar 1991, Gardner u. Cowdry 1985, Kapur u. Mitarb. 1992, Lopez-Ibor 1993, Lundbeck 1996, Montgomery u. Mongomery 1983, Montgomery 1995, Ottevanger 1991.

Die Ergebnisse lassen sich global wie folgt zusammenfassen:
- ➢ Die in anfänglichen Studien zu Zimelidin und Fluvoxamin beobachtete Überlegenheit der SSRI im Sinne einer rascheren Besserung von Suizidalität hat sich später nicht mehr zeigen lassen.
- ➢ Die im Zusammenhang mit amerikanischen Kasuistiken von Teicher und Mitarbeitern (1990) beobachtete/vermutete Suizidförderung von neuen Antidepressiva, insbesondere unter den SSRI, hat sich in späteren Metaanalysen und weiteren Untersuchungen nicht bestätigen lassen.
- ➢ Die SSRI und ebenfalls die neueren Antidepressiva mit anderen Wirkprinzipien (z.B. Venlafaxin, Reboxetin, Mirtazapin) sind hinsichtlich der Suizidprävention den klassischen tri- und tetrazyklischen Substanzen nicht über-, aber auch nicht unterlegen.
- ➢ Das Paradigma der „Stimmungs-Antriebs-Dissoziation" lässt sich in der bisherigen Weise nicht halten (bisher: suizidale Depressive dürfen nur sedierende Antidepressiva erhalten), sondern muss durch eine differenzierte Betrachtungsweise ergänzt werden: Benötigt ein Patient wegen Unruhe, Agitiertheit, Angstzuständen etc. zusätzliche sedierend-anxiolytische Medikation, so sollten Benzodiazepin-Tranquilizer bzw. sedierend-anxiolytische Neuroleptika zusätzlich zur Basis-Antidepressiva-Medikation gegeben werden.
- ➢ Im Einzelfall kann eine Suizidförderung durch Antidepressiva nicht ausgeschlossen werden, üblicherweise kommt es jedoch unter einer fachgerechten antidepressiven Medikation zu einer Abnahme von Suizidalität. Vermutete und theoretisch erwartbare Unterschiede zwischen klassischen tri- und tetrazyklischen Antidepressiva auf der einen und neueren Substanzen, z.B. aus der Gruppe der SSRI, auf der anderen Seite finden sich dabei nicht. Insbesondere weisen SSRI keine ausgeprägtere Suizidförderung auf als trizyklische, aber auch keine ausgeprägtere suizidpräventive Wirksamkeit als traditionelle Antidepressiva.
- ➢ In Anwendungsbeobachtungen und Kasuistiken finden sich häufig Hinweise auf eine Zunahme bzw. ein Neu-Auftreten von Suizidideen bzw. auf Suizidversuche, die der antidepressiven Substanz zugeschrieben werden. In Metaanalysen lassen sich derartige kasuistische Hinweise nicht belegen. Dies kann auch damit zusammenhängen, dass es sich bei den meisten Studien um Doppelblindstudien handelt, in denen eine Selektion der Untersuchungsklientel anhand des Schweregrades bzw. anhand bestimmter Ausschlusskriterien (z.B. Suizidabsichten) aktuelle Suizidversuche, stattfindet. Die meisten dieser Studien sind nicht mit dem Ziel, Suizidalität und deren Verlauf unter Behandlungsbedingungen zu beobachten, entstanden, sondern darauf angelegt, die Effektivität und wenn möglich auch die Überlegenheit der Prüfsubstanz gegenüber Kontroll- bzw. Placebogruppen zu belegen. Zudem sei darauf hingewiesen, dass Suizidalität in einer schweren Depression häufig zu Beginn der depressiven Episode bzw. zum Zeitpunkt der ausgeprägtesten Symptomatik am deutlichsten ist, dass zu diesem Zeitpunkt aber wegen der Latenz, d.h. der üblicherweise angegebenen zwei Wochen bis zu einem thymoleptischen Effekt des Antidepressivums, oftmals eine ausreichende antidepressive Stimmungsaufhellung noch gar nicht vorhanden sein kann. Zudem zeigt die klinische Realität, dass eine Großteil der depressiven Patienten ohnehin zu Beginn ihrer stationären Aufnahme bzw. auch unter ambulanten Behandlungsbedingungen zusätzlich ein Benzodiazepin als Schlafmittel oder zur Anxiolyse erhalten.

Antidepressiva als Suizidmethode

Ohberg u. Mitarb. (1996) haben für Finnland, Donavan und Frieman (1990) für England und Wales den Anteil der Verwendung von Antidepressiva zur Durchführung von Suiziden überhaupt berechnet. Ähnlich wie Isacsson u. Mitarb. (1994) finden sie, dass in etwa 4% der Fälle Antidepressiva als Suizidmethode eingesetzt werden. Ohberg u. Mitarb. (1996) fanden bei den meisten mit anderen Suizidmethoden ums Leben gekommenen Menschen hohe Anteile von Medikamenten, dabei auch Antidepressiva. Es wiesen z.B. 15,4% der 13 durch einen Sprung aus der größer Höhe ums Leben gekommenen Frauen auch Antidepressiva im Blut auf. Nach Verkes und Cowen (2000) versterben etwa 300 Suizidenten von jährlich 5000 durch eine Überdosis von Trizyklika. Die Letaldosis von trizyklischen Antidepressiva liegt laut Broock u. Mitarb. (2000) nur um den Faktor 10–15 höher als die empfohlene mittlere Tagesdosis.

Die *Toxizität von Antidepressiva* ist vielfach diskutiert worden (z.B. Jick u. Mitarb. 1995, Henry 1997). Zweifellos ist die Toxizität von trizyklischen Antidepressiva um ein Vielfaches höher als die Toxizität neuerer Antidepressiva (Henry 1997). Hieraus ergibt sich zwingend die Verschreibung kleinster Dosierungen und das Absprechen enger Kontakte in der Depressionsbehandlung.

Insgesamt scheint jedoch zu gelten, dass zum einen Antidepressiva als primäre Suizidmethode nicht häufig verwendet werden, und dass zum anderen ein Großteil der Menschen, der unter Behandlung mit psychotropen Medikamenten (auch Antidepressiva) steht, andere Suizidmethoden wählt. Bei der Auswahl eines Antidepressivums sollte man auch unter dem Langzeitaspekt und der Rezidivprophylaxe auf die Toxizität achten und dabei suizidalen depressiven Patienten keine Substanz verordnen, die als wirksame Suizidmethode verwendet werden könnte.

Grundempfehlungen für die Behandlung suizidaler depressiver Patienten

Grundsätzlich hat zu Behandlungsbeginn eine differenzierte *Diagnostik von Suizidalität* (hinsichtlich des von Todes- und Ruhewünschen, von Suizidideen, von Suizidabsichten, von dranghaften, impulshaften Suizidideen mit drohendem Kontrollverlust), zu stehen sowie die Diagnostik der bekannterweise suizidfördernden Psychopathologie, wobei auf tiefe Hoffnungslosigkeit, Wahnsymptomatik, quälende Unruhe, ausgeprägte Schlafstörungen, altruistische Suizidäußerungen besonders zu achten ist.

Bei der Behandlung (im Rahmen ein Krisenintervention) von Depression und akuter Suizidgefahr sind im Folgenden aufgeführte Aspekte zu berücksichtigen:

➤ Herstellen einer *Beziehung*
  - Raum, Zeit, Empathie, Akzeptanz von Suizidalität als Ausdruck depressiver Not
➤ *Diagnostik* von Suizidalität/Depression
  - Art der Ruhe- und Todeswünsche, der Suizidideen und -absichten
  - Handlungsdruck: jetzt hohes Umsetzungsrisiko oder verschieb- bzw. aufhebbar
  - *psychische Störung: Krise, Krankheit, Psychopathologie*
➤ *Management* der Krise
  - ambulanter oder stationärer Schutzraum
  - Betreuungsdichte

> *Psychotherapie*, z.B. von tiefenpsychologisch fundierter Kurzpsychotherapie
> *Psychopharmakotherapie*
  • der depressiven Episode nach den Regeln antidepressiver Medikation (nebenwirkungsgeleitet, andere Kriterien)
  • der Suizidalität: Sedierung, Anxiolyse, emotionale Distanzierung, Schlafförderung

Bei der Psychopharmakotherapie von Depressionen bei Suizidalität gilt es einige Grundregeln zu beachten. Nach heutigem Stand sollten Antidepressiva wie z.B. SSRI, TZA, TeZA, sog. duale Antidepressiva, evtl. Neuroleptika und bei Bedarf Hypnotika eingesetzt werden. Der Einsatz dieser Medikamente folgt folgenden Prinzipien:
> nebenwirkungsorientiert
> syndrombezogen (z.B. Antrieb: Hemmung/Agitiertheit; Wahn)
> Einbeziehung weiterer Kriterien wie Alter, Sexualität
> körperliche Verfassung z.B. Krankheit, Berufstätigkeit, Trinkgewohnheiten, usw.

Die Mitbehandlung der Suizidalität bzw. die Psychopharmakotherapie der Suizidalität wird bei drängenden, impulshaften Suizidideen, bei Angst vor Kontrollverlust, bei überflutender Angstpanik/Verzweiflung oder bei fehlender Offenheit/Undurchsichtigkeit sowie beim Vorliegen einer Risikopsychopathologie notwendig. Es können hierzu Benzodiazepin-Tranquilizer und sedierend-anxiologischen Neuroleptika sowie Hypnotika eingesetzt werden. Ziel ist dabei die Sedierung und Anxiolyse. Es soll Entspannung und Schlaf, emotionale Distanzierung, eine Reduktion von Handlungsdruck herbeigeführt werden.

Die *antidepressive Medikation* orientiert sich an der Grundkrankheit. Der Einsatz klassischer tri- und tetrazyklisch Antidepressiva ist eher syndromorientiert, d.h. bei apathisch-avitalen bzw. gehemmt-apathischen depressiven Syndromen sind auch antriebssteigernde Antidepressiva indiziert, sofern nicht gleichzeitig ausgeprägte Ängste, massive Suizidideen oder Wahnsymptomatik vorliegen. Bei einer Depression mit Wahnsymptomatik ist von Anfang an die Kombination eines Antidepressivums mit einem Neuroleptikum zu wählen, wobei hier an ein sedierend-anxiolytisches Neuroleptikum zu denken wäre. Grundsätzlich sollte immer zu Beginn einer Psychopharmakotherapie einer Depression in Abhängigkeit von der Symptomatik auch die Verordnung eines Benzodiazepin-Tranquilizers bzw. von nieder- bis mittelpotenten sedierend-anxiolytischen Neuroleptika bedacht werden. Suizidale depressive Patienten sollen auf jeden Fall nachts schlafen, so dass bei vorliegenden Schlafstörungen Schlafmittel bereits mit angesetzt werden sollen. In der Behandlung Depressiver mit drängender, impulshafter Suizidalität, mit konkreten Suizidabsichten und mit Angst vor Kontrollverlust, sollten Antidepressiva mit hoher zentraler Stimulation und Antriebssteigerung vermieden werden bzw. ist die Kombination mit Benzodiazepin-Tranquilizern bzw. Neuroleptika zur Dämpfung von Handlungsdruck zu bedenken.

Grundsätzlich ist bei jedem depressiven Patienten, der im Gespräch auf direktes Nachfragen auch Suizidalität angibt, die initiale, kurzfristige Verordnung von Benzodiazepin-Tranquilizern zu diskutieren.

Antidepressiva bessern bei 70–80% aller akut depressiv Kranken die Symptomatik und vermindern so depressive Hoffnungslosigkeit und damit eine wichtige Vorläuferbedingung für Suizidalität. Damit wirken Antidepressiva indirekt antisuizidal. Ein ähnlicher Prozess kann für die Rezidivprophylaxe mit Antidepressiva bei der unipolaren Depression angenommen werden. Eine direkte antisuizidale Wirkung der Antidepressiva, und hier insbesondere der SSRI, ist vor dem Hintergrund der Psychobiologie suizidalen Verhaltens erwartet worden, es gibt jedoch bisher keine befriedigenden Hinweise in dieser Richtung.

In der Suizidprävention bei einem depressiv kranken Menschen ist neben einer adäquaten Psychopharmakotherapie der Depression immer auch die Frage einer zusätzlichen Psychopharmakotherapie mit Benzodiazepin-Tranquilizern oder sedierend-anxiolytischen Neuroleptika zu diskutieren. Dabei sind neben den Eigenschaften des Antidepressivums die vorliegende Psychopathologie und Psychodynamik zu bedenken. Im Kern ist Suizidprävention Beziehungsarbeit, Herstellung einen hilfreichen, empathischen, stützenden Beziehung, Klärung der aktuellen Konflikt- und Belastungssituation, Klärung und Diagnostik der aktuellen Psychopathologie sowie Management der akuten Versorgungssituation unter ambulanten oder stationären Behandlungsbedingungen, neben Beginn spezifischer medikamentöser und psychotherapeutischer Maßnahmen. Eine allein auf Psychopharmakotherapie ausgerichtete Suizidprävention würde an der interaktionellen Bedeutung von Suizidalität vorbeigehen. Allerdings wäre auch die alleinige psychotherapeutisch-psychodynamische Bearbeitung von Suizidalität bei entsprechender Indikation für psychopharmakotherapeutische Unterstützung fragwürdig.

7 Psychotherapie der Suizidalität von Kindern und Jugendlichen

Uwe Hemminger und Andreas Warnke

Dieses Kapitel fußt auf der Publikation Warnke u. Hemminger 1999. Zunächst wird auf die epidemiologischen Besonderheiten im Bezug auf Suizidalität im Kindes- und Jugendalter und auf den Begriff der Suizidalität bei Kindern und Jugendlichen eingegangen. Die Methoden des Suizids und des Parasuizids bei Kindern und Jugendlichen werden dargestellt und nach der Ätiologie, den Ursachen, den Bedingungen und Auslösern für suizidales Verhalten wird das diagnostische Vorgehen beschrieben. Die Darstellung der allgemeinen Behandlungsempfehlungen wird anhand von Fallbeispielen für auf die einzelnen Behandlungsschritte konkretisiert. Eine Bearbeitung des schrittweisen therapeutischen Vorgehens nach oder bei drohendem Suizidversuch schließt das Kapitel ab.

Epidemiologische Besonderheiten im Kindes- und Jugendalter

Durch Selbsttötung (Suizid) starben in der Bundesrepublik Deutschland im Durchschnitt der Nachkriegsjahrzehnte etwa 20 von 100 000 Einwohnern. Im Gebiet der alten Bundesländer begingen 1996 insgesamt 9378 Personen Suizid. Diese Zahl beinhaltet drei Kinder im Alter zwischen fünf und zehn Jahren, 37 Kinder im Alter zwischen zehn und 14 Jahren und 222 Jugendliche im Alter zwischen 15 und 19 Jahren, davon 178 männliche und 44 weibliche. In der letztgenannten Altersgruppe ist in der Bundesrepublik der Suizid die zweithäufigste Todesursache, häufiger ist nur der Unfalltod im Straßenverkehr.

Bei Kindern im Vorschulalter wurden im Zeitraum von 1951-1991 in der Bundesrepublik (alte Bundesländer) zwei Todesfälle als Suizid gewertet. Von den Kindern unter zehn Jahren begingen pro Jahr durchschnittlich 1-2 Kinder Suizid. Bei der Gruppe der 10- bis 14-Jährigen lag bei Mädchen die Suizidrate in den letzten vier Jahrzehnten in der Bundesrepublik durchschnittlich zwischen 0,13 und 1,19 und bei Jungen zwischen 0,81 und 3,02 auf 100 000 Einwohner. Die Suizidraten in der Gruppe der 15- bis 19-Jährigen waren in den letzten 40 Jahren deutlich höher. Diese schwankten zwischen 2,48 und 7,43 bei weiblichen Jugendlichen und zwischen 9,03 und 16,16 Suiziden auf 100 000 Einwohner der Altersgruppe bei männlichen Jugendlichen. Die Entwicklung der Suizidrate veranschaulicht Abb. 7.1 für den Zeitraum von 1982-1996.

Bemerkenswert ist, dass die Suizidraten innerhalb einer gewissen Schwankungsbreite über die Jahrzehnte hinweg stabil bleiben. Eine Zunahme der Suizidhäufigkeit wie auch der Suizidversuchsraten bei Kindern und Jugendlichen hat in der Bundesrepublik seit 1950 nicht stattgefunden. Auf dem Gebiet der alten Bundesländer wurden im Jahr 1982 525 Suizide und im Jahr 1996 nur noch 222 Suizide bei Jugendlichen registriert. Immer wieder sind statistische Jahrsschwankungen Anlass zu öffentlichen Diskussionen um die Ursachen, wozu sich die meist zufälligen Ab- und Zunahmen jedoch nicht eignen. Für das 20. Jahrhundert werden z.B. in Bayern stabile Quoten errechnet. Für die Altersgruppe der 10- bis 14-Jährigen lagen die Suizidraten zwischen 1,5 (1900-1913) und 1,6 (1980-1990) und die der 15- bis 19-Jährigen zwischen10,3 und 10,1 zurückreichend bis zum Jahr 1900 (Nissen

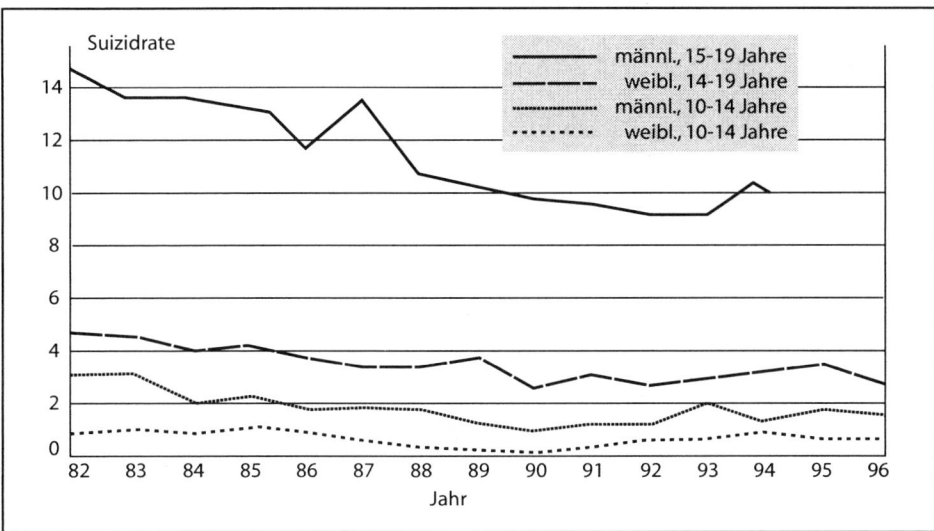

Abb. 7.1 Suizidrate pro 100 000 Einwohner nach Alter und Geschlecht, alte Bundesländer (Bundesamt für Statistik 1997).

1989). Die Suizidquoten der letzten Jahre könnten allerdings unterschätzt werden, weil nicht auszuschließen ist, dass sich hinter den Ziffern der Drogentoten und der Verkehrstoten sog. versteckte Suizide verbergen (Schmidtke u. Mitarb. 1993).

Suizidversuche, auch als Parasuizide bezeichnet, sind im Jugendalter um ein Vielfaches häufiger als Suizide. Mädchen unternehmen häufiger als Jungen Suizidversuche und bis zu 30% der Jugendlichen haben Selbstmordgedanken. Zu beachten ist, dass ein Suizidversuch, der zur klinischen Behandlung führt, in über 25% der Fälle wiederholt wird. Am häufigsten innerhalb der ersten sechs Monate nach dem ersten Suizidversuch, 15% der Betroffenen wiederholen diesen innerhalb einer Jahresfrist. Von den Jugendlichen, die einen Parasuizid begangen haben, nehmen sich im weiteren Lebensverlauf 4% das Leben. Ihr Risiko, einen Suizid zu begeben, ist somit mehr als 100fach höher als in der Normalbevölkerung.

Die Begriffe Parasuizid und Suizidversuch

Der Begriff *Parasuizid* wird der klinischen Praxis bei der Beurteilung des Suizidversuches oft besser gerecht, weil bei vielen *Suizidversuchen* die Wünsche nach entlastender Ruhe und Pause (*parasuizidale Pause*), nach Veränderung einer als unerträglich erlebten Lebenssituation oder nach vermehrter Zuwendung und Beachtung durch Bezugspersonen (*parasuizidale Geste*) vorrangig intendiert erscheinen und die Selbsttötungsabsicht zumindest nach der suizidalen Handlung verneint wird. Dennoch besteht Suizidalität (für eine kritische Begriffsdiskussion siehe Poustka 1986). Nach einem solchem Begriffsverständnis sind habituelle Selbstverletzungen ohne Tötungsabsicht und ohne mögliche Todesfolge wie etwa das habituelle Ritzen und Schneiden in die Haut bei Jugendlichen als Spannungsabfuhr, als provokative Handlung, als ritualisierte Handlung oder auch das Piercing nicht als suizidales Verhalten zu werten. Im Einzelfall kann die Abgrenzung allerdings schwierig sein.

Abb. 7.2 Abschiedsbrief einer 12-jährigen Patientin

Suizid- und Parasuizidmethoden

Der Suizid geschieht bei Kindern und Jugendlichen absolut am häufigsten durch Erhängen und durch Sturz aus der Höhe (Abb. 7.2), bei Jungen auch durch Feuerwaffen. Vergiftungen führen relativ selten(er) zum Suizid, was wahrscheinlich auf die gute medizinische Versorgungsstruktur zurückzuführen ist. In medizinisch unterversorgten Regionen scheint die Vergiftungsrate höher zu liegen (Shaffer u. Mitarb. 1995).

Bei Suizidversuchsmethoden überwiegen Vergiftungen, Schneiden und Stechen. Die Alkoholintoxikation spielt ebenfalls eine wichtige Rolle (Schmidtke 1996).

Ätiologie: Ursachen, Bedingungen, Auslöser

Grundsätzlich ist der Umgang mit suizidalen Patienten im Kindes- und Jugendalter durch die Besonderheiten der Begründung und Bedingungsfaktoren für die suizidale Handlung, die bei Kindern und Jugendlichen vorliegen, bestimmt.

Biologische Einflüsse

Die Serotonin-Hypothese der Suizidalität, welche einen Zusammenhang zwischen suizidalem Verhalten und einer reduzierten Aktivität zentraler 5-HT-Neuronen-Systeme annimmt, ist auch für das Kindes- und Jugendalter forschungsrelevant. Obwohl der Nachweis für den Einzelfall praktisch nicht möglich ist, kann die Korrelation von impulsivem, aggressivem und emotional labilem Verhalten mit einem niedrigen Serotoninspiegel im Liquor die Annahme eines Zusammenhangs mit suizidalem Verhalten rechtfertigen. Ein klinisch praktikabler biologischer Marker ist allerdings bislang nicht zu erkennen (Bronisch 1995, Wolfersdorf u. Kaschka. 1996, Demling 1992, 1996).

Im Bereich der Genetik werden kumulative Konkordanzraten von 11,8% für eineiige Zwillinge und von 1,8% für zweieiige Zwillinge berichtet (Maier 1996). Die genetische Komponente kann offenbar nicht alleine auf primär genetisch disponierte psychiatrische Erkrankungen, z.B. Schizophrenie, Depression, zurückgeführt werden. Dennoch sind die Zusammenhänge mit genetischer Disposition wahrscheinlich häufiger indirekt durch genetisch veranlagte Erkrankungen gegeben. Das Hyperkinetische Syndrom z.B. ist eine genetisch mitbestimmte Störung, die durch die chronischen Konflikterfahrungen der betroffenen Menschen - also sekundär - schließlich zu erhöhten Suizidraten beiträgt. Auch bei Personen mit Legasthenie findet sich im Alter von 18 Jahren eine erhöhte Suizidalität, die sehr wahrscheinlich mit den chronischen Misserfolgserlebnissen aufgrund des Lese- und Rechtschreibversagens zusammenhängt. Nicht-genetische Ursachenfaktoren sind aufgrund der niedrigen Konkordanzraten bei eineiigen Zwillingen als vorrangig anzunehmen.

Psychosoziale Einflüsse

Bei allen diagnostischen, therapeutischen und sozial-integrativen Maßnahmen sind chronische und akute Lebensbelastungen als ätiologische Wirkfaktoren zu beachten. Unspezifische, psychosoziale, insbesondere familiäre Belastungen finden sich bei Kindern und Jugendlichen mit suizidalem Verhalten häufiger als in der Allgemeinbevölkerung (Schaller u. Schmidtke 1991, Sudak u. Rushforth 1993, Reinherz u. Mitarb. 1995).

Bei stationären kinder- und jugendpsychiatrischen Patienten mit suizidalem Verhalten werden die psychosozialen Belastungen besonders deutlich. Mindestens ein abnormer psychosozialer Umstand war bei 87% der suizidalen stationären Patienten festzustellen (78% sind es bei der Gesamtpopulation der stationär behandelten Patienten; Warnke u. Mitarb. 1996). Häufige psychosoziale Belastungen sind:

➢ Abwesenheit eines oder beider Elternteile durch Trennung, Scheidung oder Tod (20%)
➢ Psychische Störungen bei anderen Familienmitgliedern, z.B. Depressionen, Suizidversuche, Suchterkrankungen (19%)
➢ Disharmonien in der Familie, z.B. chronische elterliche Ehekonflikte (20%)
➢ Unzureichende oder verzerrte intrafamiliäre Kommunikation (9%)
➢ Mangel an emotionaler Wärme in intrafamiliären Beziehungen (8%)
➢ Unzureichende und/oder inkonsistente elterliche Kontrolle, Verwahrlosung (6%).

Auswanderungen und soziale Verpflanzung sind relativ spezifisch - wenn auch nicht häufig - mit suizidalem Verhalten bei stationären kinder- und jugendpsychiatrischen Patienten verknüpft.

Gestörte soziale Beziehungen zu Eltern, Geschwistern und Gleichaltrigen bestimmen häufig das Leben suizidaler Kinder. Ein Mangel an liebevoller und verlässlicher emotionaler Zuwendung und erzieherischer Führung, Isolierung und Zurückweisung machen, wenn das Kind hierdurch in Hoffnungslosigkeit verfällt, Suizidalität wahrscheinlich. Denn Hoffnungslosigkeit gilt als stärkster Indikator für suizidales Verhalten (Levy u. Mitarb. 1995).

Psychische Störungen

Psychische Störungen stehen in beachtlichem Ausmaß im Zusammenhang mit suizidalen Handlungen. Vorausgehende Suizidversuche, eine depressive Erkrankung und Drogenmissbrauch korrelieren bei Jugendlichen am höchsten mit Suizid (Shaffer u. Mitarb. 1988, Marttunen u. Mitarb. 1994).

Suizidale Handlungen und Suizidalität sind sehr häufig Ausdruck akuten Konflikter-lebens und psychischer Störungen (Fergusson u. Lynskey 1995, Beautrais u. Mitarb. 1996, Reinherz u. Mitarb. 1995). Suizidale Patienten in stationärer kinder- und jugendpsychiat-rischer Behandlung waren insbesondere belastet mit (Warnke u. Mitarb. 1996):

> Anpassungsstörungen und akuten Belastungsreaktionen (25%)
> Emotionalen Störungen, ängstlich, depressiv (16%)
> Neurosen, wie Angst, Depression, Zwang (15%)
> Störungen des Sozialverhaltens (14%)
> Persönlichkeitsstörungen, insbesondere histrionische (8%)
> Schizophrenen Psychosen (7%)
> Affektiven Psychosen (5%)
> Anderen psychischen Störungen (6%).

Diese Rangfolge macht deutlich, dass bei Kindern und Jugendlichen die für Suizidalität bei Erwachsenen sehr wichtigen psychiatrischen Krankheitsbilder der Schizophrenie, Depres-sion und Sucht numerisch nicht dominieren. Relativ spezifisch und häufig mit suizidalem Verhalten verknüpft schienen bei den stationären kinder- und jugendpsychiatrischen Pati-enten Anpassungsstörungen und akute Belastungsreaktionen, akute Konflikte und Über-forderungserleben zu sein (Marttunen u. Mitarb. 1993, Friese u. Schleider 1993).

Die Suizidalität während stationärer kinder- und jugendpsychiatrischer Behandlung ist relativ häufig bei Patienten mit Persönlichkeitsstörungen und ausgeprägter depressi-ver Entwicklung, die bereits vor der stationären Aufnahme autoaggressive Handlungen durchführten sowie einen Alkohol- und Drogenmissbrauch betrieben haben (Braun-Scharm 1996).

Jede Depression eines Kindes und Jugendlichen, die mit suizidalem Verhalten einher-geht und durch negative Selbstwerteinschätzung, Konzentrationsstörungen, einen hohen Grad an Freudlosigkeit und insbesondere dem Gefühl von Hoffnungslosigkeit gekenn-zeichnet ist, ist Hinweis auf ein hohes Suizidrisiko (Friese u. Trott 1988).

Präsuizidale Bedingungen, Auslöser und Risikofaktoren

Für den Umgang mit dem kindlichen und jugendlichen Patienten mit Suizidalität sind die akuten Bedingungsfaktoren und chronischen Risikofaktoren ausschlaggebend. Das Er-kennen der Suizidgefährdung ist die wichtigste diagnostische Zielsetzung und zugleich wirksamste Prävention.

Regelhaft finden sich chronische und zugleich akut aktualisierte Konflikte im Eltern-haus oder Freundeskreis. Versagenserlebnisse in der Schule und am Arbeitsplatz sowie Enttäuschungen in den Beziehungen zu aktuell subjektiv wichtigen Bezugspersonen sind oft auslösend für den Suizid. Das Zerbrechen einer Liebesbeziehung oder engen Freund-schaft bewirken Suizidalität, wenn außerhalb dieser einen Bindung kein alternativer, tragfähiger, mitmenschlicher und vor allen Dingen kein familiärer Halt besteht. Die In-formation darüber, dass Suizid möglich ist (nachgewiesenermaßen heute z.B. durch Fernsehfilme induziert), kann ein bereits disponiertes Kind zur Selbsttötung verleiten (Werther-Effekt).

Kinder, die sich suizidierten, waren laut Marttunen u. Mitarb. (1994) häufig disziplin-schwierig, schwänzten häufiger die Schule und kündigten relativ häufig ihren Suizid an. Ein Teil der Kinder war durchschnittlich oder überdurchschnittlich intelligent und hatte durchaus gute Schulerfolge, lebte aber sozial isoliert und fiel durch depressive und disso-ziale Handlungen wie Stehlen und Schuleschwänzen auf. Ein anderer Teil war impulsiv, im Sozialverhalten gestört, aggressiv, misstrauisch und kritikempfindlich. Die Begriffe *präsuizidales Syndrom, suizidale Entwicklungskette* und *Risikofaktoren für suizidales Verhal-*

ten dienen der Systematisierung suizidrelevanter kindlicher Merkmale und situativer Einflüsse und sind hilfreich für die Feststellung der Indikation präventiver und therapeutischer Maßnahmen.

Das sog. *präsuizidale Syndrom* (Löchel 1983, Ringel 1985) ist durch folgende Kriterien gekennzeichnet:

➢ Ein Gefühl von Ohnmacht, des Unverstandenseins und des mangelnden Selbstwertes
➢ Initiativenlosigkeit und soziale Isolierung
➢ Gegen die eigene Person gerichtete Aggressionen
➢ Konkrete Vorstellungen zur Durchführung des Suizids
➢ Dysphorische Verstimmungen und – insbesondere bei Kindern – psychosomatische Beschwerden wie Schlafstörungen, Appetitlosigkeit und Müdigkeit.

Bei suizidalen Kindern und Jugendlichen kann jedoch das präsuizidale Syndrom durchaus fehlen, da die suizidale Handlung nicht selten im akuten Konflikt als Impulshandlung und Belastungsreaktion erfolgt.

Eine suizidale Entwicklungskette hat Poustka (1986) mit folgenden Merkmalen beschrieben:

1. Lang andauernde Traumatisierung
2. neurotische Lebensgestaltung, z.B. Kontaktstörung, soziale Isolierung
3. Krise, z.B. durch Erkrankung, Verlust wichtiger Bezugsperson
4. Einengung, z.B. Grübeln, Selbstmitleid
5. Aggressionsumkehr, z.B. Selbstvorwürfe, Ritzen
6. Selbstmordphantasien, z.B. konkrete Planung
7. Selbstmordhandlungen.

Als Risikofaktoren für suizidales Verhalten im Kindes- und Jugendalter lassen sich nach Muus (1992) zusammenfassend nennen:

➢ Vorzeitiger Verlust einer bedeutungsvollen Bezugsperson - meist eines Elternteils - durch Suizid, Tod, Trennung, Scheidung oder langfristige Abwesenheit
➢ Verlust einer gleichaltrigen wichtigen Bezugsperson, z.B. Liebeskummer, Scheitern einer tragenden Freundschaft
➢ Primäres Fehlen oder Verlust von mitmenschlichen Kontakten, so dass der Anschluss an eine Bezugsgruppe fehlt und sich das Gefühl der Einsamkeit und Verlassenheit und des Ausgestoßenseins ausbildet, dies gilt insbesondere nach Auswanderung und sozialer Verpflanzung
➢ Ausweglos erscheinende Konflikte, z.B. durch unerwünschte Schwangerschaft
➢ Psychiatrische Erkrankungen
➢ Aggressives und delinquentes Verhalten
➢ Drogen- und Alkoholmissbrauch
➢ Hoher Grad von Depressionen, wobei die Merkmale der Hoffnungslosigkeit und der Suizidideation wichtige Elemente sind.

Therapeutisch ist insbesondere zu beachten: Wenn die Belastung in den Bereichen Sexualität, Leistung, Suizid in der Familie und persönlicher Beziehungsverlust jeweils hoch sind, ist Suizidalität wahrscheinlich.

Diagnostisches Vorgehen

Diagnostische Erkenntnisse haben im Rahmen der Suizidalität unmittelbar therapeutische Konsequenzen, so dass diagnostische Maßnahmen zugleich schon Teil der Behandlung sind.

Die Akutphase nach einem Suizidversuch macht in der Regel den Patienten empfänglich für die Einleitung diagnostischer und therapeutischer Maßnahmen. Das Erstgespräch *(Eigenanamnese, Exploration, Erhebung des psychopathologischen Befundes)*sollte in einem störungsfreien Raum stattfinden. Unverzüglich sollten Informationen der Eltern und wichtigsten Bezugspersonen des Kindes oder Jugendlichen eingeholt werden *(Fremd-anamnese und Exploration)*. Die rasche Befunderhebung ist wichtig, weil für die weiteren Interventionsentscheidungen geklärt sein muss, inwieweit weiterhin akute Suizidalität besteht. Diese diagnostische Klärung ist auch deshalb eilig, weil der Patient unmittelbar nach dem Parasuizid meist noch nicht einer vollständigen multiaxialen Diagnostik zugeführt werden kann und Gefahr besteht, dass die sorgeberechtigten Angehörigen oder der Patient selbst eine weitergehende Kooperation, die eine vollständige diagnostische Klärung zulässt, ablehnen und sich jedweder Maßnahme entziehen könnte, bevor Klarheit über die Suizidmotive, das Ausmaß der Suizidalität, die Notwendigkeit präventiver Maßnahmen, Ressourcen der Selbsthilfe und zur weiteren Betreuung des Patienten gewonnen werden konnte.

Das Vertrauen zu gewinnen und eine Arbeitsbeziehung aufzubauen, sind vorrangige Ziele. Die Bedingungsanalyse zielt auf Einsichten in:
> Die akute Ursache des Suizidversuches *(Konfliktanalyse)*
> Die Art der Durchführung des Suizidversuches (*Suizidalitätsanalyse)*
> Probleme und Wünsche des Suizidenten (*Zielanalyse)*
> Psychopathologischen Befund (*Diagnose)*   .
> Die familiären und sozialen Verhältnisse, Belastungen und Hilfsmöglichkeiten (*Situationsanalyse)*
> Das Ausmaß der erforderlichen Hilfen (*Hilfebedarf)*.

Folgende Kriterien für die Einschätzung der Suizidalität (Remschmidt 1992, Steinhausen 1996) sind umgehend zu überprüfen.
> Wurde der Suizidversuch in Isolation ausgeführt?
> Machte der Zeitpunkt eine Entdeckung und Intervention unwahrscheinlich?
> Wurden Vorsorgemaßnahmen gegenüber einer Entdeckung ergriffen?
> Wurden Vorbereitungen in Vorausschau auf den Tod getroffen?
> Wurden Dritte vorher über die Absicht informiert?
> Bestand Vorsätzlichkeit und ein lag genauer Suizidplan vor?
> War eine Nachricht hinterlegt?
> Blieb eine Alarmierung Dritter nach dem Suizidversuch aus?

Das Wiederholungsrisiko ist nach Hawton (1986) mit Hilfe folgender Aspekte abschätzbar.
> Anhaltende Suizidgedanken und Suizidplanung
> Frühere Suizidversuche
> Psychiatrische Störungen, insbesondere Depression, Persönlichkeitsstörung, Psychose und Wahn
> Alkoholismus in der Familie
> Gestörte Beziehung zu Familienmitgliedern und engsten Bezugspersonen
> Trennung von den Eltern
> Chronische Probleme und Verhaltensauffälligkeiten
> Alkohol- und Drogenmissbrauch
> Soziale Isolation
> Schlechte Schulleistungen
> Wunsch des Patienten nach stationärer Aufnahme

Die Diagnostik der Suizidalität entscheidet über die Wahl des Settings, denn die Diagnose akuter Suizidalität erzwingt die stationäre intensivpsychiatrische Behandlung in geschlossener Station!

Eine umfassende multiaxiale Diagnostik ist anzustreben. Sie lässt sich in der Regel erst nach der Akutphase vollständig durchführen und beinhaltet nach Remschmidt und Schmidt (1994) Folgendes.

➢ Eine Diagnostik des psychischen Befindens *(Achse I: Klinisch-psychiatrisches Syndrom)*
➢ Untersuchungen hinsichtlich spezifischer Entwicklungsstörungen im Bereich der Sprache, der Motorik, des Lesens, Schreibens und Rechnens *(Achse II: Umschriebene Entwicklungsstörungen)*
➢ Psychometrische Bestimmung der Intelligenzentwicklung (*Achse III: Intelligenz*). Die Leistungsdiagnostik ist unerlässlich, da schulische und berufliche Überforderung aufgrund intellektueller Beeinträchtigungen eine wichtige Rolle in der Problemgenese spielen können und die persönlichen Begabungen des Kindes und Jugendlichen mit ausschlaggebend für präventive und therapeutische Entscheidungen sind.
➢ Internistische und neurologische Untersuchung einschließlich des EEGs *(Achse IV: Körperliche Entwicklung)*
➢ Feststellung der assoziierten abnormen psychosozialen Lebensumstände (*Achse V)*
➢ Einschätzung der psychosozialen Adaptation, d.h. des Ausmaßes der sozialen, psychischen und leistungsmäßigen Beeinträchtigung *(Achse VI)*.

Die diagnostischen Befunde sind nicht nur dem Patienten, sondern auch seinen Eltern bzw. den verantwortlichen Bezugspersonen, z.B. dem verantwortlichen Betreuer in einer Heimeinrichtung mitzuteilen.

Falldarstellungen

Zur Veranschaulichungen sollen nun drei Fallbeispiele ausführlich dargestellt werden.

Erster stationärer Aufenthalt
Nach telefonischer Voranmeldung bringt Herr B. seinen neun Jahre und zehn Monate alten Sohn R. als Notfall auf die Kinderstation. Herr B. berichtet, dass R. seit Schuljahresbeginn (vor zwei Monaten) nur dreimal in der Schule gewesen sei. Am Aufnahmetag habe sich der Junge im Badezimmer des Vaters eingeschlossen und sich geweigert, den Raum wieder zu verlassen. R. habe mehrfach durch die geschlossene Badezimmertüre gedroht, sich etwas anzutun. Da auch durch den hinzugezogenen Schulpsychologen die Suizidalität nicht aufgelöst werden konnte, entschloss sich der Vater, R. stationär in unsere Klinik zu bringen.

Als Ursache der Schulverweigerung und letztendlich der Suizidalität von R. waren die seit 1½ Jahren anhaltenden chronischen Elternkonflikte „auf dem Rücken" der Kinder nach Trennung der Eltern anzunehmen. R. sei nach Meinung des Vaters durch die ungeklärte Sorgerechts- und Umgangsregelung in eine „Machtposition" gekommen und wolle die Eltern durch sein Verhalten wieder zusammenbringen.

Zur Vorgeschichte
Vor ca. 1½ Jahren sei die Mutter mit ihren drei Kindern aus der elterlichen in eine neue Wohnung am Ort umgezogen. Ein halbes Jahr später sei die Mutter mit den Kindern in einen entfernteren Ort gezogen, woraufhin die beiden älteren Kinder auch die Schule hätten wechseln müssen. Die Eltern hätten sich auf ein gemeinsames Sorgerecht für die Kinder geeinigt. Die Umgangsregelung sah vor, dass die Kinder jedes zweite Wochenende beim Vater übernachten sollten. Dies habe sich bald nicht mehr

verwirklichen lassen. Die ältere Schwester habe sich entschieden, nicht mehr zum Vater gehen zu wollen. Der jüngste Sohn habe die Schule verweigert. Ein halbes Jahr später sei der Mutter vom Familiengericht das Aufenthaltsbestimmungsrecht für die Kinder zugesprochen worden, allerdings wollten R. und sein jüngerer Bruder nach Angaben des Vaters nicht zur Mutter. Ein Vermittlungsgespräch zwischen den Eltern vor Gericht war ergebnislos verlaufen, das Aufenthaltsbestimmungsrecht für die Kinder weiterhin der Mutter zugesprochen worden. R. habe sich jedoch nach der Aufforderung, zur Mutter zu gehen, am Vater festgeklammert. Der jüngere Bruder habe sich ebenfalls geweigert, ins Auto der Mutter einzusteigen. Daraufhin wurde das Aufenthaltsbestimmungsrecht für beide Söhne dem Vater übertragen, die Besuchsregelung war zum Aufnahmezeitpunkt R.s nicht geklärt.

Der Vater schilderte, dass R. schon immer sehr stur habe sein können und seine Wünsche energisch durchsetze. Im Essverhalten sei er extrem wählerisch, die Hausaufgabensituation sei schwierig und sehr langwierig, andererseits könnte R. bei Themen, die ihn interessieren, sehr wissbegierig sein.

Im Erstgespräch war R. wach und zu allen Qualitäten altersentsprechend orientiert. Mit zunehmender Gesprächsdauer fiel eine deutliche psychomotorische Unruhe auf. Seine Konzentrationsfähigkeit und Aufmerksamkeit waren in Anforderungssituationen eingeschränkt. R. war im Kontakt freundlich, zugewandt und kooperativ. Den Grund, warum er nicht in die Schule gehen wolle, wusste er nicht zu nennen. Ein Problem sei für ihn, dass sich seine Eltern getrennt hätten, er wünsche, dass diese wieder zusammenziehen sollten. Auf die Frage, wen er zu Hause am liebsten möge, antwortete er, dass er alle gleich lieb habe. Bezüglich seiner Stimmungslage wirkte R. leicht dysphorisch, war jedoch affektiv schwingungsfähig. Er. berichtete über Einschlafstörungen, bzgl. der familiären Situation zeigte er sich als rat- und hilflos. R. gab an, dass er in der letzten Zeit häufiger daran gedacht habe, sich das Leben zu nehmen, um seine Ruhe zu haben, andererseits aber auch um den Eltern seine große Not deutlich zu machen.

In der durchgeführten psychologischen Untersuchung zeigte sich eine durchschnittliche intellektuelle Leistungsfähigkeit. Unter Zeitdruck litten die Leistungen. Die Konzentrationsfähigkeit und Belastbarkeit waren beeinträchtigt. Es bestand eine Rechtschreibstörung bei durchschnittlichem Lesevermögen. Im sozial-emotionalen Bereich imponierte eine erhebliche Verunsicherung aufgrund der familiären Situation. R. glaubte den vermeintlich schwächeren Teil der Eltern, nämlich den Vater, schützen zu müssen und er hatte das erklärte Ziel, die Familie wieder zusammenzuführen.

Die Mutter von R. beschrieb sich selber als gesund, jedoch durch die derzeitige Beziehungsproblematik sehr belastet. Der Vater von R. beschrieb sich ebenfalls als durch die Situation außerordentlich belastet, er würde die Ehe sehr gerne wieder zusammenführen und habe dies mit seinen Kindern auch schon ausführlich besprochen. Er leide selbst unter depressiven Episoden und habe auch schon in Anwesenheit der Kinder davon gesprochen, sich von einem hohen Gebäude stürzen zu wollen.

Zusammenfassend hat sich aus der ungeklärten elterlichen Situation für die Kinder eine eindeutige Überforderungssituation ergeben, mit dem Versuch der beiden Jungen, die Familie wieder zusammenzuführen. Das älteste Geschwister hat sich sehr rasch für die Mutter entschieden. Eine Zusammenführung der Familie kam für sie nicht mehr in Frage. Als weiterer wesentlicher Belastungsfaktor für die Kinder muss die depressive Episode des Vaters genannt werden, welche zum schulphobischen Verhalten beider Brüder führte. Die Suiziddrohungen des Vaters mögen als Modell für die Suiziddrohungen von R. gedient haben. Darüber hinaus war bei R. eine schulische Überforderung auf dem Gymnasium bei durchschnittlicher Intelligenz und Lese-Rechtschreibstörung als weiterer belastender Faktor anzunehmen. Die Schulverweigerung R.s musste als Versuch gewertet werden, die für den Jungen unerträgliche Situation zu lösen und als Angst des Jungen vor einer suizidalen Handlung des Vaters interpretiert werden. Die suizidalen Äußerungen R.s waren als Zeichen der Überforderung im Rahmen der ungelösten familiären Situation zu bewerten. Diagnostisch war von einer Schulphobie, also einer Trennungsangst und einer depressiven Anpassungsstörung bei hyperkinetischer Störung und Rechtschreibstörung auszugehen.

Bei stationärer Aufnahme konnte sich R. nach sehr schwieriger Trennung vom Vater rasch auf der Station integrieren. Er wirkte durch die Klarheit der Trennung entlastet. In den Elterngesprächen wurde das Störungsbild einer Schulphobie als Trennungsangst erklärt und die notwendigen verhaltenstherapeutisch orientierten Schritte zur Angstreduktion erläutert. Hierbei wurde nach erfolgreichem Besuch der Klinikschule der möglichst frühzeitige Außenschulbesuch R.s eingeleitet. Darüber hinaus nahmen beide Eltern den Vorschlag zur Durchführung gemeinsamer Gespräche gerne an. Ziel hierbei war es, mehr Klarheit in die familiäre Interaktion zu bringen, um den Kindern Sicherheit zu vermitteln. Insbesondere der Vater zeigte in Situationen, die klares und konsequentes Handeln gegenüber den Kindern erforderten, ambivalente Verhaltensweisen, die immer wieder zu einer Verunsicherung R.s beitrugen. Er hatte Angst, die Zuneigung der Kinder verlieren zu können und er schien stärker unter der Trennung von den Kindern zu leiden als R., der das konfliktfreie Feld der Station als sichtlich wohltuend erlebte. Eine Einigung der Eltern konnte nicht erreicht werden. Auf Wunsch des Vaters wurde R. gegen ärztlichen Rat vorzeitig entlassen, das Jugendamt informiert und vor Ort eine ambulante psychotherapeutische Hilfe installiert.

Zweiter stationärer Aufenthalt
Von der Mutter wurde nach 2½ Jahren ein erneuter stationärer Aufenthalt initiiert. Sie berichtete, dass R. seit einem halben Jahr nicht mehr in seine Heimatschule gehe, er bekomme Hausunterricht. Seit ca. 1½ Jahren seien die Kinder bei der Mutter und hätten keinen weiteren Kontakt zum leiblichen Vater. R. habe nach Schilderung der Mutter erfahren, dass sein Vater wieder verheiratet sei und die neue Frau fünf Kinder mit in die Ehe gebracht habe, die alle in R.s Elternhaus lebten. Daraufhin habe sich die Problematik mit R. zugespitzt, er habe sich geweigert, nach den Pausen in seine Schulklasse bzw. nach den Ferien in die Schule zu gehen. Der leibliche Vater habe zwar Besuchsrecht, mache davon aber keinen Gebrauch. Die Unterhaltszahlungen würden ebenfalls nicht regelmäßig überwiesen, Rechtsanwälte seien eingeschaltet. Sowohl die Hausbeschulung als auch eine von der Mutter eingeleitete Hypnotherapie habe das schulverweigernde Verhalten R.s nicht verändern können.
In der Untersuchung zum psychopathologischen Befund gab R. ein Angstgefühl vor dem Schulbesuch an, er würde dann bei sich den „Rückwärtsgang einschalten". Nach wie vor sei er gedanklich mit der Trennung der Eltern beschäftigt. Das Verhalten des Vaters könne er nicht verstehen, er sei sich nicht sicher, ob der Vater ihn noch liebe.
Durch die klare Haltung der Mutter gegenüber die Notwendigkeit des stationären Aufenthaltes gelang es R., sich auf das therapeutische Angebot der Klinik einzulassen. Durch verhaltenstherapeutische Interventionen wie systematische Desensibilisierung und Reizkonfrontation mit Reaktionsverhinderung gelang es R., zunächst die Klinikschule zu besuchen, im weiteren Verlauf auch die Außenschule. Den Weg dorthin legte er zunächst in Begleitung zurück, später konnte er alleine dorthin gehen.
Mit der Mutter wurde ein klares verhaltenstherapeutisch orientiertes Vorgehen im Falle einer erneuten Schulverweigerung besprochen. Mit R. wurde zudem in psychotherapeutischen Einzelsitzungen die Problematik mit dem Vater besprochen. Ein vom Patienten gewünschtes Gespräch mit dem Vater lehnte dieser ab. Die therapeutische Begleitung des Jungen vor Ort wurde vermittelt.

Der zum Aufnahmezeitpunkt 17 Jahre und sechs Monate alte Patient P. wurde nach stationärer Behandlung in einer Klinik für Handchirurgie nach einem Suizidversuch mit der Folge einer schweren Selbstverletzung im Bereich des rechten Unterarmes in die Klinik für Kinder- und Jugendpsychiatrie verlegt. P. berichtete, dass er seit einigen Wochen davon überzeugt gewesen sei, Jesus zu sein und den Lauf der Welt, der Sterne und der Planeten beeinflussen zu können. Auch sei er der Auffassung, dass jeder Mensch seine Gedanken lesen könne und an seinen Ideen und Erkenntnissen teilhabe. So sei es in dieser Zeit auch zu gedanklichen Konversationen mit ihm bekannten und unbekannten Personen gekommen. Diese Vorkommnisse hätten ihn teilweise beunruhigt, er hätte auch Angst, manchmal eine regelrechte Lebensangst verspürt. Der Patient gab an, Stimmen zu hören. In letzter Zeit seien diese immer häufiger und eindringlicher aufgetreten und hätten ihn zur Selbsttötung aufgefordert. An einem Sonntag habe er dann den Auftrag befolgt und sich mit einem Messer und einer Axt in der elterlichen Wohnung, wo er allein gewesen sei, den rechten Unterarm aufgeschnitten. Weil es nicht stark genug geblutet habe, sei es über mehrere Stunden hinweg notwendig gewesen, sich immer wieder selber zu verletzen. Zwischendurch habe er wohl auch das Bewusstsein verloren. Gegen Abend habe ihn die Mutter angerufen, die sich zu diesem Zeitpunkt im Urlaub befunden habe. Er habe ihr mitgeteilt, dass er verblute. Nach Verständigung des Notarztes durch die Mutter sei er kurze Zeit später in die Chirurgische Klinik eingewiesen worden. P. berichtete, dass er seit einem halben Jahr vermehrt Alkohol und Haschisch konsumiert habe. Ob Sinnestäuschungen oder Wahnvorstellungen erstmals vor oder nach dem Drogenkonsum aufgetreten seien, könne er nicht mit Sicherheit angeben.

Die Mutter berichtete, dass sie bei ihrem Sohn P. veränderte Gewohnheiten und Verhaltensweisen beobachtet habe. Er konsumiere auffällig vermehrt Alkohol und rauche Haschisch. Es käme gehäuft zu verbalen Auseinandersetzungen mit zunehmend aggressivem Verhalten, besonders gegen sie. Die Mutter sah einen Zusammenhang mit dem negativen Einfluss einiger Bekannter bzw. Freunde ihres Sohnes. Alle Versuche, ihren Sohn dazu zu bewegen, den Drogenkonsum einzustellen, hätten nichts gefruchtet. Hinweise auf Selbstmordgedanken oder -absichten habe sie nie bei P. wahrgenommen. Von der telefonischen Mitteilung ihres Sohnes, eine Stimme habe ihm befohlen, er solle sich umbringen, sei sie völlig überrascht und schockiert gewesen.

Aus der Vorgeschichte wurde ein problemloser Kindergartenbesuch ab dem vierten Lebensjahr berichtet, die Einschulung war mit sieben Jahren erfolgt. P. besuche die elfte Gymnasialklasse mit guten bis sehr guten Leistungen. Er sei in der Klasse sehr beliebt und habe viele Freunde. Bis 1994 habe P. Leistungssport betrieben, er sei mehrfacher Jugendmeister gewesen, nach einer Verletzung habe er jedoch die sportlichen Aktivitäten nahezu vollständig eingestellt. In der näheren und weiteren Aszendenz gab es keine Hinweise auf neuropsychiatrische Erkrankungen.

Bei Erhebung des psychopathologischen Befundes zeigte sich P. bewusstseinsklar und zu allen Qualitäten orientiert. Hinsichtlich der selbstverletzenden Handlungen sowie der unmittelbar vorausgehenden Ereignisse bestand eine teilweise Amnesie. Die Konzentrationsfähigkeit war vermindert, Gedächtnis und Auffassung waren nicht beeinträchtigt. Der formale Gedankengang war beschleunigt, P. beklagte unkontrollierbares Gedankendrängen. Akustische Halluzinationen z.B. in Form von imperativen Stimmen, die ihm befohlen hätten, sich umzubringen. P. schilderte Gedankeneingebungen und Gedankenentzug. Er war der Meinung, seine Freunde könnten seine Gedanken lesen. Er beschrieb Ängste vor ansteckenden Krankheiten. Es gab keinen Anhaltspunkt für Zwänge. Die Affekte waren adäquat bei verminderter Auslenkbarkeit. P. beschrieb seine Stimmung als nachdenklich. Mimik und Gestik erschienen ausdrucksarm. Der Antrieb war gesteigert, P. wirkte angespannt und war motorisch unruhig. Zirkadiane und vegetative Besonderheiten waren nicht eruierbar. Zum Aufnahmezeitpunkt zeigte P. deutlichen Leidensdruck und war teilweise krankheitseinsichtig. Aktuelle Suizidgedanken und -impulse wurden verneint.

Im Rahmen des psychologischen Befundes wurde zu Beginn des stationären Aufenthaltes eine wesentliche Beeinträchtigung seiner allgemeinen Leistungsfähigkeit festgestellt. Konzentration und Belastbarkeit waren wesentlich eingeschränkt. Die gegen Ende des stationären Aufenthaltes nochmals durchgeführte ausführliche Leistungsdiagnostik belegte dann eine intellektuelle Leistungsfähigkeit im obersten Durchschnittsbereich, eine deutliche Besserung der Konzentrationsfähigkeit war darstellbar.

Im sozial-emotionalen Bereich beschrieb sich P. als zurückhaltend und einfühlsam, er könne sich jedoch auch nur eingeschränkt von den Problemen und Wünschen anderer abgrenzen. Er zeigte eine erhöhte Selbstunsicherheit und leichte Beeinflussbarkeit durch andere.

Der körperliche Untersuchungsbefund war bis auf die Verletzung am rechten Unterarm, die chirurgisch versorgt worden war, unauffällig. In der neurologischen Untersuchung ließ sich bis auf die Bewegungseinschränkung der rechten Hand kein pathologischer Befund erheben.

Therapie und Verlauf

Die bereits angesetzte Vorbehandlung mit Neuroleptika wegen einer paranoiden Schizophrenie wurde nach stationärer Übernahme fortgesetzt und optimiert. Die psychotische Symptomatik bildete sich zurück. P. distanzierte sich deutlich vom früheren Wahnerleben. Im Verlauf des Aufenthaltes zeigte er sich angepasst und zurückhaltend, das Kontaktverhalten war adäquat. Im Rahmen der psychotherapeutischen Gespräche wurde eine erhöhte Selbstunsicherheit und eine leichte Beeinflussbarkeit bei z. T. vermindertem Distanzierungsvermögen von Wünschen und Problemen anderer Personen deutlich. Als wesentliche Krankheitsursache formulierte P. für sich den vorausgegangenen Drogenkonsum und äußerte das Ziel, diesen in Zukunft kompromisslos zu beenden. Neben der neuroleptischen Medikation sowie den psychotherapeutischen einzel- und gruppentherapeutischen Maßnahmen wurde P. zur Steigerung seiner Belastbarkeit in der Klinikschule beschult. Nach deutlicher Besserung der psychotischen Symptomatik konnte P. wieder in dem Stoff der elften Gymnasialklasse unterrichtet werden. Auch im Rahmen eines Außenschulbesuches über insgesamt drei Wochen wurde dieser Eindruck von den unterrichtenden Lehrkräften bestätigt. Die soziale Reintegration und das Kontaktverhalten wurden sowohl in der Selbst- wie auch in der Fremdbeurteilung als unproblematisch beschrieben. Die Wundheilung erfolgte komplikationslos. Unter kontinuierlich fortgesetzter Krankengymnastik kam es zu einer nahezu vollständigen Normalisierung der Handmotorik und einer weitgehenden Regeneration der Sensibilität. Die Eltern wurden in regelmäßigen Gesprächen ausführlich über Diagnostik und Therapie informiert. Nach einer weiteren Besserung der psychopathologischen Symptomatik konnte P. nach Hause entlassen werden.

Diagnostisch war bei P. von einer akuten paranoid-halluzinatorischen Psychose auszugehen. Hinsichtlich des vorausgegangenen Drogenkonsums erschienen unter Berücksichtigung sowohl qualitativer, quantitativer als auch zeitlicher Kriterien eine drogeninduzierte Psychose unwahrscheinlich. Es wurde eine engmaschige ambulante nervenärztliche Weiterbetreuung in unserem Hause empfohlen.

Nach ca. drei Monaten musste P. erneut stationär aufgenommen werden, wegen einer ausgeprägten Antriebslosigkeit, einem allgemeinen Desinteresse und einem stark verminderten Selbstwertgefühl. P. litt in der Schule wieder unter verstärkten Konzentrationsproblemen, er müsse einen hohen Energieaufwand erbringen, um dem Unterricht folgen zu können. Er fühle sich zu Hause deutlich unselbstständiger als früher, er wisse nicht, was er machen solle. P. wirkte sehr bedrückt und traurig verstimmt, er weine auch oft. In letzter Zeit habe er wieder vermehrt Suizidgedanken und -absichten geäußert. Gelegentlich höre er kommentierende Stimmen, nach einmaligem erneuten Haschischkonsum seien die akustischen Halluzinationen wieder aufgetreten.

P. zeigte sich im Erstgespräch zugewandt, aufgeschlossen und kooperativ. Er war wach und zu allen Qualitäten orientiert. Das Gedächtnis schien unbeeinträchtigt. Aufmerksamkeit und Konzentration wirkten vermindert. P. gab an, zeitweise unter Gedankendrängen, plötzlichem Gedankenabreißen und allgemeiner Verlangsamung zu leiden. Gelegentlich höre er kommentierende Stimmen. Er fühle sich müde und erschöpft. Wegen des Verlustes seiner früheren geistigen und körperlichen Leistungsfähigkeit fühlte er sich belastet und traurig verstimmt. Er habe nahezu alle früheren Interessen verloren und sah keine Perspektiven für die Zukunft. Er habe auch keine Motivation, aus eigenem Antrieb etwas dagegen zu unternehmen. Er könne sich über nichts mehr freuen. P. beschrieb zeitweise unangemessene Affekte sowohl im Sinne plötzlicher Belustigung als auch extremer Traurigkeit ohne erkennbaren Grund. Er war emotional wenig schwingungsfähig. Mimik und Spontanmotorik waren vermindert, das Gesicht wirkte maskenhaft. Es fand sich kein Anhalt für spezifische Ängste oder Zwänge. P. gab gelegentliche Suizidgedanken an, konnte sich jedoch zum Aufnahmezeitpunkt von Suizidabsichten distanzieren. In der psychologischen Diagnostik gab P. eine ausgeprägte depressive Verstimmung an, schilderte ausgeprägte kognitive Leistungseinbußen. Störungsspezifische Leistungstests ließen deutliche Aufmerksamkeitsdefizite erkennen. P. nahm diese Minderleistungen deutlich wahr und teilte eine starke Belastung mit.

In den regelmäßigen psychotherapeutischen Einzelgesprächen äußerte P. wiederholt, unter dem Verlust früherer Fähigkeiten zu leiden. Seine Gedanken seien verlangsamt, er sei leicht ablenkbar und müsse sich sehr anstrengen, um sich auf eine Sache zu konzentrieren. Gelegentlich höre er kommentierende Stimmen, die ihn jedoch kaum belasten würden. Zeitweise habe er den Eindruck, seine Gedanken würden von außen beeinflusst, auch könne er die Gedanken anderer Menschen hören. Manchmal geschehe es, dass er ohne erkennbaren Anlass lachen und weinen müsse. Für sein Leben sehe er kaum Perspektiven. Die Suizidgedanken hätten jedoch deutlich abgenommen, Suizidabsichten habe er derzeit nicht.

Nach Umsetzen der Medikation von Risperidon auf Clozapin bis zu einer Tagesgesamtdosis von 600mg zeigte sich eine deutliche Besserung sowohl der Denkstörungen als auch der Sinnestäuschungen. Die Negativsymptomatik konnte jedoch kaum gebessert werden. Im Rahmen des heilpädagogischen Settings auf der Station sowie begleitender psychotherapeutischer, verhaltens- und ergotherapeutischer Maßnahmen ergaben sich während des weiteren Verlaufs keine grundlegenden Symptomveränderungen. Mit P. und den Eltern wurde die Notwendigkeit einer poststationären Rehabilitationsbehandlung mit dem Ziel einer bestmöglichen schulischen, beruflichen und sozialen Reintegration besprochen. Sowohl P. als auch die Eltern zeigten sich diesbezüglich vorbehaltlos motiviert.

Nach Rücksprache mit den weiterbehandelnden Kollegen der Rehabilitationsklinik verbesserte sich das Zustandsbild von P. weiterhin. Es gelang P. schulisch zu reintegrieren, so dass er in einem Internat das Abitur erlangen konnte. Im letzten Kontakt teilte P. mit, dass er ein Studium aufnehmen werde.

Eine 17-jährige Patientin S. berichtete in der Aufnahmesituation, dass seit einigen Wochen bei ihr eine zunehmende depressive Stimmungslage bestünde, sie sehe keinen Sinn mehr in ihrem Leben, komme nicht mehr klar, zeige Rückzugstendenzen und verbringe viel Zeit alleine in ihrer Wohnung. Sie könne sich selbst nicht akzeptieren, sie empfinde sich als hässlich und fehl am Platze. Seit längerem bestünden auch autoaggressive Tendenzen, es käme häufig zum Ritzen der Unterarme. Am vergangenen Wochenende sei die Situation eskaliert, sie habe „weg von allem" gewollt, habe nach der Arbeit vom Hochhaus springen wollen. Sie sei hierzu auch zu einem Hochhaus gefahren, dort in den obersten Stock gegangen und habe aus dem Fenster hinunter geschaut. Am Montag habe sie versucht, sich mit einer Rasierklinge die Pulsadern zu öffnen, am Dienstag sei sie ziellos umher gelaufen, sei auch über Eisenbahngleise gegangen, habe darüber nachgedacht, sich vor den Zug zu werfen. Die Patientin gab an, dass sie sich gut vorstellen könne, dass bis zum Wochenende niemand ihren Zustand bemerkt habe. Montag und Dienstag sei sie nicht mehr zur Arbeit gegangen, der Arbeitgeber sei aus eigenem Antrieb zu ihrem Elternhaus gekommen, um sich nach ihr zu erkundigen. Nach mehreren Gesprächen, die zu nichts geführt hätten, habe die Mutter beschlossen, S. in die Klinik zu bringen.

Anamnestisch berichtete S., dass bei ihr seit drei Jahren eine Essstörung bestehe. Heißhungerattacken seien in der Regel ein- bis zweimal pro Woche aufgetreten, wobei sie v.a. Süßigkeiten verzehre. Sie kaufe z. T. größere Mengen ein und horte die Lebensmittel. Bislang sei kein Erbrechen vorgekommen, auch kein Laxanzienabusus, phasenweise habe sie vermehrt Sport getrieben. Normales Essverhalten und restriktive Phasen wechselten sich ab. Während der Restriktion nehme sie tagelang nicht mehr als 200 kcal zu sich. Seit ca. sechs Jahren esse sie vegetarisch, mit deutlichem Ekel vor Fleisch. Insgesamt sei es unter diesem Essverhalten nicht zu einer wesentlichen Gewichtsabnahme gekommen. Aus Angst, zugenommen zu haben, habe sich S. seit 1½ Jahren nicht mehr gewogen. S. habe eine Zwillingsschwester, die ebenfalls unter einer Essstörung leide.

Der Arbeitgeber von S. gab an, dass sich S. in den letzten Wochen vermehrt in die Arbeit gestürzt habe, sie sei eine sehr gute Mitarbeiterin. Weitere Verhaltensänderungen seien dem Arbeitgeber nicht aufgefallen. Der Arbeitgeber betonte, dass er S. nach dem Aufenthalt wieder einstellen würde.

Im psychopathologischen Befund äußerte S. eine deutliche Körperschemastörung, sie empfinde sich als hässlich und dick. Sie vermeide soziale Kontakte, um ihr Essverhalten nicht rechtfertigen zu müssen. Der Antrieb erschien aktuell unauffällig. Sozial habe sie sich in letzter Zeit zurückgezogen, sie leide unter einem Morgentief und einer jahreszeitlichen Abhängigkeit der Stimmung. Vom Affekt her wirkte S. parathym, während der Berichte über ihre depressive Befindlichkeit lächelte die Patientin. Früher habe S. keine Suizidgedanken gehabt, erst am Wochenende vor der stationären Aufnahme habe sie sterben wollen. S. distanzierte sich während des stationären Aufenthaltes von Suizidgedanken.

In der Untersuchung zum psychologischen Befund schilderte S. einen starken Selbsthass und eine Leere in ihrem Leben, die bislang von der Essstörung ausgefüllt worden sei. Sie beschrieb sich als nach außen hin gleichbleibend freundlich, sie komme den Anforderungen anderer sofort nach, weswegen ihre depressive Stimmung und ihr negatives Denken wohl nicht bemerkt würden. In Überlastungssituationen könne sie jedoch auch sehr starke Stimmungsschwankungen zeigen.

In der Familiendiagnostik und in Familiengesprächen wurde eine verzerrte intrafamiliäre Kommunikation deutlich, vor allen Dingen die fehlende Kommunikation zwischen Vater und Tochter wurde beklagt. Die Eltern stellten sich als sehr leistungsorientiert dar, wodurch sich S. unter Druck gesetzt fühlte.

Die Leistungsdiagnostik belegte eine gut durchschnittliche intellektuelle Leistungsfähigkeit, es gab keine Hinweise auf eine intellektuelle Überforderung.

Die körperliche Untersuchung ergab keinen pathologischen Befund, festgehalten wurden mehrere oberflächliche Ritzwunden an den Unterarmen.

Therapie und Verlauf
Aufgrund der depressiven Stimmungslage wurde mit einer antidepressiven Medikation begonnen, parallel hierzu wurde eine Wachtherapie eingesetzt. Im Behandlungsverlauf konnte S. die Ursachen ihrer depressiven Stimmungslage durch gute Introspektion verarbeiten. Bezüglich der weiteren Wohnsituation und ihrer beruflichen Perspektiven konnten mit Hilfe des Arbeitgebers, aber auch des Jugendamts adäquate Lösungsmöglichkeiten erarbeitet werden. Eine außerhäusliche Unterbringung in einer betreuten Wohngemeinschaft wurde angeregt. In einem gemeinsamen Gespräch mit dem Arbeitgeber konnten die Befürchtungen der Patientin hinsichtlich ihrer weiteren beruflichen Tätigkeit ausgeräumt werden. Die aufgetretenen Essattacken wurden im Rahmen der depressiven Grunderkrankung interpretiert, mit zunehmender Verbesserung des psychopathologischen Zustandsbildes normalisierte sich auch das Essverhalten komplett.
Die Schwester der Patientin befand sich wegen ihrer Essstörung in ambulanter Behandlung.
Zusammenfassend wurden eine Bulimie und eine depressive Störung diagnostiziert.

Therapie

Die Behandlungsmaßnahmen gliedern sich nach Art, Schweregrad und Entwicklungsphase der Suizidalität und sie sind dem Behandlungsverlauf anzupassen (Tab. 7.**1**).

Der zunächst wichtigste Merksatz lautet: Die Diagnose *akute Suizidalität* ist schriftlich zu dokumentieren und hat immer eine intensivmedizinische Behandlung notwendig und rechtlich zur Folge. Wird die geschlossene Unterbringung beendet, so ist schriftlich zu dokumentieren, dass gemäß klinischem Befund keine akute Suizidalität mehr besteht.

Die Akutbehandlung nach einem Suizidversuch oder bei einem drohendem Suizidversuch ist meist zunächst unter stationären Bedingungen durchzuführen. Bei Aufnahme ist sicherzustellen, dass der akut suizidale Patient keine gefährlichen Gegenstände oder toxische Substanzen in seinem Gepäck oder in Kleidungsstücken verborgen bei sich behält und mitgebrachte Medikamente abgegeben werden. Die diagnostische Entscheidung, dass keine akute Suizidalität mehr besteht, muss schriftlich dokumentiert werden, bevor eine Übernahme aus der Intensivbehandlung in die offene Behandlung erfolgt.

Kriterien für eine stationäre Behandlung nach einem Parasuizid sind:
➢ Fortbestehende akute Suizidalität
➢ Therapiebedürftige Grunderkrankung
➢ Fortbestehender psychosozialer, die Suizidalität begründender Konflikt
➢ Wiederholter Parasuizid
➢ Parasuizid mit harter Methode (Sprung aus der Höhe, Schusswaffengebrauch, Strangulationsversuch)
➢ Unzureichende ambulante Kooperationsmöglichkeit bei Patient und Familie.

Eine grundsätzliche Besonderheit bei Kindern und Jugendlichen ist, dass die diagnostischen und therapeutischen Maßnahmen immer mit den jeweils sorgeberechtigten Bezugspersonen möglichst einvernehmlich abzustimmen sind, so dass die Zusammenarbeit in der Regel mit den Eltern von Anfang an Bestandteil der diagnostischen und therapeutischen Überlegungen und Interventionen ist. Für jegliches therapeutisches Vorgehen ist nicht nur die Kooperation des Kindes und des Jugendlichen, sondern immer auch die Kooperation der oft im Konflikt mit dem Suizidenten stehenden Eltern erforderlich. Die Kooperationsbemühungen müssen daher von Anfang an sowohl auf den suizidalen Patienten wie auch auf die sorgeberechtigten Bezugspersonen gerichtet sein.

Tabelle 7.1 Schrittweise therapeutisches Vorgehen nach oder bei drohendem Suizidversuch (ergänzt nach Herpertz-Dahlmann 1997)

	Akut-Phase 1 (Klinische Behandlung)	Akut-Phase 2 (Klinische Behandlung)	Erholungsphase (Klinische Behandlung)	Remissionsphase (Ambulante Nachbetreuung)
Ort	Intensivstation (immer vorgeschrieben bei akuter Suizidalität)	psychiatrisch-psychotherapeutische Station	Psychiatrisch-psychotherapeutische Station	Poliklinik, Praxis
Interventionen	Behandlung somatischer Komplikationen Bei hochgradiger Suizidalität medikamentöse Sedierung	Frequente sorgfältige Beobachtung und Betreuung durch Pflegepersonal	Ausdehnung des Aktionsradius (z.B. Mitpatientenausgang, Schulbesuch in Klinikschule)	Beobachtung durch Bezugspersonen im häuslichen Umfeld
	(Konsiliarische) psychiatrisch-psychotherapeutische Betreuung, Eruierung der Suizidmotive, aktueller Ziele und Lebenswünsche	Regelmäßige, für den Patienten verlässlich zeitlich vereinbarte, Einzelgespräche zur weiteren Klärung der Suiziddynamik, Entwicklung von Zielen und Bewältigungsstrategien, Erstellen eines Antisuizidvertrags	Fortsetzung der Einzelgespräche, Entwicklung eines Präventionsplanes	Engmaschige Gespräche mit dem Therapeuten, evtl. auch telefonisch
	Erhebung des psychopathologischen Befundes (psychische Störung?)	Ggf. Diagnostik und Therapie der primären psychischen Störung, z.B. Depression, Psychose		Ggf. fortgesetzte Therapie der psychischen Störung und Verlaufskontrolle
		Integration in stationäre Gruppenarbeit, z.B. Beschäftigungstherapie	Fortsetzung der Gruppenarbeit, z.B. Training sozialer Fertigkeiten und von Selbstbehauptung	
	Kontaktaufnahme zur Familie	Entscheidung über Art und Intensität der Familienarbeit, z.B. Beratung oder Familientherapie	Intensivierung der Eltern- und Familiengespräche zur Vorbereitung der Entlassung	Fortsetzung der Eltern- oder Familienarbeit, Bewältigung neu auftretender Belastungen oder Konflikte
	Antisuizidvertrag		Umweltbezogene Maßnahmen, z.B. Kontaktaufnahme zu weiteren Bezugspersonen	Hilfestellung bei der Reintegration in das soziale Umfeld, z.B. schulbezogene Maßnahmen

Fortsetzung Tabelle 7.1

	Akut-Phase 1 (Klinische Behandlung)	Akut-Phase 2 (Klinische Behandlung)	Erholungsphase (Klinische Behandlung)	Remissionsphase (Ambulante Nachbetreuung)
Ziele	Medizinische Akuthilfe, erste vorläufige Diagnostik, um psychische Störung auszuschließen oder festzustellen, Abschätzung des weiteren Suizidrisikos, Aufbau einer Vertrauensbeziehung, Diagnostik des familiären Umfeldes	Schutz vor selbstdestruktiven Impulsen, Intensivierung der Vertrauensbeziehung zum Therapeuten, Abbau von Vereinzelung und Vereinsamung, Klärung der suizidauslösenden familiären/außerfamiliären Konfliktsituation bzw. der psychischen Primärerkrankung	Stabilisierung der therapeutischen Beziehung, Veränderung der suizidauslösenden Bedingungen, Vorbereitung der sozialen Reintegration	Prophylaxe eines erneuten Suizidversuches, Aktivierung von Co-Therapeuten

Der Umgang mit Suizidalität bei Kindern und Jugendlichen ist im Allgemeinen durch folgende Maßnahmen gekennzeichnet:

- Parasuizidale Handlungen sind niemals als harmlos einzustufen, sondern immer Indikation für eine zumindest diagnostische Intervention und Beratung.
- Die Intervention hat immer das Kind bzw. den Jugendlichen und seine sorgeberechtigten Bezugspersonen gleichzeitig und gleichrangig einzubeziehen.
- Aus Gründen der Suizidprävention (Gefahr der Nachahmung) kann auch die Betreuung des Freundeskreises, der Schulklasse oder der Mitpatienten notwendig sein - insbesondere bei vollzogenem Suizid.
- Die Kontaktaufnahme sollte möglichst früh erfolgen. Bei Konflikteskalation zwischen suizidalem Kind oder Jugendlichem und seiner Familie liegen meist unklare Entscheidungsverhältnisse vor, so dass der Kontakt und auch der Maßnahmenkatalog von Seiten des Therapeuten aktiv zu initiieren und sicherzustellen ist.
- Eine Vertrauensbeziehung ist zu dem Patienten, aber auch zu den entscheidungsrelevanten Bezugspersonen anzustreben – daher keine Moralisierung, keine schuldinduzierenden Erklärungsansätze!
- Insbesondere Kinder, aber auch Jugendliche bedürfen einer direkten aktiven Führung, wobei Jugendliche auch in ihrer Eigenverantwortlichkeit und ihrer Verselbständigungsentwicklung zu unterstützen sind.
- Bei ambulanter Behandlung - akute Suizidalität besteht also nicht - sind die nächstnotwendigen Kontakte und Betreuungsmaßnahmen abzusprechen und Regelungen für den Notfall (erneute Suizidalität) zu treffen.
- Ein Antisuizidvertrag, in dem Absprachen mit dem Patienten über Hilfsmöglichkeiten bei erneut aufkommender akuter Suizidalität schriftlich in Vertragsform festgehalten werden, wird in seiner Bedeutung kontrovers diskutiert (Schmidtke u. Schaller 1996). Im Einzelfall erfüllt er jedoch für eine kurze Zeitspanne (wenige Tage) seinen guten Zweck, nicht zuletzt allein deshalb, weil der Vertrag auch den Therapeuten zu einer Verbindlichkeit verpflichtet, die bei der Führung des suizidalen Patienten unerlässlich ist.
- Bei medikamentöser Behandlung sind Patient und Eltern über Wirkung, Dosierung, unerwünschte Wirkungen, Verlaufs- und Laborkontrollen sowie Aspekte der Lebensführung (Abstinenz von Alkoholkonsum usw.) aufzuklären. Aspekte der Gefahr der Tablettenintoxikation in parasuizidaler Absicht sind besonders zu beachten.

- Die Psychotherapie beinhaltet sowohl einzeltherapeutische als auch gruppenthera-peutische Methoden. Dabei gelten die allgemeinen Prinzipien der Psychotherapie (Remschmidt 1997, Steinhausen u. von Aster 1999). Das Hauptaugenmerk liegt zu-nächst auf den Erfordernissen einer Konfliktentlastung, der Behandlung einer ggf. vorliegenden primären psychiatrischen Erkrankung, einer medikamentösen Sedie-rung, der Klärung der nächsten antisuizidal gerichteten Lebensziele und der Einlei-tung erster, den Patienten entlastenden und ermutigenden Maßnahmen. Besondere Bedeutung kommt dabei der Klärung und Entschärfung des Konfliktgefüges zu, in dem das Kind oder der Jugendliche in der Regel im Rahmen seiner Familie und sei-nes alltäglichen Lebensumfeldes (z.B. Schule, Arbeitsplatz, Gleichaltrigengruppe) lebt.
- Bei einem kognitiv-verhaltenstherapeutischen Ansatz wird die Veränderung inadä-quater Denkstile, das Training adäquater kognitiver Verarbeitung und emotionaler Regulation vorrangig sein. Präventive Verhaltensmöglichkeiten und zu suizidalem Verhalten alternative Handlungsspielräume sind zu erarbeiten (Schmidtke u. Schal-ler 1988).
- Im gruppentherapeutischen Setting werden soziale Fertigkeiten trainiert, Kommu-nikationstechniken eingeübt und positive Gruppenmodelle angestrebt. Techniken zur Spannungsreduktion können, wenn indiziert, sowohl im Einzelverfahren als auch in der Gruppe eingeübt werden.
- Das Arbeitsbündnis mit der Familie ist kontinuierlich zu fördern. Rasch muss eine Entscheidung über Art und Intensität der Familienarbeit getroffen werden, um ak-tuelle Konflikte zu entschärfen, Entlastungen möglichst bald einzuleiten und die weiterführende Kooperation während der ambulanten Nachbetreuung zu planen.
- Die nachstationäre Behandlung ist mit Patient und Familie rechtzeitig zu planen, da eine Rezidivquote von 20–25% nach Parasuizid, v.a. im ersten Jahr nach dem Suizid-versuch zu erwarten ist.
- Wenn außerfamiliäre Institutionen zur Prävention, Behandlung und Wiedereinglie-derung mitverantwortlich sind (z.B. Heimeinrichtungen, Tagesstätten, Internate), so sind mit diesen Einrichtungen eindeutige Regelungen möglichst schriftlich zu ver-einbaren und die Fragen der ambulanten Nachbetreuung zu regeln. Bei Jugendhil-femaßnahmen, die eine Entscheidung des zuständigen Jugendamtes zur finanziellen Trägerschaft voraussetzen (z.B. Übergang in therapeutische Wohngruppe), sind frühzeitig die Sorgeberechtigten für die Kontaktaufnahme mit dem Jugendamt zu gewinnen und anzuleiten.

8 Therapeutische Probleme beim Umgang mit suizidalen Frauen

Benigna Gerisch

Ausgangspunkt meines Forschungsinteresses ist meine inzwischen zwölfjährige psycho-analytisch orientierte psychotherapeutische Erfahrung mit suizidalen Patientinnen und Patienten am Therapie- und Forschungszentrum für Suizidgefährdete (TZS). Erwartungsgemäß korrespondiert die doppelt so häufige Inanspruchnahme dieser Einrichtung von Frauen mit der geschlechtsspezifischen Suizidversuchsrate, nach der Frauen doppelt so häufig wie Männer einen Suizidversuch begehen. Demgegenüber zeigte sich, dass, obwohl die Forschung bislang überwiegend am Kollektiv der Frauen durchgeführt wurde, das Thema der weiblichen Suizidalität in kaum einer der suizidologischen Untersuchungen einer eigenständigen Betrachtung unterzogen wurde, wenn man einmal von den mit Männern vergleichenden Untersuchungen absieht. Die Anzahl der Arbeiten, die sich also explizit mit dem weiblichen Suizidverhalten befassen, ist gering (Canetto 1992, 1994, Canetto u. Lester 1995, Kneissl 1984, Lindner-Braun 1990, Rachor 1995, Suter 1976). Und sie verringert sich um ein Weiteres, wenn man psychoanalytische Studien zum weiblichen Suizidverhalten zu finden versucht (Dührssen 1967, Freud 1920).

Aus dieser Diskrepanz, zwischen dem Ausmaß der Suizidversuchsanfälligkeit zum einen und dem Fehlen hinreichender theoretischer und klinischer Konzeptionen zum Suizidverhalten von Frauen zum anderen, resultierte mein Forschungsinteresse. In mehreren Arbeiten (Gerisch 1996, 1997, 1998, 1999a, c, d) habe ich durch die kritische Würdigung der herkömmlichen (epidemiologischen, medizinisch-psychiatrischen und psychodynamisch-psychoanalytischen) Erklärungsmodelle zum Suizidverhalten von Frauen aufgezeigt, dass die suizidologische Forschung bislang so gut wie nicht über die Reproduktion von Geschlechterrollenstereotypen hinausgekommen ist. Verkürzt formuliert werden lebenspraktische Annahmen, Mythen und Klischees über das Verhältnis der Geschlechter im Gewand einer Theoriebildung als Wirklichkeitskonstruktion perpetuiert und festgeschrieben. Die Frau wird noch immer auf das *schwache Geschlecht* reduziert, der Suizidversuch von Frauen gilt als nicht ernst gemeint und appellativ und die Persönlichkeit suizidaler Frauen gemeinhin als narzisstisch-demonstrativ, hysterisch, passiv und abhängig. In diesem Kontext ist die sozialisationstheoretische Erkenntnis hervorzuheben, die zeigt, dass der per se autodestruktiv getönte weibliche Sozialisationsprozess das hervorbringt, was üblicherweise als klassisch suizidale Persönlichkeit rezipiert und durch folgende Merkmale definiert wird:
- Geringes Selbstwertgefühl
- Instabiles Identitätsgefühl
- Selbsthass
- Verunsicherte sexuelle Identität
- Gestörtes Körperbild
- Aggressionshemmung
- Mangelnde soziale Kompetenz
- Abhängigkeit von anderen
- Sprachlosigkeit.

Die kritische Theoriereflexion verweist implizit darauf, dass Weiblichkeit und weibliche Suizidalität nicht losgelöst vom traditionellen Geschlechterarrangement und den damit verbundenen bewussten und unbewussten Mythen und Setzungen über die Differenz der Geschlechter betrachtet werden können, die zentrale und prägende Auswirkungen auf die psychosexuelle Entwicklung von Frauen in ihrer Konflikthaftigkeit und in ihren unbewussten Dimensionen haben. Des weiteren zeigt meine Theoriesichtung der psychoanalytischen Erklärungsmodelle, dass Suizidalität bei Frauen auch in den psychoanalytischen Konzeptionen – mit Ausnahme der Adoleszenztheoretiker (Laufer u. Laufer 1984) – bislang nicht systematisch im Kontext der Genese von Geschlechtsidentität untersucht worden ist. In Henselers (1984), insbesondere im deutschsprachigen Raum, vielfach rezipierten Modell der Narzissmustheorie der Suizidalität wird dem reziproken Zusammenhang von psychosexueller Identität und Suizidalität zwar eine gewisse Bedeutung eingeräumt, aber es erfolgt keine notwendige und unerlässliche Differenzierung zwischen der Herausbildung weiblicher und männlicher Geschlechtsidentität.

Im Anschluss an diese einführenden Betrachtungen soll ein theoretischer Exkurs zur Suizidalität von Frauen im Kontext der konfliktreichen weiblichen Individuierungs- und Subjektwerdungsproblematik stehen. Diese Hypothese soll dann anhand einer ausführlichen Falldarstellungen beleuchtet werden.

Zur Genese weiblicher Identität und Subjektivität

Vor dem oben dargestellten Hintergrund entwickelte ich die Hypothese, dass ein differenzierter Zugang zur weiblichen Suizidalität nur unter der Berücksichtigung der Konstituierung von weiblicher Identität und Subjektivität gelingen kann, weil sich die inneren Reifungsprozesse von Frauen prinzipiell im Kontext von konfliktträchtigen Separations- und Individuationsprozessen vollziehen und konstituieren. Denn es zeigte sich, dass die Suizidalität der untersuchten Patientinnen auffallend häufig an entwicklungsabhängige Individuierungsphasen wie Adoleszenz, Schwangerschaft, Geburt eines Kindes, Aufnahme und Gestaltung von Liebesbeziehungen etc. gebunden war, in deren Verlauf die konflikthaften oder misslungenen Separationsbemühungen von der Mutter aktualisiert wurden.

Zunächst aber sollen einige theoretische Anmerkungen zum nicht unproblematischen Begriff der Identität Platz finden. Hiernach wird dann differenzierter auf die Genese von weiblicher Identität und Subjektivität eingegangen.

Gegenwärtig konkurrieren im psychoanalytischen Diskurs zur Identität, zum Selbst und zur Subjektwerdung im Wesentlichen zwei Positionen.

1. Auf der einen Seite, in der mehr traditionellen Sichtweise, wird von der entwicklungsphasenabhängigen Genese einer mehr oder minder gesicherten Identität ausgegangen, die von physischen, psychischen, kognitiven, intrapsychischen und intersubjektiven Prozessen determiniert wird. Identität konstituiert sich in permanenten reflexiven Vergleichsprozessen von Selbst und Objekt sowie von Innen- und Außenwelt.
2. Auf der anderen Seite, die insbesondere von den Neo-Kleinianern vertreten wird, ist vom „Narrativ des Selbst", vom „Verschwinden des Subjekts" und seiner Dezentrierung die Rede, d.h. die Vorstellung eines einheitlichen Selbst sei eine fiktionale Illusion. Identität wird nicht mehr als eine einmal erworbene, kohärente Struktur verstanden, sondern sie ist eine flexible, hochkomplexe psychische und sich prozesshaft entwickelnde Konstruktion, die im intrapsychisch geprägten interpersonellen Austausch zwischen zwei Subjekten immer wieder neu geschaffen und konstituiert wird (Ostendorf u. Peters 1999).

Mit dieser Perspektive verbindet sich v.a. der Hinweis darauf, dass die monadische Konstituierung von Identität auch deutlichen Abwehrcharakter besitzen kann, sofern unberücksichtigt bleibt, dass Identität immer eine sich prozesshaft und triadisch entwickelnde Struktur des Selbst ist und Identitätsbildung nicht nur bei Frauen immer ein prozesshaftes und überaus störanfälliges Geschehen ist.

Was aber nun sind die Spezifika der weiblichen Identitätsentwicklung?

In der Genese der Geschlechtsidentität spielt die Tatsache, dass das erste Liebesobjekt im Leben des Kindes, nämlich die Mutter, für das Mädchen ein gleichgeschlechtliches, für den Jungen aber ein gegengeschlechtliches ist, eine große, wenn nicht sogar die zentrale Rolle. Schon aufgrund dieser basalen und unveränderbar konstanten Voraussetzung unterscheiden sich die Entwicklungen und die damit verbundenen Anforderungen und Bewältigungsmuster von Mädchen und Jungen grundlegend. Für das Mädchen sind, im Unterschied zum Jungen, die prägenden Erlebnismodalitäten in der Beziehung zum Primärobjekt Mutter die Erfahrung von Einssein, Gleichheit und Ungetrenntheit. Das Gleichsein mit der Mutter impliziert weitaus weniger Schwierigkeiten im Hinblick auf die Entwicklung einer weiblichen Geschlechtsidentität. Die Spannung aber, mit der ein Mädchen ein Leben lang ringen muss, umfasst die Konfliktthematik, sich aus der primären Gleichheit zu einer individuierten, von der Mutter getrennten, weiblichen Persönlichkeit zu entwickeln. Verkürzt formuliert neigen Männer eher zu Schwierigkeiten in Beziehungen, Frauen hingegen eher zu Konflikten mit ihrer Autonomie und Individuation. Aus der Perspektive der entwicklungstheoretischen Genese von weiblicher Identität ergibt sich als spezifische Besonderheit, dass der Separations- und Individuationsprozess der Frau aufgrund der Gleichgeschlechtlichkeit von Mutter und Tochter geschlechtsspezifisch erschwert ist und sich krisenhaft entlang von auch physiologischen Reifungsprozessen wie Adoleszenz, Schwangerschaft, Mutterschaft, Menopause etc. vollzieht, in denen es stets aufs Neue zur Aktualisierung der wie auch immer gearteten intrapsychischen Mutterbeziehung kommt (Mahler 1968, 1975, Mahler u. Mitarb. 1975).

So betrachtet ist das weibliche Ich, in Anknüpfung an Freuds Diktum (1923), v.a. ein körperliches, das sich entlang spezifischer Körperfunktionen und deren psychischer Bedeutung entfaltet. Diese Perspektive, in der der weibliche Körper und seine spezifische Funktionsweise ins Zentrum des Erkenntnisinteresses rückt, soll nicht mit einer Perpetuierung der biologistischen Modelle verwechselt werden, in denen suizidales Erleben und Verhalten von Frauen primär aus hormonellen Schwankungen abgeleitet werden. Es geht vielmehr um die intrapsychische Bedeutung und Verarbeitungsweise immer schon psychisch relevanter physiologischer Reifungsprozesse und der damit in Verbindung stehenden komplexen Genese von Identität.

Insbesondere infolge der, verglichen mit Jungen, komplizierteren Ablöseproblematik des Mädchens von der Mutter kommt dem Vater und der mit ihm verbundenen Relevanz triangulärer Strukturen für die weibliche Identitätsentwicklung eine entscheidende, bislang vernachlässigte Bedeutung zu. Mehr noch, mit der Einführung des Begriffes der Subjektivität bzw. der weiblichen Subjektivität soll darauf verwiesen werden, dass diese immer schon in triangulären Beziehungen entsteht und nicht ohne die Etablierung eines korrespondierenden integrierten Konzeptes des Anderen eine sichere Verankerung finden kann.

Die Gleichgeschlechtlichkeit von Mutter und Tochter, eine unabänderliche und spezifische Konstante in der weiblichen Entwicklung, begünstigt ferner in besonderer Weise die unbewusste Verwobenheit und Gleichsetzung von Mutter, Selbst und Körper. Insbesondere in der vorsprachlichen Entwicklungsphase ist es ohnehin der Körper, der mit seinen Wahrnehmungsfunktionen zum zentralen Strukturierungsapparat von unbewussten und intersubjektiven Prozessen der Mutter-Kind-Dyade wird. So erklärt sich, warum der Körper, gerade dann, wenn es später nur zu einer unzureichenden Symbolisierungsfähigkeit und dem Persistieren von Spaltungsphänomenen kommt, selbst zum Sitz komplexer, zumeist unbewusst verbleibender primärer Sinneseindrücke und konflikthafter sowie traumatischer Erfahrungsbruchstücke werden kann, die sich entlang der Mutter-Kind-Interaktion vollziehen (Raphael-Leff u. Perelberg 1997).

Auch die bei vielen Patientinnen neben der Suizidalität bestehende Körpersymptomatik wie Essstörungen, vegetative Dysfunktionen und selbstverletzendes Verhalten verweist auf diesen spezifischen Aneignungsprozess weiblicher Identität. Die primäre, enge Bindung der Tochter an die Mutter, das Phänomen des Ineinanderfließens beider Körper, in dem der eigene Körper wie ein Anteil des mütterlichen Körpers erfahren wird, bewirkt, dass das Mädchen und später die Frau in allen weiteren physiologischen Reifungsphasen, in denen es zur Reaktualisierung dieser spezifischen Verwobenheit kommt, unablässig darum kämpft, eine von der Mutter unabhängige Selbst- und Körpervorstellung zu erringen. Das unermüdliche Ringen zentriert sich in dem Wunsch, sich in Besitz eines eigenen, von der Mutter getrennten (sexuellen) Körpers erleben zu können (Berger 1989).

Von einer hinreichend gesicherten weiblichen Identität − eingedenk der Erkenntnis, dass auch Identitätsformationen Abwehrcharakter besitzen können − kann zum einen dann gesprochen werden, wenn es zu einer wechselseitigen Anerkennung von Mutter und Tochter sowie zur positiven Identifikation mit der Mutter und einer partiellen Deidentifikation und Individuation von der Mutter gekommen ist. Zum anderen ist die Anerkennung durch den Vater, die Identifikation mit und die Deidentifikation vom Vater sowie die Integration von Triangulierungskompetenzen von zentraler Relevanz für die Aneignung einer individuierten weiblichen Identität und Subjektivität. Die gesicherte weibliche Identitätsbildung vollzieht sich immer im Kontext der realen, konflikthaften Auseinandersetzung mit den Primärobjekten und deren intrapsychischem Niederschlag, den inneren Objekten und den Selbst- und Objektrepräsentanzen. Sie manifestiert sich später in der Befähigung zur Etablierung eines selbstbestimmten Lebensentwurfes einschließlich Berufswahl, stabiler Objekt- und Liebesbeziehungen sowie der potentiellen Möglichkeit zur Mutterschaft (Gerisch 1999c).

Eindrucksvoll sinnlich und körpernah hat die französische Philosophin Luce Irigaray (1989) dieses Phänomen beschrieben: „Die Beziehung zum Selben zwischen Frauen und im Verhältnis zur Mutter wird nicht durch das *Fort-Da* bewältigt. Die Mutter bleibt immer zu vertraut und nah. Das kleine Mädchen hat die Mutter gewissermaßen in der Haut, in der Feuchte der Schleimhäute, in der innersten Intimität, in dem Geheimnis ihrer Beziehung zur Schwangerschaft, zur Geburt und zu ihrer sexuellen Identität" (ebd., S. 157f.; Hervorhebung im Original).

Diese theoretischen Ausführungen sollen nun anhand einer etwas ausführlicheren Falldarstellung illustriert werden.

Zum Erstgespräch erschien eine sehr jung wirkende, zierliche und unscheinbare Frau, Frau L., 21 Jahre alt mit einer quirligen Lebendigkeit und einer darunterliegenden tiefen Traurigkeit. Sie war nach einem Suizidversuch infolge eines Partnerschaftskonfliktes stationär behandelt worden. Dort hatte man ihr empfohlen, sich im TZS vorzustellen. Beim Aussteigen aus dem Auto hatte sie sich eine schwere Daumenquetschung zugezogen. Zur Begrüßung hielt sie mir den schmerzenden und blutenden Finger hin. Sie versuchte, ihre Verzweiflung und ihren Suizidversuch zu bagatellisieren, „alles halb so schlimm", und schien durch die Therapiesituation deutlich verunsichert und geängstigt. Sie wisse nicht, was sie erzählen solle, begann dann aber überraschend plötzlich, ihre Lebensgeschichte zu berichten. Als Hauptklage formulierte Frau L., dass sie ohne ihren Freund nicht weiterleben könne.

Zur biographischen Vorgeschichte

Frau L. wurde als Tochter einer ausländischen Prostituierten und eines Seemannes geboren. Zum Zeitpunkt ihrer Geburt war der Vater auf See. Im Alter von ca. sechs Monaten ließ die Mutter den Säugling unversorgt in der Wohnung zurück und ging „Hals über Kopf" ins Ausland zurück. Das Kind wäre fast verhungert. Bis zum sechsten Lebensjahr wuchs sie dann bei den Großeltern väterlicherseits auf. Ohne die Lebensgeschichte und das Schicksal der Mutter genau zu kennen, habe sie von der Großmutter immer wieder gehört: „Du bist genau wie deine Mutter." Nachdem der Vater schon drei Jahre wieder verheiratet war, holte er das Kind in seine Familie. Die schöne und von Frau L. allein in dieser Hinsicht verehrte Stiefmutter brachte noch eine ein Jahr ältere Tochter aus erster Ehe mit und hatte eine gemeinsame Tochter (3) mit dem Vater der Patientin. Frau L. habe sich immer ausgeschlossen und vernachlässigt gefühlt, alle Zuwendung und Zärtlichkeiten hätten die Schwestern bekommen. Aufgrund des fortwährenden Gefühls, „irgendwie anders zu sein", erfuhr sie schließlich von der Stiefmutter, dass sie das „Kind einer Hure ist." Für sie sei damals eine Welt zusammengebrochen. Der Vater sei eigentlich nie präsent gewesen und habe sich nicht um sie gekümmert. Nach seiner Umschulung zum Polizisten habe er häufig gegen Ausländer polemisiert; anfänglich habe sie dagegen opponiert, in den Therapiesitzungen äußerte sie aber selbst häufig sehr unreflektierte und eher halbherzige ausländerfeindliche Parolen. Aufgrund der anhaltenden Konflikte in der Familie „haute" sie mit sechzehn Jahren von zu Hause „ab". Sie versuchte sich in verschiedenen Jobs und hielt sich bevorzugt im „Zuhältermilieu" auf. Im gleichen Alter wie die leibliche Mutter wurde sie mit neunzehn Jahren schwanger. Sie trieb das Kind aber ab und unternahm daraufhin einen Suizidversuch mit Schlaftabletten. In ihrer aktuellen Partnerschaft lebe sie nun seit anderthalb Jahren. Sie liebe ihren Freund abgöttisch, auch wenn er sie häufig schlage und mit anderen Frauen betrüge. Sie reagiere dann mit panischer Eifersucht und versuche, ihn mit allen Mitteln zu halten. Als er ihr vorwarf, dass sie „ein Nichts" sei, keine Freunde habe und nicht gut für ihn sei, unternahm sie einen zweiten Suizidversuch mit Schlaftabletten. Ein halbes Jahr später kam es wieder zu einer bedrohlichen Konfliktsituation mit dem Partner. Sie habe die Kränkung, dass er sie mit anderen Frauen betrüge, noch immer nicht verwinden können und werfe es ihm ständig vor. Als er ihr sagte, dass er sie nicht mehr aushalten könne und sich trennen wolle, unternahm sie einen dritten, lebensbedrohlichen Suizidversuch mit Schlaftabletten.

In den folgenden psychodynamischen Hypothesen stehen die konflikthafte Identitätsbildung und die entsprechenden Individuierungskonflikte im Vordergrund. Am Beispiel von Frau L. soll ein spezifischer Identifikations- bzw. Inkorporationsvorgang dargestellt werden, der von mir als *Identifikation mit der imaginierten Mutter* bezeichnet wird. Bei dieser Identifikation, die sich zu einer Krypten- und Phantombildung (Steck u. Bürgin 1996) ausweitete, ist zentral, dass das primäre Objekt, mit dem sich das Mädchen identifiziert, die leibliche Mutter, unbekannt ist. Es zeigt sich nicht nur, wie bedeutsam die reale Mutter für die weibliche Entwicklung ist, sondern auch, dass Ersatzmütter oder die reale Existenz bzw. Präsenz der Väter den traumatischen Verlust immer nur sehr bedingt kompensieren können. Es bleibt stets ein unsichtbares Band zwischen unbekannter Mutter und Tochter, das mit allen verfügbaren Mitteln und einer unerschöpflichen Phantasietätigkeit geknüpft und aufrechterhalten wird.

Dieser eigentümliche identifikatorische Vorgang mit einer Unbekannten, der „Mutter unter der Maske" (Berger 1988), wurde bei Frau L. insbesondere im Zuge ihrer adoleszenten Entwicklung manifest und evident, weil die entwicklungsbedingte körperliche Reifung nicht nur den arretierten Separations- und Individuationskonflikt aktualisierte, sondern in besonderer Weise die Phantasie nährte, nun der Mutter ähnlich bzw. gleich zu sein. Das Spezifische an der Identifikation mit der imaginierten Mutter ist, dass das traumatisierte Mädchen sich nicht mit der Mutter vergleichen und vorübergehend *wie* die Mutter sein kann, sondern unbewusst zu dieser selbst wird. Damit lässt sich diese introjektive Prozessidentifikation auch aus dem Blickwinkel der „Ineinanderrückung der Generationen" (Faimberg 1987) verstehen. Das Bezeichnende an diesen Identifizierungen ist, dass sich in ihnen grundlegende Elemente der inneren Geschichte eines Objektes verdichten, die u. U. nicht der Generation des Patienten angehört und diesem unbekannt sein können. Das Subjekt identifiziert sich nicht nur mit Teilaspekten, sondern mit dem Objekt und allen Eigenschaften seiner geheimen Geschichte. Diese Identifizierungen sind unbewusst, entfremdet und sprachlos und widersetzen sich jeder Repräsentanzenbildung.

Frau L. hatte ihre leibliche Mutter, außer im frühen Säuglingsalter, nie kennengelernt und deren inneres Bild rekrutierte sich aus der verzerrten und subjektiven Darstellung anderer Bezugspersonen. Die Erinnerungsspuren an die Mutter verdichteten sich in vorsprachlichen, unbewussten Körper- und Sinneseindrücken taktiler, visueller, auditiver und sensomotorischer Natur. So schemenhaft diese Erinnerungen auch sein mögen, bedeutsam ist, dass die Entwicklung der Patientin in einer unaufhörlichen Sehnsucht und inneren wie realen Suche nach der leiblichen Mutter fixiert bleibt. Dettmering (1994) vertritt in seiner psychoanalytischen Literaturstudie „Die Adoptionsphantasie - Adoption als Fiktion und Realität" die These, dass adoptierte Kinder ein Leben lang unter einem der Depersonalisation vergleichbaren Fremdheitsgefühl litten, das sie durch die Suche nach einem seelenverwandten Zwilling zu bewältigen suchen. In diesem Sinne fungiert hier das Phantasma der imaginierten Mutter als ein solches Alter-ego-Spiegelbild, das benötigt wird, um sich selbst zu finden. Man könnte auch sagen, dass die ursprüngliche Objektbeziehung durch eine pathologische Beziehung zwischen Teilen des Selbst, hier: dem Selbst der Patientin und dem der imaginierten Mutter ersetzt wird (Britton 1998).

In Anknüpfung an die skizzierten geschlechtsspezifischen Aspekte, demnach sich die Mutter von Anbeginn als etwas Gleiches in den Körper und die Psyche des Mädchens einschreibt und nicht durch etwas anderes repräsentiert oder symbolisiert werden kann, wird hier die These vertreten, dass die Identifikation mit der imaginierten Mutter ein spezifisch weiblicher Bewältigungsversuch des kleinen Mädchens ist, die endgültige Abwesenheit der Mutter zu verarbeiten, indem das verlorene Bild der Mutter im Ich der Tochter gleichsam wieder aufgerichtet wird. Der (verlorene) intersubjektive Raum zwischen Mutter und Tochter, die zentrale Voraussetzung für die Entwicklung der weiblichen Subjektivität, wird hier also gefüllt, indem sich die Tochter an die Stelle der Mutter setzt, gleichsam ihren Platz einnimmt. Auf diese Weise ist aber auch keinerlei Raum für eine Triangulierung, für ein drittes Objekt. Es müsste als unerträglicher Störenfried und Eindringling aus der verzweifelt heraufbeschworenen Mutter-Kind-Einheit unbedingt ausgegrenzt bleiben, denn alles Dritte, auf das sich die Aufmerksamkeit richten könnte, ist unmittelbar mit dem totalen Verlust der Mutter assoziiert.

Die Identifikation mit der imaginierten Mutter kann als Ausdruck der unstillbaren Sehnsucht nach der Mutter, aber auch als Abwehr verstanden werden, die den frühen Verlust und die traumatisierende Ablehnung kompensieren soll. Der letztgenannte Aspekt könnte erklären, warum sich dieses mütterliche Introjekt als immun gegen verändernde Erfahrungen zeigt und wie ein eingekapselter, unbearbeiteter monolithischer Block, als ein Phantom, im Leben des Kindes fortexistiert und wirkt. Es verhindert, dass der Verlust der Mutter betrauert und verarbeitet werden kann. Das Loch, das der erkennende und trauernde Prozess reißen würde, erscheint als derartig existenziell bedrohlich, dass das imaginierte Bild der Mutter bedingungs- und kompromisslos aufrechterhalten werden muss. Denn das traumatische an der hier dargestellten Situation ist ja nicht, dass die Mutter tatsächlich tot oder zwar äußerlich präsent, jedoch innerlich abwesend ist (Green 1993), sondern dass die Mutter real irgendwo existiert und die Tochter aus Gründen ablehnt, die allein den Phantasien des Kindes überlassen sind. Gleichwohl könnte vermutet werden, dass die Mutter für Frau L. im Zustand des sich selbst überlassenen Säuglings, als tot erfahren wurde und sich dieses „Tot-Sein" als erste Identifizierung mit der Mutter ins Unbewusste des Kindes einschrieb (Bonaparte 1929, Danckwardt 2001).

Der Verlust eines Elternteils muss nicht zwingend eine suizidale Entwicklung beim Jugendlichen in Gang setzen. Für die Bewältigung der Erfahrung ist es von zentraler Bedeutung, ob der verbleibende Elternteil, hier der Vater, zu einer Bewältigung der Trauer zur Verfügung steht. Die Darstellung der Patientin weist jedoch darauf hin, dass sich der Vater nicht zu einer notwendigen Trauerarbeit anbot: Er segelte auf Weltmeeren, tröstete sich mit einer neuen Frau und einer weiteren Tochter und holte die erstgeborene Tochter erst mit dem sechsten Lebensjahr in die Familie. Möglicherweise zweifelte er sogar, ob er überhaupt Vater dieses Kind war. Ein nicht zustande kommender oder stagnierender Trauerprozess hat gerade deshalb eine verheerende Wirkung auf die psychische Entwicklung, weil der Überlebende auf diese Weise von dem verlorenen Objekt als Phantom beherrscht bleibt und es zu einer Arretierung des konfliktreichen adoleszenten Ablöseprozesses kommt (Berger 1999).

Ohnehin ist bezeichnend, dass es bei Frau L. die Adoleszenz war, in der es zu einer unbewussten Reaktualisierung ihrer traumatischen Lebensgeschichte und in deren Folge zu zwei Suizidversuchen kam. Der adoleszenzspezifische Loslösungsprozess konnte bei Frau L. nicht gelingen, weil sie in ihrer Innenwelt und zur Aufrechterhaltung eines fragilen Selbstgefüges mit dem traumatischen Mutter-Phantom verschweißt bleiben musste. Dies ist, um es noch einmal zu betonen, der Patientin vollständig unbewusst gewesen.

Die das Leben von Frau L. alles überschattende Erfahrung basiert auf dem frühen Trauma, durch den Fortgang der Mutter fast den sicheren Tod durch Verhungern erlebt zu haben. Die Verleugnung dieser traumatischen Realität gelingt nur dadurch, dass eine andere Wirklichkeit geschaffen wird, in der, wie von einem unsichtbaren Zwang getrieben, das phantasmatische Schicksal der unbekannten Mutter nachgelebt wird, um das eigene Überleben zu sichern. Frau L. habe die spärlichen Informationen über die Mutter geradezu aufgesogen und jahrelang erfolglose Anstrengungen unternommen, diese im Ausland zu finden. Ganz in Entsprechung zu Faimberg (1987) lag bei der Patientin „einerseits ein Mangel an Kenntnis über die Objektbeziehung und andererseits ein überzähliges Objekt vor, das sich nie entfernt" (S. 121). Der für sie zunächst halb schmeichelnde, halb unverständliche Ausspruch der Großmutter „Du bist wie deine Mutter" wirkte nachträglich wie ein Orakelspruch, dem sie unbewusst folgte, letztlich nicht nur auf den Spuren der Mutter, sondern auf der Suche nach sich selbst. In Ermangelung der realistischen Auseinandersetzung mit dieser Unbekannten, wurde sie zum Phantasma der imaginierten Mutter geformt und dann gleichsam inkorporiert.

Das inkorporierte und nicht betrauerte Objekt wurde im Innern in einer geheimen Krypta aufbewahrt und führte von dort aus sein Unwesen; nicht nur ein Schatten fiel auf das Subjekt (Freud 1917), sondern die Tochter war ganz und gar umhüllt und durchdrungen von dem mütterlichen Introjekt. Anders als in der herkömmlichen Definition des Phantoms, mit der das Kind zum Träger eines verdrängten, gespenstischen Geheimnisses eines Elternteils wird, ist der Inhalt des Phantoms bei Frau L. von doppelter Bedeutung. Es birgt das Phantasma der imaginierten Mutter und deren Geheimnis in sich. Diese Doppelidentifikation folgt dem Mechanismus der ineinander gerückten Generationen und ist von folgenden Phänomenen begleitet (Kittler 1999):

> Es gibt keine individuierte psychische Entwicklung.
> Die Gegenwart des Phantoms ist eine Heimsuchung.
> Das Denken wird blockiert.
> Die Affekte, die sich um das Phantom ranken, bleiben abgespalten und vom Unheimlichen überschattet.
> Das Zeiterleben ist kreisförmig, sich wiederholend.
> Das Subjekt wird kontinuierlich von Tödlichem überflutet.

Die unvorstellbare Wut, der Hass und die Gefühle von Verzweiflung, Ohnmacht und Ausgeliefertsein blieben auch bei Frau L. vollständig unrepräsentiert und wurden vom Bild der leiblichen Mutter abgezogen und auf die böse Stiefmutter projiziert, von der sie sich ausgestoßen, schlecht behandelt und ungeliebt fühlte. Andererseits habe Frau L. die Stiefmutter sehr verehrt; aber ihre Verehrung beschränkte sich in den Schilderungen allein auf das Äußere, während sie gefühlsmäßig die Böse blieb. Die Stiefmutter sei schön, groß und blond gewesen und damit äußerlich so anders als sie selbst, die der eigenen Mutter wie aus dem Gesicht geschnitten sei. In dem Maße, in dem sie die Ähnlichkeit zwischen sich und der leiblichen Mutter betont, verschmilzt ihr Bild mit dem Bild der Mutter, ohne die reale Spiegelung durch sie anhaltend erfahren zu haben.

Bei Frau L. sind Weiblichkeit und frühe Todesängste unmittelbar mit dem mütterlich-imaginierten Introjekt verwoben. Ihr Leben begann bereits mit einem gegen sie gerichteten Todeswunsch der Mutter. Die panikartigen Ängste und Suizidversuche als Reaktionen auf die Ankündigung des Freundes, sich zu trennen, sind nur im Kontext der Aktualisierung eines schwer deprivierten, todesähnlichen Zustandes, ausgelöst durch das frühe Verlassensein von der Mutter zu verstehen. Hier zeigt sich deutlich, dass der Suizid nicht die äußerste Auflösung ist, sondern dazu dienen kann, die Desintegrationsgefahr des Selbst aufzuheben.

Frau L. war hin- und hergerissen zwischen dem Gefühl der Stigmatisierung und der Identifikation mit der Mutter, für die sie sich zugleich passager hasste. Sie sprach von einer „Erbsünde", als Hinweis für die intrusive Inbesitznahme ihrer selbst durch das Huren-Phantom, das sich in ihr gleichsam schon genetisch verankert hatte, „ich habe das Hurenleben mit der Muttermilch aufgesogen". In der geradezu manischen Verleugnung der tödlichen Bedrohung durch die Mutter – um sie als etwas Gutes in sich bewahren zu können – stilisierte sie diese zur unabhängigen, heiligen Hure, wurde aus ihr eine Rebellin gegen die Bourgeoisie. Laut ihrer Darstellung habe die Mutter schon vor der Heirat mit dem Vater im Ausland als Prostituierte gearbeitet, und sie vermutete, dass ihre Mutter immer dann, wenn der Mann auf See war, in der Wohnung Freier empfangen habe. Dies diente ihr als Beweis dafür, dass die Mutter das spießbürgerliche Leben, in das ihr Mann sie retten wollte, nicht habe aushalten können und notgedrungen flüchten musste. Dass die Patientin das Opfer dieses vermeintlichen Aufbegehrens war, musste unbedingt verleugnet werden. Auch hier erfand Frau L. eine andere Wirklichkeit für die Mutter, in der diese, so wie sie selbst, einerseits als Opfer, andererseits aber auch als Aufbegehrende gegen eine böse Welt erschien.

Diese Konstruktion der Rebellen-Mutter diente nicht nur zum Schutz der entwerteten Huren-Mutter, sondern auch ihr selbst, denn der erkennende und realistische Blick auf das mütterliche Objekt hätte unweigerlich zur Vergegenwärtigung des Abgespaltenen, Unerträglichen, des Undenk- und Unsagbaren gezwungen. Der nach außen und innen gewandte Blick im Sinne einer selbstreflexiven Bewegung hätte das zutiefst Destruktive offenbart, hätte eine Kindsmörderin bloßgestellt, eine Hurenschlampe, ein Nichts. Er hätte folglich destruktive, entwertende Phantasien und Bilder hervorgebracht, die projiziert Eingang in ihre unreflektierten Ausländerdiskriminierungen fanden. Das Ausland wohlgemerkt in einer doppelten Bedeutung, als geheimnisvoller, sagenumwobener Ort, der die fremde, ausländische Mutter repräsentiert und als Ort gleich einem Container, in dem sich alles zugleich sammeln und fernhalten lässt, was schlecht ist. Die negativen Äußerungen in Bezug auf Ausländer korrespondierten mit ihrem, in Identifikation mit der entwerteten Ausländer-Mutter erworbenen, eigenen abgewehrten, schwächlichen, lebensunwerten, zutiefst entwerteten Selbstanteil, der nur durch reaktionsbildende Grandiosität im Sinne einer narzisstischen, gleichwohl fragilen Überlebensstrategie in Schach gehalten werden konnte. Dies war der Anteil der Negativ-Identität der Mutter und der Tochter. Diese Negativ-Identität vereinte in sich, was die Mutter und sie selbst nicht sein wollten, während die Anerkennung derselben ein unerträgliches Erleben von Getrenntheit vom mütterlichen Objekt bedeutete. Denn in der Idealisierung von Mutter und Selbst schweißte die Patientin ein unauflösbares, ihr die Mutter sicherndes Band gegen die bedrohliche Außenwelt.

Die Patientin selbst schilderte ihr vorübergehendes Leben im Milieu als eine Mischung von verruchten, sexuellen Abenteuern einerseits und grandioser, narzisstischer Anerkennung und Autarkie andererseits. Sie habe alles daran gesetzt, um auszusehen wie eine Hure, sie habe die Haare lang getragen und sich so gekleidet, wie sie glaubte, dass Huren es täten. Sie hätte jeden Mann ins Bett kriegen können, wenn sie es darauf angelegt hätte. Sie habe sich nichts sehnlicher gewünscht, als im Puff arbeiten zu können. Zugleich hätte aber ihre Aura des Geheimnisvollen und Unnahbaren stets verhindert, dass sie von einem Zuhälter zur Arbeit am Kunden gezwungen worden wäre. Eine phantasmatische Umschreibung, die in die gefährliche Nähe einer allzu kränkenden Realität rückte, in der sie vermutlich nicht einmal als Hure getaugt hat. Ein allzu bedrohlicher Einbruch von Realität, der sogleich mit der Phantasie abgewehrt wurde, sie selbst wäre gern die Zuhälterin gewesen, die die „Nutten auf den Strich schickt". Es scheint, als käme hier erstmalig eine unverstellte Rachephantasie gegenüber der Mutter zum Ausdruck, in der sie ihre ohnmächtige Position in eine aktive Rolle verkehrt und zur Herrscherin über Gedeih und Verderb der Mutter wird. Insgesamt muteten die Schilderungen der Patientin wenig authentisch an. Es war, als habe sie mit aller Anstrengung eine phantasmatische Realität konstruieren müssen, um das reale Leben der Mutter, ihre Schuld und die eigene Trauer umzuschreiben. Die Darstellungen kontrastierten in auffallender Weise mit ihrer äußeren Erscheinung, die so gar nicht einer begehrenswerten Hure entsprach, sondern eher etwas von einem kleinen, verwahrlosten und traurigen Mädchen hatte. Darüber hinaus entsprachen die imaginierten Bilder, in denen sie als femme fatale männerbeherrschend durch die Welt zog, kaum der z.T. erschütternden, destruktiven und trostlosen Realität einer Prostituierten.

Ein letzter Versuch, die verlorene Mutter zu verlebendigen, manifestierte sich darin, dass die Patientin im gleichen Alter wie die Mutter schwanger wird. Ein Versuch, sich selbst im Kind und zugleich die Mutter, die mit diesem totlebendigen Kind verschweißt ist, gleichsam wiederzugebären. Die Abtreibung und der sich daran anschließende Suizidversuch bringen intrapsychisch ein und dieselbe Dynamik zum Ausdruck, einen fusionären Verschmelzungswunsch von Selbst, Mutter und Kind sowie eine destruktive Zerstörung dieser vedichteten Drei-Einheit in Sinne einer Tötung der Mutter, des Selbst und des Ungeborenen.

Zusammengefasst wurde hier ein spezifischer Identifikationsvorgang beschrieben, der aufgrund des frühen Verlustes der leiblichen Mutter zu einem Ineinanderrücken der Generationen und zur Doppelidentifikation mit einer imaginierten Phantom-Mutter und ihrer geheimen Geschichte führte, mit dem Ziel, die Beziehung zum verlorenen Objekt aufrecht und das mit diesem mütterlichen Introjekt identifizierte Selbst am Leben zu erhalten. Dadurch wird der reifungsgemäße Separations- und Individuationsprozess von Anbeginn blockiert und nahezu verunmöglicht, weil das Phantom aufzugeben mit Selbstauslöschung assoziiert ist.

Psychodynamisch betrachtet lassen sich aus dem Kontext der beschriebenen Konstellationen folgende Formen der Suizidalität erkennen:

➤ Der Ausdruck des gegen das Selbst gewendeten, von der Mutter gegen die Tochter gerichteten Todeswunsches
➤ Der Ausdruck des Wunsches, gesehen und erkannt zu werden
➤ Der Verschmelzungswunsch mit dem imaginierten-idealisierten mütterlichen Introjekt einerseits und die archaische Destruktivität gegen das mütterliche Introjekt und damit gegen sich selbst und den eigenen Körper andererseits
➤ Der Wunsch, das Mutter-Phantom zu töten, um endlich individuiert und ein separiertes Selbst sein zu können
➤ Der Versuch, der Desintegration des Selbst entgegenzuwirken
➤ Die manipulative Strategie, um die Nähe des Partners zu erringen und damit ein todesähnlich depriviertes Erleben zu vermeiden.

Die synthetisierende Funktion des Suizids/des Suizidversuchs

Die zentrale Erkenntnis meiner Untersuchungen ist, dass die Suizidalität/der Suizidversuch von Frauen zwar von ganz unterschiedlichen unbewussten Phantasien determiniert sein, und dass es divergierende äußere Auslöser und Motivnennungen der suizidalen Dekompensation bzw. für den Suizidversuch geben kann, dass diese aber immer in entwicklungsrelevanten weiblichen Reifungsphasen manifest werden, in denen es zur Aktualisierung ein und derselben Konfliktthematik kam, die sich um den ungelösten Separations- und Individuationsprozess zentrierte. Der unbewältigte Loslösungs- und Individuationsprozess manifestiert sich klinisch in einem Verhaftetbleiben in einer konflikthaften Mutter-Tochter-Beziehung zwischen progressiven Loslösungs- und regressiven Annäherungsbewegungen, bzw. zwischen Fusions- und Abgrenzungswünschen einerseits und dem Fehlen einer hinreichend psychisch wirksamen Vaterrepräsentanz andererseits.

Die Suizidhandlung wird als Ausdruck eines weiblichen Individuationskampfes und Subjektwerdungskonfliktes verstanden und der Suizidversuch stellt die (vorläufige) Lösung dieser Individuationsanstrengung dar. Zusammengefasst basiert der Kernkomplex der Suizidalität demzufolge auf einer sich stets wiederholenden Verdichtung von Fusions- und Abgrenzungswünschen. In dem Maße, in dem die weibliche Entwicklung durch die körperliche Gleichheit von Mutter und Tochter organisiert wird, erhöht sich die Wahrscheinlichkeit, dass der eigene, mit der Mutter identische und mit ihr verbundene Körper zum Schauplatz des wie auch immer determinierten intrapsychischen Konfliktes wird. Unterschiede können gleichwohl hinsichtlich der Frage bestehen, welcher Anteil in welchem Ausmaß auf den Körper projiziert wird. Das heißt, auf den Körper können sowohl ein destruktiv-mütterliches und/oder ein idealisiertes mütterliches Objekt als auch mit der Mutter untrennbar verbundene destruktive, idealisierte oder bedürftige Selbstanteile projiziert werden. Da mit der Suizidhandlung immer auch polarisierende oder gegensätzliche unbewusste Phantasien einhergehen, können die Attacken gegen den Körper mit der Vorstellung verbunden sein, ein auf ihn projiziertes destruktives Objekt zu vernichten, um dann mit einem ebenfalls im Körper lokalisierten idealisierten Objekt zu verschmelzen.

Ferner zeigt sich anhand der Exploration von unbewussten Suizidphantasien, dass Suizidalität wie kaum ein anderes Symptom dazu angetan ist, antagonistische Bestrebungen und Wünsche auf sich zu vereinigen. So finden sich eine ganze Fülle von polarisierenden Phantasien wie z.B. Leben- und Sterbenwollen, Fusion und Abgrenzung, Gehen und Bleiben, Bejahung und Verneinung, Hass und Liebe, Tötung des anderen und Selbsttötung, Loyalität und Verrat usw. Dieses Phänomen verweist nicht nur auf die spezifische

Konflikthaftigkeit von Suizidalität, sondern legt den Schluss nahe, dass der Suizidalität auf paradoxale und zugleich fatale Weise eine synthetisierende und integrierende Funktion zufällt, die am Kernkomplex von Fusions- und Abgrenzungsphantasien besonders plastisch zum Ausdruck kommt. Die phantasmatisch ausgestattete Todesvorstellung basiert auf der Phantasie, mit dem Objekt im Tod verschmolzen und durch den Tod von ihm getrennt zu sein, also verbunden und doch getrennt zu sein. Man könnte überspitzt formulieren, dass dem Suizid/dem Tod und den mit ihm korrespondierenden Phantasien eine Triangulierungsfunktion zukommt, d.h. der Tod wird vorgestellt als drittes Objekt, das aus einer verschweißten Dyade herauszuhelfen imstande wäre. Auch die realitätsverleugnenden Suizidphantasien von adoleszenten Patientinnen, die sich auch im Erwachsenenalter finden lassen, die mit der Vorstellung einhergehen, im suizidalen Akt den Körper, nicht aber den Geist auszulöschen, verweisen auf die der Suizidalität anhaftende synthetisierende Funktion. Das heißt, in dem Maße, in dem der sexuell reifende Körper als Bedrohung des psychischen Gleichgewichts erlebt wird, dient die phantasmatische Vorstellung, den beunruhigenden Körper auszulöschen als Lösungsversuch, um der gefürchteten Desintegration entgegenzuwirken. Am dramatischsten wirken sich diese Spaltungsphänomene dort aus, wo die Phantasie beherrschend ist, einen Teil in sich zu töten, um ein Weiterleben zu ermöglichen.

Diese Ausführungen könnten dazu verleiten anzunehmen, dass Suizidalität weniger auf den Tod als auf das Leben hin ausgerichtet ist. In der Tat besteht eine große Diskrepanz zwischen den überlebensausgerichteten Suizidphantasien und den nicht selten tödlich endenden Suizidhandlungen und vice versa. Eine zentrale Erklärung hierfür liefert die realitätsverleugnende Phantasie, die es für möglich hält, nur einen Teil, nicht aber das Selbst in Gänze zu töten. Auf diese Weise enden viele Suizidhandlungen tödlich, auch wenn die zugrundeliegende Suizidphantasie dies nicht zwingend intendierte.

Die bereits seit Jahrhunderten soziokulturell vermittelte Desintegration von psychischem Selbst und Körperselbst bei Frauen scheint Suizidphantasien und suizidalen Handlungen bei Frauen, nicht nur in der Adoleszenz besonderen Vorschub zu leisten.

„Der Tod", so schreibt die russische Lyrikerin Marina Zwetajewa (1989), die sich 49-jährig suizidierte „ist nur für den Körper schrecklich. Die Seele denkt ihn nicht."

Die Suizidversuchsrate ist bei Frauen doppelt so hoch wie bei den Männern.
Geschlechterdifferente Forschung: Forschung wird überwiegend am Kollektiv der Frauen durchgeführt, aber es existieren kaum Forschungsarbeiten zur Suizidalität von Frauen. Es gibt psychoanalytische Erklärungsmodelle, jedoch keine systematische Erforschung im Kontext der Genese der Geschlechtsidentität. Demgegenüber ergab die psychotherapeutische Erfahrung mit suizidalen Frauen, dass weibliche Identitätskonflikte maßgeblich am suizidalen Erleben und Verhalten beteiligt waren. Suizidalität von Frauen muss daher im Kontext der konflikttträchtigen weiblichen Identitätsentwicklung untersucht werden.
Theoriediskurs zur weiblichen Identitätsentwicklung: Die Gleichgeschlechtlichkeit von Mutter und Tochter führt zu besonderen Problemen in der Identitätsentwicklung von Mädchen. Der zentrale, zu lösende Konflikt besteht in der Entwicklung einer von der Mutter getrennten Selbst- und Körpervorstellung. Dieser zentrale Konflikt aktualisiert sich regelhaft im Rahmen physiologischer Reifungsprozesse.
Psychoanalytische Definition von Suizidalität: Suizidalität ist ein entwicklungsgeschichtlich unterschiedlich geprägtes und vorwiegend unbewusst ausgestaltetes Symptom im Sinne des Lösungsversuches eines inneren Konfliktes.

Schlussfolgerungen: Der Fokus auf die Bedeutung der weiblichen Identitätsentwicklung für die Genese von Suizidalität bei Frauen eröffnet generalisierbare Dimensionen zum Verständnis weiblicher Suizidalität und impliziert wichtige therapeutische Konsequenzen, indem der Blick für die gelungene bzw. misslungene Aneignung weiblicher Identität und deren möglichen Störungsquellen, die dann im suizidalen Handeln manifest werden können, geschärft wird.

9 Präventive Strategien zur Bekämpfung der Suizidalität

Elmar Etzersdorfer

Suizidalität kann als Epiphänomen bezeichnet werden, als Symptom, hinter dem sehr unterschiedliche Ursachen stehen. So heterogen wie die Ursachen von Suizidalität und suizidalem Verhalten sind daher auch die Präventionsstrategien in diesem Bereich. „With such a diversity of approaches, nothing is surer than the fact that there will never be one correct approach to the understanding of suicide and its prevention." (Goldney 2000). Das vorliegende Kapitel versucht einen Überblick über gegenwärtig vorherrschende Präventionsstrategien zu geben, kann aber, um den Rahmen nicht zu sprengen, nur exemplarische Hinweise auf einzelne Arbeitsgebiete geben. Nach einigen allgemeinen Überlegungen zur Weite, zu Einteilungen, zur Begründung und zu Grenzen von Suizidprävention werden einzelne Felder der Suizidprävention näher dargestellt.
• Möglichkeiten der Suizidprävention in der Schule
• Möglichkeiten der Suizidprävention im Gefängnis
• Indirekte Präventionsstrategien
• Prävention durch adäquate medizinische, insbesondere psychiatrische Versorgung
• Nationale Programme
Exkurse über Suizidprävention in der frühen psychoanalytischen Debatte und über die sog. Gotland-Studie (der Präventionsmöglichkeit durch Praktische Ärzte) sind eingefügt. Dabei wird keine vollständige Übersicht angestrebt, vielmehr liegt der Schwerpunkt auf Entwicklungen, Kontroversen und Schwierigkeiten der einzelnen Aktivitäten. Abschließend wird die Frage der Evaluation von Präventionsstrategien behandelt, wobei sich die Frage stellt, ob Mängel in der Effizienz der Suizidprävention bestehen oder in der Effizienz von deren Evaluation.

Prävention

Prävention, vom lateinischen praevenire abgeleitet, bedeutet soviel wie Zuvorkommen oder Vorbeugen. Es wird synonym verwendet mit dem Begriff Prophylaxe, der heute allerdings weniger gebräuchlich geworden ist. Während der Gedanke der Prävention in der Medizin, selbst in der Psychiatrie nur langsam an Bedeutung gewann, und erst im 20. Jahrhundert einen hohen Stellenwert errang, ist die Suizidologie von Anfang an mit dem Ziel der Verhütung von Suizidhandlungen verknüpft gewesen, wenngleich dieser Anspruch immer wieder kontrovers diskutiert wird.

Prävention als sozialmedizinisches Konzept wird in Primär-, Sekundär- und Tertiärprävention unterteilt (Caplan 1964). *Primärprävention* zielt auf das Verhindern des Ausbruchs einer Krankheit, *Sekundärprävention* auf die Früherkennung einer Erkrankung (die bereits vorliegt) und *Tertiärprävention* auf die Verhütung ungünstiger Folgen oder Verläufe ab. Diese Konzepte werden auch in der Suizidprävention verwendet. Primärprävention meint hier die Vorsorge, Sekundärprävention die Früherkennung von Suizidalität, Tertiärprävention die Nachsorge nach Suizidhandlungen. Weite Überschneidungen zwischen diesen Bereichen sind augenscheinlich. So kann die Arbeit mit Hinterbliebenen nicht nur diesen helfen, die Erfahrung des Suizids eines nahestehenden Menschen zu bewältigen, sondern auch ermöglichen, suizidale Krisen der Angehörigen zu verhüten oder frühzeitig zu erfassen, kann also Primär-, Sekundär- und Tertiärprävention zugleich sein.

Einteilungen suizidpräventiver Aktivitäten

Im Bereich der Suizidprävention gibt es eine Vielzahl von Strategien und Ansatzpunkten. Neben der erwähnten Unterteilung in Primär-, Sekundär- und Tertiärprävention sind daher auch andere denkbar. So schlägt Bronisch (1999) eine Unterscheidung in strukturelle und kommunikative Maßnahmen vor. Strukturelle Maßnahmen zielen auf das Eindämmen suizidfördernder Tendenzen (z.B. durch das Verschärfen von Waffengesetzen) ab, kommunikative Maßnahmen sollen die Kräfte des Einzelnen, die suizidpräventiv wirken, stärken (z.B. durch Aufklärung der Bevölkerung oder das Vermitteln von Wissen an Berufsgruppen, die häufig in Kontakt mit suizidalen Menschen kommen).

Eine andere Unterscheidung wäre die nach dem Ansatzpunkt. Danach könnte eine individuelle (klinische) Suizidprävention von einer Suizidprävention durch Arbeit mit gate-keepern (z.B. Schulung von Praktischen Ärzten oder Lehrern) oder auch einer indirekten (z.B. durch Beeinflussung von Medienberichten) unterschieden werden.

Eine weitere Unterteilung kann nach dem Ort der Intervention vorgenommen werden. Danach können Strategien in der allgemeinmedizinischen Praxis von der Suizidprävention in der Schule, in der Psychotherapie, in der psychiatrischen Praxis unterschieden werden, diese wieder von der Suizidprävention im psychiatrischen Krankenhaus, im Gefängnis, beim Militär usw.

Ist Suizidprävention wünschenswert? Ist sie möglich?

Prävention ist in der Medizin ein allgemein anerkanntes und als erstrebenswert angesehenes Konzept. Im Bereich der Suizidprävention gibt es jedoch Gegenstimmen, von denen hier nur zwei erwähnt werden sollen. Einerseits wird immer wieder die Frage erörtert, ob Suizidhandlungen tatsächlich verhütet werden sollen. Hier kann auf den Spannungsbogen zwischen den Konnotationen *Freitod* und *Selbstmord* nur hingewiesen werden. Im Zusammenhang mit der heftig geführten Debatte um Sterbehilfe wurde von einigen Seiten die rationale Seite von Suizidhandlungen verstärkt betont und in diesem Zusammenhang auch die Rechtmäßigkeit von Präventionsstrategien hinterfragt. So gab es auch in der International Association for Suicide Prevention (IASP), dem internationalen Zusammenschluss von Forschern wie Praktikern, vor ein paar Jahren Diskussionen darüber, ob „prevention" weiter im Namen enthalten sein soll, oder nicht durch „preventability" ersetzt werden müsste. Wie es Wedler (1994) ausdrückte, wurde der Anspruch auf Suizidprävention lange Zeit von Jedermann als obligat angesehen, danach als beinahe arrogant um schließlich in eine Haltung zu münden, die Unterstützung anbietet, die auch abgelehnt werden kann. Manchmal wird außer von „Prävention" oder „Verhütung" auch von „Verhinderung" gesprochen. Die Unterschiede sind bedeutsam und drücken auch unterschiedliche Haltungen der Fachleute aus. Es geht um die Frage, welche Mittel angemessen und welche Grenzen einzuhalten oder zu respektieren sind. Übereinstimmung besteht jedenfalls darin, dass in der Suizidprävention keine einfachen oder universell anwendbaren Antworten verfügbar sind (Goldney 1998).

In der Suizidprophylaxe als klinischer Arbeit ist es weitgehender Konsens, dass das Vorbeugen von Suiziden die zentrale Aufgabe ist. Das ist auch nicht weiter verwunderlich, beschäftigt sich diese Disziplin doch mit Handlungen oder Risiken, die auf die Beendigung des Lebens abzielen. Die Begründung liegt in der klinischen Erfahrung, dass Suizidalität eine psychische Notsituation für den Betreffenden darstellt, und dass es sich bei dieser um ein prinzipiell reversibles Phänomen handelt. Institutionen, Vereine, auch Zeitschriften – so auch der Titel der wichtigsten deutschsprachigen Zeitschrift „Suizidprophylaxe" – tragen häufig den Anhang -prävention oder -prophylaxe in ihrem Namen. Allerdings vermischt sich hier, anders als in anderen Disziplinen, immer auch die eigene Haltung zum Suizid mit der Haltung zur Prävention im Allgemeinen. Auch die emotionale Reaktion auf die suizidale Gefährdung eines anderen Menschen wird ihren Niederschlag finden. Hier sei die Vermutung geäußert, dass die emotionale Belastung und das auch für die Helfer oft schwer Ertragbare vieler Suizidtendenzen dazu beiträgt, dass mitunter eine Idealisierung der Prävention zu finden ist, was die Gefahr birgt, dass die Mittel hinter dem Ziel an Beachtung verlieren. Letztlich ist Suizidprävention immer ein Abwägen von Mitteln und Zielen. So könnte z.B. das Ziel der Suizidprävention im psychiatrischen Krankenhaus nur mit Hilfe extrem repressiver Schritte maximiert werden, durch Entziehen jeder Autonomie und Individualität, was zu Recht von allen beteiligten Seiten nicht akzeptiert würde.

Der zweite kritische Diskussionsstrang hat damit zu tun, dass häufig bemängelt wird, es gäbe wenige Arbeiten, die Erfolge von Präventionsstrategien belegen können. Diese Debatte mündet in die Frage, ob denn Prävention von Suizidhandlungen überhaupt möglich ist. Dass es sich nach wie vor um keine rhetorische Frage handelt, lässt sich u. a. daran ablesen, dass der gegenwärtige Präsident der IASP, Bob Goldney, in seine presidential address einen Abschnitt mit dem Titel „We can prevent suicide" aufnahm (Goldney 2000). Auf Fragen der Evaluation und der Effektivität wird weiter unten näher eingegangen.

Allgemeine Prinzipien der Suizidprävention

Es lassen sich einige Grundzüge für präventive Maßnahmen formulieren, die unterschiedlich allgemein gehalten sind, je nachdem, ob die unmittelbare Suizidgefahr im Blickpunkt steht oder Suizidprävention eher global betrachtet wird. Wenn man anerkennt, dass ein suizidaler Mensch sich in einem ambivalenten Zustand befindet, muss jede (unmittelbare) präventive Aktivität folgende Schritte beinhalten (Wedler 1994):
➢ Alles zu unternehmen, um den Tod oder bleibende Schädigung (psychisch oder physisch) zu verhüten, notfalls mittels Zwangsmaßnahmen
➢ Unmittelbare Behandlung für Suizidgefährdete oder Menschen nach Suizidversuchen
➢ Die Aktivierung aller möglichen Ressourcen für kurz- und langfristige Unterstützung suizidaler Menschen.

Diese Haltung drückt sich auch in den Richtlinien aus, die mittlerweile von der IASP für die Suizidprävention formuliert wurden (IASP Executive Commitee 1999).

Die Weltgesundheitsorganisation (WHO) hat sechs Stufen für die Suizidprävention formuliert, die auch von der IASP übernommen werden und die allgemeine Ansatzpunkte festschreiben (Goldney 1998):
1. Behandlung psychischer Krankheiten
2. Kontrolle des Waffenbesitzes
3. Detoxifizierung von Haushaltsgasen
4. Detoxifizierung von Kraftfahrzeugabgasen
5. Kontrolle verfügbarer toxischer Substanzen
6. Beeinflussung von Medienberichten.

Die Relevanz der sechs Bereiche ist in einzelnen Ländern und Regionen sehr unterschiedlich. Sie hängt z.b. von den jeweiligen nationalen Waffengesetzen, der Verfügbarkeit von Kraftfahrzeugen und dem Stand der psychiatrischen Versorgung ab (IASP Executive Commitee 1999).

Viele Präventionsstrategien konzentrieren sich auf das Identifizieren von Risikogruppen. Bereits in der Frühzeit der Suizidprävention konzentrierten sich viele Anstrengungen auf die Früherkennung und adäquate Behandlung. Zu den bekannten Risikogruppen zählen, um nur einige zu nennen, schizophrene und depressive Menschen, Alkohol- und Drogenabhängige, Personen nach einem Suizidversuch (insbesondere in den ersten sechs Monaten), Menschen, die Suiziddrohungen oder -ankündigungen äußern, Hinterbliebene von Suizidenten, alte Menschen, Migranten, Insassen von Gefängnissen, Personen mit schwerer physischer Krankheit.

Aufgaben der Suizidprävention

In der Geschichte der Suizidprävention ist eine Ausweitung zu beobachten. Von der traditionellen Konzentration auf die Sekundärprävention, dem Erkennen von Suizidalität und dem geeigneten Umgang damit, erweiterte sich der Blickwinkel einerseits zur Primärprävention, also hin zu Überlegungen, wie das Auftreten von Suizidalität verhütet werden kann (mit entsprechend generalisierenden Tendenzen), wie auch hin zur Postvention (z.B. dem Umgang mit Hinterbliebenen von Suizidenten). Ebenso ist eine Verlagerung von singulären Maßnahmen (mit globalem oder spezifischem Ansatz) auf ein Zusammenspiel weit gefächerter Strategien zu beobachten, wie sie z.B. im Rahmen vieler nationaler Präventionsprogramme umgesetzt werden.

Exkurs: Suizidprävention in der frühen Psychoanalyse

Um den historischen Stellenwert des Präventionsgedankens näher zu erläutern, soll an dieser Stelle ein kurzer Exkurs eingeschoben werden, der die frühe psychoanalytische Literatur exemplarisch heranzieht. Freuds Beiträge zur Suizidalität werden häufig mit der Arbeit „Trauer und Melancholie" verknüpft, die 1915 geschrieben und 1917 veröffentlicht wurde. Tatsächlich gibt es aber sowohl von Freud selbst, wie von anderen Autoren auch davor mehrere und auch theoretisch unterschiedliche Stellungnahmen (Etzersdorfer 1998). Bekannt ist noch die „Selbstmord-Diskussion" aus dem Jahre 1910, die auch zur Herausgabe einer „Flugschrift" durch die Wiener Psychoanalytische Vereinigung führte (Wiener Psychoanalytischer Verein 1910). Freud selbst erwähnte an verschiedenen Stellen Suizidhandlungen bereits in frühen Schriften, auch schon vor 1900, meist eher randständig, ausführlicher allerdings in der „Psychopathologie des Alltagslebens" aus dem Jahre 1901, in der er sie mit dem topographischen Modell (bewusst - vorbewusst - unbewusst) verknüpfte. Auch in den Fallgeschichten der „Dora" von 1905 und des „Rattenmannes" von 1909 werden Suizidgedanken, und -drohungen erörtert. Tatsächlich steht hier der Gedanke der Prävention nicht im Vordergrund, vielmehr ist Suizidalität ein Phänomen unter vielen, die es zu erklären gilt. Auch in der „Flugschrift" selbst ist zwar der Vorwurf der Medien, die Schule verursache Suizide, der aktuelle Anlass für die Beschäftigung mit dem Thema gewesen, und implizit damit auch die Frage, wie Suizide verhütet werden können, sie steht aber nicht im Mittelpunkt.

Ein in diesem Zusammenhang bemerkenswerter Artikel erschien ein Jahr nach der „Flugschrift", im Jahre 1911 im „Zentralblatt für Psychoanalyse". Es handelt sich um eine der ersten psychoanalytischen Veröffentlichungen, die sich explizit mit Fragen der Prävention von Suiziden auseinandersetzt. Der Autor ist Leonid Drosnés, der Titel „Eine psychoanalytische Organisation zur Verhütung von Selbstmorden" (Drosnés 1911).

Drosnés war Psychiater in Odessa, an Psychoanalyse interessiert. Er verwies Sergej Pan-kejew, der als Wolfsmann in einer Fallgeschichte von Freud Berühmtheit erlangte, zu diesem in Behandlung (Etkind 1996). Drosnés erwähnt in der Arbeit kurz die „Flug-schrift", ohne ins Detail zu gehen. Er sieht die Ursache für Suizide darin, dass die betrof-fenen Menschen nur sich selbst liebten, jedoch in der falschen Erkenntnis lebten, dass sie nicht genügend geliebt werden. Die wesentlichen Konflikte sieht er als unbewusst an, daher seien Psychoanalytiker aufgerufen, Suizidalität zu erkennen und zu behandeln. „Es ist offenbar, dass hier nur ein Mensch helfen kann, dem das Wesen des unbewussten Seelenlebens bekannt ist. [...] Ich bestehe darauf, dass es in einer mächtigen Überzahl aller Fälle möglich ist, auf diesem Wege und mit der dazu geeigneten, von Freud geschaf-fenen psychoanalytischen Methode, dem Selbstmord vorzubeugen." (Drosnés 1911, S. 555). Den Abschluss der kurzen Arbeit bildet ein flammendes Plädoyer dafür, dass eine Institution zu gründen sei, die sich der Behandlung von Menschen mit seelischen Kon-flikten annimmt und insbesondere derer, die suizidgefährdet seien. "Das Gefühl der Verlassenheit wird beseitigt, indem man dem Lebensüberdrüssigen zeigt, dass nicht die Menschen ihn, sondern dass er die Menschen verlassen hat, der Lebensmut wird ange-facht, wenn der Lebensflüchtling statt eines ungreifbaren, unverständlichen Feindes einen sichtbaren, wohl abzuschätzenden Gegner im Felde findet. Das ist die Art dem Selbstmord vorzubeugen." (Drosnés 1911, S. 556).

Dies ist die erste psychoanalytische Arbeit, die die Prävention von Suizidhandlungen zum expliziten Thema hat. Davor waren zwar immer wieder Bemerkungen zur Frage der Verhütbarkeit gemacht worden, sie waren aber meist nebenbei getroffen worden. In der „Flugschrift" von 1910 war die Stimmung der Beiträge zwar auch davon geprägt, dass Schülerselbstmorde Ereignisse sind, die verhütet werden sollten, und sie stand als Grundhaltung über den Beiträgen. Explizit jedoch wurde auf die Frage der Prävention relativ wenig Bezug genommen, am deutlichsten noch in den Beiträgen zweier Pädago-gen (Oppenheim und Furtmüller).

Bereiche der Suizidprävention

Wie schon weiter oben ausgeführt, ist das Feld der präventiven Aktivitäten sehr weit und reicht in die unterschiedlichsten Gebiete und Disziplinen. Um nicht durch den Versuch der Umspannung all dieser Bereiche Gefahr zu laufen, zu allgemein zu bleiben, werden im Folgenden einige paradigmatische Interventionsfelder beschrieben. Die Einteilung ist eine pragmatische, sie folgt dem Ort der Intervention.

Vorausgeschickt sei, dass Ziele und Weite der einzelnen suizidpräventiven Aktivitä-ten auch stark vom jeweiligen Konzept von Suizidalität, deren Entstehung, Aufrechter-haltung und geeigneter Behandlung abhängen. Im Rahmen des Finnischen Nationalen Präventionsprogramms wurden Haltungen zur Suizidprävention unter den teilnehmen-den Psychologen erhoben und ein Vorherrschen von multifaktoriellen Modellen der Suizidprävention belegt (Upanne 1999). Cantor und Baume (1999) sehen Suizidalität im Zusammenhang mit Stress und Coping-Verhalten bei zugleich multifaktorieller Genese. Aus psychoanalytischer Sicht liegt, je nach theoretischer Orientierung, mehr Gewicht auf der Seite der Triebstruktur eines Menschen, seinen inneren Objekten, deren Integrität und Zusammenspiel oder auch auf den vorherrschenden Abwehrmechanismen. Aus verhaltenstherapeutischer Sicht sind Lerntheorien von großer Bedeutung für die Erklä-rung von Suizidalität. So unterschiedlich wie die (explizit oder implizit) verwendeten Konzepte sind auch die daraus abgeleiteten Strategien. Dies sei an einem Beispiel erläu-tert: Wenn von Primärprävention die Rede ist, hängt der Anspruch derselben davon ab, ob Suizidalität als eher aktuell begründetes Ereignis gesehen wird, oder als Phänomen, das auf dem Boden der Persönlichkeitsentwicklung entsteht. Ebenso wird die Bedeutung von inneren und äußeren Faktoren für das Entstehen der Suizidalität äußerst verschieden gewichtet. Auf Primärprävention zielende Programme haben daher sehr unterschiedliche Ansatzpunkte und Methoden, von Aufklärungskampagnen (Betonung der aktuellen Entstehungsbedingungen bzw. der Bedeutung bewusster Einstellungen) bis hin zu Reformen der Erziehung (Betonung der lebensgeschichtlichen Dimension bzw. der Persönlichkeitsentwicklung).

Der gesamte vorliegende Band befasst sich mit einzelnen Aspekten der Suizidprävention, daher wird auf einige Themen hier nicht näher eingegangen, obwohl sie zentral für die Suizidprävention sind. Der Titel des Buches lautet „Psychotherapie der Suizidalität", und tatsächlich ist jede psychotherapeutische Arbeit potentiell suizidpräventiv. Auch hier gilt das oben Gesagte, dass die Ziele und Begründungen des Handelns aufgrund verschiedener theoretischer Grundlagen sehr unterschiedlich sind, wie an den einzelnen Kapiteln dieses Buches nachvollzogen werden kann. An dieser Stelle sei darauf verwiesen, dass auch innerhalb einzelner psychotherapeutischer Schulen teilweise sehr unterschiedliche Vorstellungen von Suizidalität und deren Behandlung bestehen. In der Psychoanalyse lässt sich dies z.B. am therapeutischen Umgang mit der Gegenübertragung festmachen. Auch die Krisenintervention, als Interventionsstrategie für den Umgang mit suizidgefährdeten Menschen seit längerem bekannt und ausformuliert (Wolfersdorf in diesem Band), ist immer als Beziehungsangebot zu verstehen und als beziehungsorientierte psychotherapeutische Herangehensweise, auch wenn die Umsetzungen unterschiedlich sind. Wenn die IASP in ihren „Guidelines for suicide prevention" (IASP Executive Commitee 1999) beschreibt, dass die supportive Therapie der Suizidalität darin bestehen sollte, Hoffnung für die Zukunft zu machen, Unabhängigkeit zu stärken und den Umgang mit unvermeidlichen Stressoren des täglichen Lebens zu verbessern, so ist an dieser Aussage Kritik anzubringen. Die gewählten Formulierungen, so sehr sie als Endziel allgemein erwünscht sind, gehen sehr weit in Richtung eines beruhigenden, suggestiven Vorgehens, das den Boden der psychotherapeutischen Arbeit eigentlich verlässt. Die Erfahrung zeigt, dass das Beruhigen oder gar Argumentieren nicht dazu geeignet ist, die emotionalen Situation eines suizidalen Menschen zu verändern. In solchen Konzepten ließe sich auch ein Ausleben der eigenen Gegenübertragung gut begründen, wenn die Reaktion auf die Suizidalität des Hilfesuchenden dazu führt, dass Verzweiflung und Hoffnungslosigkeit möglichst schnell aus der therapeutischen Beziehung entfernt werden müssen, weil sie dem Helfer unerträglich sind. Auch Suizidpakte, z.B. die Vereinbarung, dass bis zum nächsten Termin keine Suizidhandlung unternommen wird, haben oft solche Wurzeln und sind dementsprechend umstritten.

Im Folgenden wird näher auf verschiedene Möglichkeiten der Suizidprävention eingegangen.

Schule

Ein Ort vielfältiger suizidpräventiver Aktivitäten ist seit längerem die Schule. Die Motivation besteht darin, Jugendliche in suizidalen Krisen anzusprechen, Hilfsmöglichkeiten zu vermitteln und Aufklärung über das Phänomen der Suizidalität zu leisten. Der Anlass für Initiativen liegt häufig in wahrgenommenen Suizidhandlungen von Schülern (Zenere u. Lazarus 1997). Diese Aktivitäten sind jedoch nicht unumstritten. Leenaars und Wenckstern (1999) korrigieren einige Mythen, die im Zusammenhang mit Aktivitäten an Schulen bestehen und beschreiben Möglichkeiten für Prävention, Intervention und Postvention. Primärpräventive Programme in Schulen zielen häufig weniger auf gefährdete Schüler als vielmehr auf potentielle Helfer, also Mitschüler und Lehrer ab.

Schulen sind zudem auch ein wichtiges Betätigungsfeld für die Postvention, also den Umgang mit einem vollzogenem Suizid oder einem Suizidversuch eines Schülers, da immer wieder Imitationshandlungen beobachtet werden (Callahan 1996).

Hazell (1996) gibt einen guten Überblick über die Argumente, die für und gegen die Implementierung von Suizidpräventionsprogrammen vorgebracht werden. Als Argumente dafür werden die Verantwortung der Schule, die Verpflichtung, Probleme zu lösen, die in die Erziehung eingreifen, das Lehren von Öffentlicher Gesundheit und das Vermitteln der Verantwortung an Eltern und die Gemeinschaft angeführt. Als Gegenargumente werden die fehlende Effektivität solcher Programme und ihre fragliche Sicherheit diskutiert. Der unzureichende Nachweis der Wirksamkeit von Präventionsprogrammen in Schulen wird auch in einer Metaanalyse von Ploeg und Mitarbeitern (1996) bemängelt. Da diese Programme häufig einen sehr weiten Ansatz verfolgen, ist der Nachweis ihrer Effektivität allerdings schon methodisch schwer zu erbringen.

Gefängnis

Die teilweise enorm hohen Zahlen von Suizidhandlungen in Gefängnissen sind immer wieder Anlass für Initiativen. In Texas z.B. gingen nach der Entwickelung und Implementierung eines „mental disabilities/suicide prevention plan" im Jahre 1990 die Suizidzahlen deutlich zurück (Hayes 1997).

Es werden zudem erfolgreiche Einzelinitiativen in Gefängnissen beschrieben. Im Galveston County Jail reduzierte sich nach Einführen eines einfachen Sechs-Punkte-Programmes, das auf Screening, Angebot von psychologischer Unterstützung, Beobachtung, dem Entfernen gefährlicher Gegenstände, Installieren von Vorsichtsmaßnahmen und geeigneter medizinischer Versorgung beruhte (Felthous 1994), die Anzahl der Suizide von sieben in zehn Jahren auf einen einzigen in den darauffolgenden acht Jahren (Farmer u. Mitarb. 1996). Die Zahl der Suizidversuche blieb allerdings hoch.

Eine andere Initiative in New South Wales zielte auf eine Verbesserung des Screenings suizidgefährdeter Insassen, auf Verbesserung von Dokumentation, Zusammenarbeit mit Fachleuten und der internen Kommunikation ab (Eyland u. Mitarb. 1997). Die Evaluation des Programms dauert noch an.

Hayes (1995) benennt und diskutiert einige der kontroversen Themen der Präventionsmöglichkeiten in Gefängnissen, dazu zählen „no-suicide-contracts", enge Überwachung, Isolierung und der Umgang mit manipulativen Insassen.

Indirekte Präventionsstrategien

Das historisch erste gut untersuchte Beispiel von indirekter Suizidprävention war die Detoxifizierung von Haushaltsgas, die in mehreren Ländern vorerst zu einem Rückgang der Suizide führte. Nach einiger Zeit wurde allerdings eine Verlagerung zu anderen Methoden festgestellt (Clark u. Lester 1989). Es konnte auf diesem Weg also keine dauerhafte Reduktion von Suizidhandlungen erreicht werden. Zu indirekt ansetzenden Präventionsstrategien sind weiter der Einfluss von Medienberichten über Suizidhandlungen und die Verschärfung von Waffengesetzen zu zählen (Clarke u. Lester 1989). Auch die Auswirkung der Beschränkung von Alkohol in der früheren UdSSR ist zu nennen, die zu einem Rückgang der Suizide um 34% geführt haben soll (Wassermann u. Mitarb. 1994). In der von der WHO erstellten Liste bzgl. der sechs Stufen der Suizidprävention, auf die weiter oben hingewiesen wurde, stehen indirekte Strategien neben der Behandlung psychischer Krankheiten im Mittelpunkt. Das zentrale Ziel ist, den Zugang zu Mitteln und Wegen, sich das Leben zu nehmen, zu erschweren, was auch mit dem Schlagwort „Closing the exits" ausgedrückt wird.

Auch hier gilt, dass die Relevanz möglicher indirekter Präventionsstrategien von Land zu Land sehr unterschiedlich sein wird (IASP Executive Commitee 1999).

Der Zusammenhang von Medienberichten und nachfolgenden Suizidhandlungen wurde vereinzelt zwar bereits seit langem diskutiert (bereits bei Emile Durkheim, 1897), vermehrte Aufmerksamkeit erhielt diese Frage aber erst in der zweiten Hälfte des 20. Jahrhunderts. David Phillips (1974) prägte den Begriff des „Werther-Effekts", in Anlehnung an eine vermutete Serie von Folgesuiziden nach der Veröffentlichung von Goethes „Werther". Phillips konnte als erster in einigen methodisch sehr differenzierten Untersuchungen den Zusammenhang zwischen Medienberichten und Suizidzahlen nachweisen. Schmidtke und Häfner (1986) fanden Imitationssuizide nach einer Filmreihe, die im deutschen Fernsehen ausgestrahlt worden war und den Suizid eines jungen Mannes zum Inhalt hatte. Sie fanden, wie schon Phillips, Parallelen zum „Modell" in Hinblick auf Geschlecht, Alter und Methode bei den Suizidenten. Ein Feldexperiment in Wien, das durch Veränderung der (davor sehr umfangreichen und sensationell aufgemachten) Medienberichte einen Rückgang der U-Bahn-Suizide erreichen konnte (Etzersdorfer u. Mitarb. 1992), unterstützte Interventions- und damit Präventionsmöglichkeiten mittels Beeinflussung von Medienberichten.

Die Präventionsstrategien, die auf die Medien zielen, riefen auch kritische Stimmen auf den Plan. Es gibt Studien, die keinen Zusammenhang zwischen Medienberichten und Suizidzahlen nachweisen konnten (Phillips u. Lesyna 1995). Dieser Umstand wird allerdings heute weniger als Gegenargument in Bezug auf den vermuteten Zusammenhang gesehen, als vielmehr als Hinweis auf die methodischen Schwierigkeiten dieser Untersuchungen. Selbst wenn einzelne Medienberichte keine Nachfolgesuizide hervorrufen, widerlegt dies natürlich nicht die grundsätzliche Möglichkeit. Die verfügbaren Arbeiten, die einen Zusammenhang nachwiesen, rechtfertigen sicherlich Aktivitäten in diesem Bereich. Ein anderer Einwand gegen diese Form der Präventionsstrategie ist, dass die Zahl der Suizide, die durch Medienarbeit begünstigt (oder andererseits verhütet werden) können, relativ gering ist (Goldney 2000). Der Anteil wurde auf 5% aller Adoleszentensuizide geschätzt (Gould 1990), an anderer Stelle auf unter 1% aller Suizide (Gunnel u. Frankel 1994). Es ist sicherlich notwendig, dass alles getan werden muss, um den Eindruck zu vermeiden, Suizidprävention könne primär oder gar ausschließlich durch Medienarbeit erfolgen. Andererseits können noch so niedrige Zahlen (die auch in den zitierten Arbeiten nur Schätzungen sind) kein Argument zur Geringschätzung dieses Ansatzes sein.

Kritisch ist anzumerken, dass es eine Reihe offener Fragen gibt (Phillips u. Lesyna 1995). In einigen Untersuchungen wurden Hypothesen darüber aufgestellt, welche Medienberichte Imitationshandlungen fördern können. Für die Wiener Untersuchung (Etzersdorfer u. Mitarb. 1992) wurde in einer Arbeitsgruppe des Österreichischen Vereins für Suizidprävention, Krisenintervention und Konfliktbewältigung (ÖVSKK, nunmehr Österreichische Gesellschaft für Suizidprävention, ÖGS) auch ein Medienleitfaden erarbeitet, der weiterhin in Verwendung steht und angefordert werden kann. Zum gegenwärtigen Zeitpunkt ist das gesicherte Wissen über die Mechanismen der Imitation und über die wünschenswerte Ausgestaltung von Medienberichten bzgl. Suizidhandlungen aber noch stark lückenhaft. Ein größeres Feldexperiment in den USA, das nach dem Suizid des Popstars Kurt Cobain wegen befürchteter Imitationssuizide gestartet wurde und sich auf die bisherigen Hypothesen stützte, brachte allerdings ermutigende Ergebnisse, nämlich das Ausbleiben von Nachfolgehandlungen und bestärkte damit die Hoffnung auf eine auch potentiell präventive Wirkung von Medienberichten (Jobes u. Mitarb. 1996). Die weitere Forschung wird daher vermehrt Anstrengungen in diese Richtung benötigen.

Prävention durch adäquate medizinische, insbesondere psychiatrische Versorgung

Die Behandlung psychischer Krankheiten als suizidpräventive Maßnahme wurde von der WHO in ihrem Sechs-Punkte-Programm an erster Stelle genannt. Dass die Qualität der psychiatrischen Versorgung, und diese beinhaltet die gemeindenahe Versorgung ebenso wie die psychotherapeutische, dabei von größter Bedeutung ist, steht unter Fachleuten außer Zweifel. So betont Rihmer (1996) die vorhersagende Kraft psychiatrischer Krankheiten für Suizidhandlungen und fordert Anstrengungen, um die Früherkennung und die Behandlung v.a. der affektiven Psychosen zu verbessern. Im Rahmen des Finnischen Nationalen Programms wurde eine psychologische Autopsie aller Suizide eines Jahres durchgeführt, und bei 93% aller Suizidenten mindestens eine psychiatrische Erkrankung gefunden, in erster Linie affektive Störungen (in 66% aller Fälle) sowie Alkohol- und Drogenabhängigkeiten (in 43% aller Fälle). Die Autoren fanden auch Hinweise auf inadäquate Behandlung dieser psychiatrischen Krankheiten, sowohl psychopharmakologischer wie auch psychotherapeutischer Art (Loennqvist u. Mitarb. 1995).

Die präventive Wirkung von Psychopharmaka wird immer wieder hervorgehoben. Außer Frage steht, dass die angemessene psychopharmakologische Behandlung psychiatrischer Krankheitsbilder eine suizidpräventive Bedeutung hat. Isacsson (2000) versuchte in einer naturalistischen Studie nachzuweisen, dass eine Korrelation zwischen dem Rückgang der Suizidzahlen in Schweden und der Zunahme von Antidepressiva-Verschreibungen besteht. Auch wenn er das Ergebnis selbst etwas relativiert, lässt es doch auf einen präventiven Beitrag der Antidepressiva schließen. Daneben werden in der Psychopharmakologie auch spezifische Aspekte diskutiert, insbesondere bei der Lithiumbehandlung (Beitrag von Felber in diesem Band).

Nationale Programme

In mehreren Ländern wurden in den letzten Jahren Suizid-Präventionsprogramme auf weiter Ebene gestartet. Dies repräsentiert die Haltung, dass Suizidprävention eine Aufgabe der Gesellschaft ist, dass sie durch verschiedene Zugänge, die sich ergänzen, gewährleistet werden kann und dass eine politische Unterstützung, auch in materieller Form, notwendig ist.

Die ersten nationalen Programme entstanden in den skandinavischen Ländern, in Finnland (Hakanen u. Upanne 1996), Norwegen und Schweden (The Swedish National Council for Suicide Prevention 1997). Nationale Programme existieren auch in Australien und Neuseeland, in England, Frankreich, den Niederlanden, Estland, den USA (Taylor u. Mitarb. 1997) und seit kurzem auch in Österreich, zumindest im Bundesland Salzburg (Fartacek u. Nindl 2000). In Deutschland existiert bislang kein nationales Suizidpräventionsprogramm. Sämtliche dieser Präventionsprogramme erheben für sich den Anspruch, auch primäre Prävention von Suizidalität oder Suizidhandlungen zu betreiben. Es stellt sich jedoch häufig das Problem, dass der Erfolg der Programme methodisch äußerst schwierig zu erfassen ist.

Das am besten untersuchte Programm ist sicherlich das Finnische, das zwischen 1987 und 1996 durchgeführt wurde, mit Evaluationen in den Jahren 1993 und 1996 (Hakanen u. Upanne 1996, Kerkhof 1999). Wichtig in diesem Zusammenhang erscheint, dass die gesetzten Ziele und noch mehr die Organisation und die inhaltliche Umsetzung der einzelnen nationalen Programme teilweise deutlich voneinander abweichen (Taylor u. Mitarb. 1997). So zeigen sich finnische Autoren sehr viel vorsichtiger in Hinblick auf einen möglichen Effekt ihres Programms auf die Suizidrate und betonen die vielfältigen gesellschaftlichen und wirtschaftlichen Umgestaltungen in ihrem Land, die einen Einfluss auf das Suizidgeschehen haben könnten (Hakanen u. Upanne 1996). Die schwedischen Autoren demgegenüber nennen eine dauerhafte Reduktion der Suizid- und Suizidversuchs-zahlen als erstes ihrer Ziele (The Swedish National Council for Suicide Prevention 1997). Die von der IASP in Adelaide verabschiedete Deklaration, mit einem mehr politischen Anspruch, nennt ebenfalls die Reduzierung der Suizidzahlen als vorrangiges Ziel (Gold-ney 1998). Zumindest als Endpunkt muss jede suizidpräventive Strategie daran interes-siert sein, dass ihre Wirkung sich auch in epidemiologischen Daten über Suizidalität und Suizidhandlungen niederschlägt. Bei der bekannten Komplexität des Phänomens und der Vielgestaltigkeit der Einflüsse, mutet es jedoch als Wagnis an, wenn vorrangig epidemio-logische Parameter als Erfolgskriterien angesetzt werden.

Die bisherigen Ergebnisse der Programme im Hinblick auf die Suizidzahlen sind den-noch durchaus ermutigend. Die Norwegische Suizidrate fiel um 20% gegenüber ihrem Gipfel im Jahre 1989. Auch das Finnische Nationale Programm zeigt nach den ersten zehn Jahren einen Rückgang der Suizidzahlen um 9% gegenüber dem Ausgangsniveau, und Kerkhof (1999) kommt zu dem Schluss, dass die positiven Ergebnisse des finnischen Projekts die Schwächen bei weitem überwiegen.

Positive Berichte sind jedenfalls zahlreich. Goldney (2000) führt den Rückgang der Suizidzahlen in Sri Lanka von 8.000 auf 6.000 auf eine konzertierte suizidpräventive Aktion sowie auf das Wirken der Laienhilfe Sumithrayo zurück. Auch der Rückgang der U-Bahn-Suizide in Wien nach einer großen Medieninitiative im Jahr 1987 gab den An-stoß nicht nur zu einem Rückgang dieser (seltenen) Suizid-Methode, sondern leitete einen Rückgang aller Suizide in Wien ein.

Effizienz von Präventionsstrategien

Auf die mancherorts angeführte Kritik, dass die Effektivität von Suizid-Präventionspro-grammen oder -strategien unzureichend nachgewiesen wurde, wurde weiter oben hin-gewiesen. Es wurde bemängelt, dass es keinerlei kontrollierte Untersuchungen mit ran-domisiertem Design gebe (Wilkinson 1994, Gunnel u. Frankel 1994). Goldney (2000) weist dagegen zurecht auf die methodischen Schwierigkeiten solcher Untersuchungen hin, die schon durch den Umstand entstehen, dass Suizide (statistisch gesehen) relativ seltene Phänomene sind. So müsste, um eine 15-prozentige Reduktion von Suiziden nach Suizidversuchen nachzuweisen, eine Stichproben-Größe von 45.000 Personen untersucht werden, für die gleiche Reduktion des Suizidrisikos psychiatrischer Patienten nach der Entlassung sogar 140.000 Personen (Gunnel u. Frankel 1994), was beides außerhalb der Realitäten wissenschaftlicher Möglichkeiten liegt.

Dennoch gibt es Untersuchungen, die sich mit der Effektivität präventiver Maßnah-men beschäftigen. Erste Untersuchungen aus den siebziger Jahren konnten allerdings keinen präventiven Effekt nachweisen (Barraclough u. Mitarb. 1977). In den letzten Jah-ren veröffentlichte David Lester mehrere Kurzpublikationen zu dieser Fragestellung. Er fasste mehrere Studien aus den USA zusammen und fand einen, allerdings geringen, Rückgang der Suizidzahlen in den Einzugsgebieten der untersuchten Einrichtungen (Les-ter 1997). Dieses Ergebnis kann, ähnlich wie bei den Medien-Untersuchungen, sowohl kritisch als auch als erstaunlich und ermutigend angesichts der methodischen Schwie-rigkeiten angesehen werden (Goldney 2000). Lester konnte bereits früher zeigen, dass diejenigen US-Bundesstaaten, die im Jahre 1970 mehr Aktivitäten der Suizidprävention entwickelt hatten, einen geringeren Anstieg der Suizidzahlen zwischen den Jahren 1970 und 1980 aufwiesen als weniger aktive Staaten (Lester 1993). Zu einem ähnlichen Ergeb-nis kamen Leenaars und Lester (1995) für Kanada, wenn auch statistisch nicht signifi-kant. Auch für Japan zeigten Lester und Mitarbeiter (1997), dass die Suizidrate umso niedriger ist, je mehr und je länger Suizidpräventionszentren existieren. Die letztgenannten Untersuchungen arbeiten allesamt mit Daten auf einem Makroniveau, können daher nur Korrelationen, nicht aber kausale Zusammenhänge beschreiben. Solche rein epidemiologischen Ansätze der Evaluation wurden daher als verkürzend kritisiert (Hakanen u. Upanne 1996), und gerade die in den letzten Jahren entstandenen Nationalen Präventionsprogramme beleben die Diskussion um Evaluation neu. Auch für die Nationalen Programme gelten einige der oben angeführten Kritikpunkte bzgl. ihrer Effekte. Viele (vermutete) Effekte bewegen sich auf einem anekdotischem Niveau, das wissenschaftlich nicht abgesichert ist. Sie sind deswegen aber nicht zwingend falsch. Hier ist die Frage, ob die unzureichenden Möglichkeiten der Untersuchung einen tatsächlichen Effekt nicht angemessen darstellen lassen (falsch negatives Ergebnis), oder ob der verständliche Wunsch, die eigene Aktivität möge eine Wirkung zeigen, den Blick verfälscht.

Exkurs: Die Gotland-Untersuchung

Es gibt zahlreiche Strategien, die die Schulung von gate-keepern zum Inhalt haben (Michel u. Valach 1992). Die Hoffnung besteht darin, dass durch besseres Erkennen oder auch durch veränderte Einstellungen die Behandlung von suizidalen Menschen verbessert werden kann. An dieser Stelle soll exemplarisch auf eine Initiative näher eingegangen werden, die in den achtziger Jahren in Schweden unternommen wurde. 1983 und 1984 wurde vom Schwedischen Committee for Prevention and Treatment of Depression (PTD-Committee) ein Trainingsprogramm für Praktische Ärzte auf der Insel Gotland implementiert. Diese Insel wies die höchste Suizidrate aller schwedischer Regionen auf und ist zugleich die ärmste Region des Landes (Ferrada-Noli 1997). In Vorlesungen und Seminaren wurde Wissen über Depressionen und Suizidalität vermittelt. Es konnte gezeigt werden, dass die Kompetenz der Praktischen Ärzte gesteigert werden konnte und stationäre psychiatrische Behandlungen abnahmen (Rutz u. Mitarb. 1992c). Aufsehen erregte das Ergebnis, dass die Suizidrate im Jahr nach Beginn des Programms sank, sowohl gegenüber dem langjährigen Schnitt, wie auch gegenüber der Gesamtrate in Schweden (Rutz u. Mitarb. 1989). Allerdings stieg die Suizidrate drei Jahre nach Ende des Programms wieder an, so dass die Autoren schlossen, dass vergleichbare Initiativen alle zwei bis drei Jahre wiederholt werden müssen (Rutz u. Mitarb. 1992b).

Es wurden auch methodische Einwände gegen die Untersuchung erhoben. Es handelt sich um eine kleine Insel mit geringer Einwohnerzahl, so dass kleine absolute Veränderungen große prozentuelle Verschiebungen bewirken können (MacDonald 1992). Ebenso wurde bemängelt, dass der untersuchte Zeitraum zu kurz gewesen sei, und dass die Suizidzahlen sich in einen bereits vor der Intervention bestehenden Abwärtstrend einfügen ließen (MacDonald 1993). Es stellt sich auch die Frage, ob das soziale Gefüge einer Insel nicht möglicherweise Besonderheiten aufweist, die die Generalisierbarkeit der Ergebnisse beeinflussen.

Das Programm bewirkte neben dem Rückgang der Suizidrate auch eine Veränderungen in der Psychopharmakaverschreibung, mit einer Zunahme bei Antidepressiva und einem Rückgang bei Sedativa (Rutz u. Mitarb. 1990). Die Autoren versuchten ebenfalls eine ökonomische Evaluation und kamen auf eine volkswirtschaftliche Ersparnis von 26 Millionen Dollar durch das Trainingsprogramm, errechnet aus Veränderungen in Verschreibungen, Krankenhausbehandlungen und Morbidität (Rutz u. Mitarb. 1992a).

Die Nachuntersuchung der Suizide in Gotland in den achtziger Jahren zeigte, dass der Rückgang vorwiegend bei Frauen erreicht wurde. Die Zahl von Suizidenten, bei denen in der psychologischen Autopsie eine affektive Störung diagnostiziert wurde, nahm nach dem Programm ab (Rihmer u. Mitarb. 1995). Es wurden v.a. Frauen erreicht, die mit einer major depression in Behandlung waren und Kontakt zu ihrem Praktischen Arzt hatten. Männer konnten durch das Programm nur in viel geringem Umfang erreicht werden, ihre Suizidzahlen veränderten sich nicht signifikant (Rutz 1999).

Abschließend lässt sich festhalten, dass es mittlerweile eine fast unüberschaubare Fülle an Präventionsstrategien gibt, deren Effizienz unterschiedlich gut belegt ist. Allerdings stellt sich die Frage, ob angesichts des Umstandes, dass Suizidalität ein höchst vielfältiges Phänomen ist und Suizidhandlungen selbst, im statistischen Sinn, seltene Ereignisse sind und damit auch methodisch schwer zu erfassen, dem Nachweis der Effizienz nicht große Hindernisse im Weg stehen. Es stellt sich dann nicht nur die Frage nach der Effizienz der verschiedenen Präventionsstrategien. Vielmehr stellt sich die Frage, ob nicht die Effizienz der Evaluation größere Aufmerksamkeit verdient, um die vielfältigen klinische Erfahrungen, Einzelfallberichte und Eindrücke auch in einen verbindlichen Kontext stellen zu können. Es ist zu hoffen und es gibt auch erste Anzeichen dafür, dass die vielfältigen Nationalen Programme der letzten Jahre einen Stimulus darstellen werden und nicht nur über wissenschaftliche Ergebnisse, sondern auch durch die gesammelten Erfahrungen die Diskussion beleben werden. Erfreulich erscheint der Umstand, dass der Bereich der Suizidologie, der durch sehr große Heterogenität in Theorie und Praxis und daher auch in den verfügbaren Präventionsstrategien gekennzeichnet ist, bislang ein akzeptierendes Nebeneinander dieser verschiedenen Zugänge erlaubt, die sich alle einem gemeinsamen Ziel widmen.

10 Rechtliche Aspekte bei der Psychotherapie Suizidaler

Matthias M. Weber

Suizidversuche und vollendete Suizide werfen neben den damit verbundenen Behandlungsproblemen auch zahlreiche Rechtsfragen auf. Nachfolgend werden daher die für die Therapiepraxis wichtigsten Aspekte der einschlägigen Vorschriften des Straf-, Zivil- und öffentlichen Rechts einschließlich des Unterbringungs- und Betreuungsverfahrens vorgestellt und die dabei auftauchenden Fragen anhand von Beispielen besprochen. Oberster Grundsatz ist hierbei die genaue Dokumentation aller zur Suizidprävention getroffenen Maßnahmen, wobei nicht nur die Therapiesituation, sondern auch die Rechte des Patienten berücksichtigt werden müssen.

Der Suizid als juristisches Problem

Der Suizidversuch oder der vollendete Suizid während einer Psychotherapie führt nicht nur zu einer Belastung des therapeutischen Teams und fordert zur kritischen Bewertung des bisherigen Therapiekonzepts auf (Wolfersdorf u. Mitarb. 1984a), sondern birgt auch juristische Probleme in sich (Weber 1999). Dies trägt wiederum zur Verunsicherung aller Beteiligten in der ohnehin schwierigen Situation nach suizidalem Verhalten bei. Obwohl für ambulante Therapiebedingungen kaum verlässliche und für das stationäre Setting stark divergierende epidemiologische Angaben vorliegen, muss davon ausgegangen werden, dass die Suizidrate in Deutschland während einer psychiatrischen oder psychotherapeutischen Behandlung im Vergleich zur Durchschnittsbevölkerung ungefähr um das Zehnfache auf 200/100.000 erhöht ist. Seit dem Ende der sechziger Jahre stieg die Zahl der Suizide zumindest in psychiatrischen Kliniken deutlich an, was kein statistisches Artefakt darstellt (Ernst u. Mitarb. 1980, Wolfersdorf u. Mitarb. 1984b). Diese Steigerung dürfte nicht zuletzt eine unerwünschte Nebenfolge der ansonst begrüßenswerten Liberalisierung bei den kustodialen Maßnahmen während einer stationären psychotherapeutischen bzw. psychiatrischen Behandlung darstellen.

Der Suizid während einer psychotherapeutischen Intervention bildet einerseits ein seltenes Ereignis, ist jedoch andererseits nicht derart außergewöhnlich, dass sich Therapeuten im Verlauf einer längeren Berufstätigkeit damit nicht auch unter medizinrechtlichen Aspekten auseinandersetzen müssten. Im Folgenden sollen daher exemplarisch einige Rechtsfragen diskutiert werden, die sich aus suizidalem Verhalten während psychiatrischer und psychotherapeutischer Therapiemaßnahmen ergeben können. Hierzu muss zunächst auf den historischen Hintergrund der juristischen Bewertung des Suizids eingegangen werden, um dann die aktuellen Diskussionen um den Vorrang des Selbstbestimmungsrechts von Patienten auch in lebensbedrohlichen Erkrankungsstadien zu beleuchten. Daran schließen sich ausgewählte straf-, zivil- und unterbringungsrechtliche Aspekte der Thematik an, wobei die speziellen Probleme bei Minderjährigen im kinder- und jugendpsychiatrischen Bereich sowie Begutachtungsfragen nach einem Suizid hier nicht behandelt werden können. Außerdem muss sich die Darstellung auf das deutsche Recht beschränken.

Das historische und medizinethische Umfeld der Suiziddiskussion

Suizidprävention als vorrangiges Behandlungsziel

In Anbetracht der immer weiter fortschreitenden Verrechtlichung der Rahmenbedingungen psychotherapeutischer Behandlungen sei von vornherein an den klaren Grundsatz „in dubio pro vita" erinnert (Gropp 1996). Dessen Bedeutung ergibt sich in unserer Rechtsordnung nicht nur aus den Grundrechten und dem therapeutischen Selbstverständnis, sondern auch aus den Charakteristika der medizinischen Professionalisierung. Geriete ein therapeutischer Berufsstand öffentlich in den Verdacht, dass er das Leben der ihm überantworteten Patienten nicht mehr in besonderem Maß schützt, wäre damit unweigerlich seine Vertrauensstellung gefährdet, auf der wiederum seine soziale Position beruht (Unschuld 1999). Suizidprävention und -therapie müssen daher in jeder Hinsicht oberstes Behandlungsziel von Psychiatrie und Psychotherapie bleiben. Dem widerspricht nicht, sich mit vermeintlich sicheren Fakten und Erfahrungen im Grenzbereich zwischen Medizin und Recht, in dem suizidale Handlungen immer stehen, kritisch auseinanderzusetzen.

Divergierende weltanschauliche Grundhaltungen gegenüber dem Phänomen Suizid

Wie bei vergleichbaren Streitfragen über den Umgang mit menschlichem Leben in Extremsituationen, etwa beim Schwangerschaftsabbruch oder beim Einsatz der Gentechnologie, erweisen sich die juristischen Expertenmeinungen als sehr uneinheitlich (Glaser u. Saß 1991, Roxin 1978). Sie sind häufig durch divergierende weltanschauliche Grundhaltungen gegenüber dem Phänomen des Suizids bestimmt. Hierüber kann in der Öffentlichkeit heute nicht mehr unbedingt ein Konsens erzielt werden. Schon deshalb ist die Festlegung von allgemeingültigen Regeln für das therapeutische Vorgehen bei suizidalen Patienten, die in jedem konkreten Einzelfall einer juristischen Überprüfung standhielten, kaum möglich. Mangelhaft erscheint auch nach wie vor die interdisziplinäre Kommunikation zwischen den therapeutischen Fächern und Jurisprudenz, die z.B. die Erkenntnisse der empirischen Suizidforschung kaum rezipiert (Schüler-Springorum u. Nedopil 1996).

Die juristische Bewertung von Suiziden und Suizidversuchen geht von philosophischen Konzepten aus und blickt auf eine wechselvolle geschichtliche Entwicklung zurück. Die abendländische Antike wies diesbezüglich keine einheitliche Haltung auf. Während z.B. Platon und Aristoteles den Suizid – abgesehen von wenigen Ausnahmen – eher verwarfen, akzeptierten ihn etwa die Stoiker als menschliche Verhaltensweise. Dem römischen Recht war eine Verurteilung des Suizids fremd. Dies galt überwiegend auch für die deutschen Rechtsbücher bis etwa zum Hochmittelalter (Bronisch 1995, Holzhauer 1998). Erst mit der Christianisierung Europas setzte sich eine moralische Verdammung des Suizids durch. Ausgehend von den Lehren des Kirchenvaters Augustin wurde der Selbstmord zur Todsünde, da er eine Anmaßung gegenüber dem nur Gott zustehenden Recht darstellte, Herr über Leben und Tod zu sein.

Infolge des abnehmenden Einflusses der Theologie auf die Rechts- und Staatswissenschaft seit der Aufklärungszeit änderte sich im 18. Jahrhundert die Bewertung des Suizids erneut. Frankreich schaffte dessen Strafbarkeit 1790 ab, Bayern und Österreich um 1850. Die modernen wissenschaftlichen Auseinandersetzungen mit suizidalem Verhalten beginnen parallel mit der Entstehung der Psychiatrie als eigenständiger medizinischer Disziplin in der Mitte des 19. Jahrhunderts (Esquirol 1838, Damerow 1865). Als letztes westliches Land hob England den strafrechtlichen Tatbestand der versuchten Selbsttötung allerdings erst im Jahre 1961 auf. Dies weist darauf hin, dass die moralisch-sittliche

Diskussion um den Suizid und um die daraus abgeleitete Frage der Strafbarkeit trotz der gegenwärtigen Rechtslage und den Erkenntnissen der modernen Suizidologie niemals als endgültig entschieden betrachtet werden darf.

Aktuelle medizinethische Aspekte der Behandlung in Grenzsituationen

Neben der rechts- und medizinhistorischen Perspektive ist für den therapeutischen Umgang mit suizidalem Verhalten auch die aktuelle medizinethische Diskussion von Bedeutung. Ökonomische Aspekte spielen allgemein in der Therapie psychisch Kranker eine zunehmende Rolle (Richter u. Eikelmann 2000). Darüber hinaus zeichnet sich die Tendenz ab, bislang unbestrittene Grenzen therapeutischen Handelns im Umfeld des Lebensendes immer häufiger zu hinterfragen. In diesem Zusammenhang sei z.B. der umstrittene Beschluss des Oberlandesgerichts Frankfurt/Main (Az.: 20 W 224/98) vom Juli 1998 erwähnt, welcher dem juristischen Betreuer einer 85-jährigen, seit einigen Monaten komatösen Patientin die Einstellung der Nahrungszufuhr unter Berufung auf den früher geäußerten, sog. *mutmaßlichen Willen* der Betroffenen gestattete. Der Bundesgerichtshof stellt bereits seit Anfang der achtziger Jahre die mutmaßliche Einwilligung als Entscheidungskriterium bei strittigen Behandlungsmaßnahmen immer deutlicher in den Mittelpunkt. In einem ähnlichen Fall (BGH 1 StR 357/94) wurde deshalb ein Urteil des Landgerichts Kempten wegen versuchten Totschlags aufgehoben, das gegen den Sohn und den Arzt einer 72-jährigen Patientin mit apallischem Syndrom ergangen war. Beide hatten einvernehmlich die Nahrungszufuhr mit der Begründung beendet, die Patientin hätte einer solchen lebenserhaltenden Behandlung nicht zugestimmt.

Vergleichbar mit neueren Entwicklungen im Ausland, insbesondere in den Niederlanden, kann man in derartigen Entscheidungen einerseits die längst überfällige Stärkung des Patientenwillens auch in therapeutischen Extremsituationen sehen, andererseits aber auch die rechtliche Sanktionierung von menschenunwürdigen und utilitaristischen Patiententötungen aufgrund des fragwürdig-bequemen Konstrukts des *mutmaßlichen Willens* (Student 1998). Die „Grundsätze der Bundesärztekammer zur ärztlichen Sterbebegleitung" von 1998 bestimmen zwar als primäre therapeutische Aufgabe, das Leben des Patienten „zu erhalten, Gesundheit zu schützen und wiederherzustellen sowie Leiden zu lindern und Sterbenden bis zum Tod beizustehen", betonen aber gleichzeitig wesentlich prägnanter als früher das Selbstbestimmungsrecht des Patienten, die Wichtigkeit der Ermittlung des mutmaßlichen Patientenwillens und die Rolle von Voraus-Bestimmungen in sog. Vorsorgevollmachten, Betreuungs- und Behandlungsverfügungen. Diese Entwicklung ist nur scheinbar auf die Intensivmedizin oder die Geriatrie beschränkt und für die psychiatrische und psychotherapeutische Behandlung von Suizidenten keineswegs belanglos. Man stelle sich etwa folgenden hypothetischen Fall vor.

> Ein Patient, der an einer phasenhaften Depression erkrankt ist und trotz prophylaktischer Medikation bereits vier schwerste depressive Phasen erlitt, verfügt während eines symptomfreien Intervalls in geschäftsfähigem Zustand mittels eines Patiententestaments, dass er bei einem evtl. Suizidversuch während der nächsten zu erwartenden depressiven Phase keine lebenserhaltende Behandlung mehr wünscht, sondern dass „man den Dingen ihren Lauf lassen soll". Er begründet seine Bestimmung mit der offensichtlichen Therapieresistenz seiner Erkrankung und mit seinem festen Vorsatz, mit einem chronifizierten schweren depressiven Syndrom oder massiven Stimmungsschwankungen nicht länger leben zu wollen. Der Patient entwickelt zwei Monate später tatsächlich eine erneute depressive Phase und wird nach weiteren zwei Wochen wegen einer akut lebensbedrohlichen Antidepressiva-Intoxikation in suizidaler Absicht auf die Intensivstation eines Allgemeinkrankenhauses eingeliefert.

Dem internistischen Oberarzt und dem beigezogenen Konsiliarius weist der Rechts-anwalt des Patienten die Behandlungsverfügung vor und fordert die Einstellung der zu diesem Zeitpunkt erforderlichen maschinellen Beatmung.

Wozu sind die behandelnden Ärzte in dieser Situation verpflichtet?

Während man bis vor wenigen Jahren davon ausgehen konnte, dass Angehörige, Kollegen und Gerichte insbesondere bei eindeutigen psychopathologischen Auffälligkeiten jede suizidale Handlung als Ausdruck einer psychischen Erkrankung betrachteten und daher die Behandlung als *Rettungspflicht* unter allen Umständen geboten war, scheint sich allmählich – ablesbar etwa am erwähnten Gerichtsbeschluss – ein Wandel der öffentlichen Einstellung anzudeuten, dessen Gefahrenpotential für die betroffenen Patienten wegen der Möglichkeiten des Missbrauchs nicht unterschätzt werden sollte.

Strafrechtliche Aspekte von Suizidhandlungen

Suizid ist kein strafrechtlicher Tatbestand

Die nachfolgende Darstellung der keineswegs einfachen juristischen Zusammenhänge muss sich auf die Grundlinien der Argumentation beschränken und kann die einschlägige Spezialliteratur nicht ersetzen (Gropp 1996, Tröndle 1990). Wie eingangs erwähnt, kennt das deutsche Strafrecht keinen Suizidtatbestand. Strafbar ist nur die Tötung eines anderen Menschen. Daher kann es weder eine strafbare Mittäterschaft oder Beihilfe zum Suizid noch einen strafbaren Suizidversuch geben. Mit dieser Begründung lehnte z.B. das Landgericht Traunstein 1987 die Eröffnung einer Hauptverhandlung im damals aufsehenerregenden Fall Prof. Hackethal ab (OLG München, Az.: 1 WS 23/87). Der Chirurg hatte einer moribunden Patientin, die an einem grob entstellenden Karzinom des Gesichtsschädels litt, Zyankali besorgt, nachdem sie sich zum Suizid entschlossen hatte.

Tötung auf Verlangen und Garantenpflicht

Gemäß § 216 StGB wird allerdings mit Freiheitsstrafe bis zu fünf Jahren bestraft, wer einen anderen nach dessen „ausdrücklichem und ernstlichem Verlangen tötet". Die sog. *Tötung auf Verlangen*, die prinzipiell auch durch Unterlassen z.B. einer notwendigen Behandlungs- oder Sicherungsmaßnahme begangen werden kann, setzt allerdings voraus, dass sich der Suizident *freiverantwortlich* zu seinem Tod entschlossen hat bzw. überhaupt entschließen konnte. Ist dieses Merkmal nicht gegeben, kann eine Mitwirkung an einer Suizidhandlung oder deren Geschehenlassen evtl. auch andere Straftatbestände, etwa den des Totschlags oder der fahrlässigen Tötung nach den §§ 212 und 222 StGB erfüllen. Hinzu kommt, dass das Strafrecht von Personen, die in einem besonderen Vertrauensverhältnis zum Betroffenen stehen, auch eine spezielle Verantwortlichkeit für sein Leben und seine Gesundheit einfordert. Diese sog. *Garantenpflicht* trifft nicht nur auf Angehörige, sondern v. a. auch auf die behandelnden Therapeuten zu. Sie dient hier zur allgemeinen strafrechtlichen Absicherung des Therapeuten-Patienten-Verhältnisses. Bei einem offensichtlich und unmittelbar bevorstehenden oder ablaufenden Suizidversuch äußert sich die Garantenpflicht als Rettungspflicht gegenüber dem Suizidenten. Die Staatsanwaltschaften können deshalb meistens auch nicht umhin, bei einem Suizid unter stationär-therapeutischen Bedingungen ein Ermittlungsverfahren einzuleiten, da zumindest ein Anfangsverdacht wegen der „Verletzung der ärztlichen Garantenpflicht" besteht (Oehmichen u. Mitarb. 1988). Auf ambulante Behandlungssituationen trifft dies hingegen schon wegen der äußeren Umstände nur selten zu.

Ein Patient, der an einer schwer ausgeprägten Borderline-Störung erkrankt ist, erklärt im Verlauf einer psychotherapeutischen Sitzung, dass er nicht nur ständig über die Möglichkeiten eines gewaltsamen Suizids phantasiere, sondern auch seine massiven Selbstverletzungstendenzen überhaupt nicht mehr kontrollieren könne. Der Therapeut unterlässt es dennoch, die Frage einer stationären Aufnahme zu thematisieren und dies zu dokumentieren, da er hierdurch eine zusätzliche Gefährdung der ohnehin fraglichen Fortführung der ambulanten Behandlung befürchtet. Unmittelbar nach dem Verlassen der Praxis stürzt sich der Patient in eindeutig suizidaler Absicht vor die herankommende Straßenbahn. Bei polizeilichen Befragungen von Passanten stellt sich heraus, dass der Suizident aus der psychotherapeutischen Praxis kam. Der Therapeut muss daher zumindest damit rechnen, dass er von der Polizei oder der Staatsanwaltschaft zu dem Hintergrund des Suizids vernommen wird.

Das Rechtskonstrukt des freiverantwortlichen Suizids

Der Gesetzgeber verpflichtet in § 323c StGB jeden Bürger „bei Unglücksfällen oder gemeiner Gefahr oder Not" zur Hilfeleistung, deren Unterlassung ohne rechtfertigenden Grund ebenfalls mit Strafe bewehrt ist. Unter den juristischen Begriff des Unglücks kann auch eine Suizidhandlung fallen. Die Interpretation dieser Vorschrift verursacht allerdings im konkreten Einzelfall kaum überschaubare Widersprüche und Unwägbarkeiten. Trotz einer jahrzehntelangen Beschäftigung der Rechtswissenschaft mit der Problematik gilt unverändert die Meinung von Roxin (1978), dass kaum ein zweites strafrechtliches Problem existiert, dessen Bewertung ähnlich „unklar, schwankend und umstritten" ist. Dies sei am Beispiel der *Freiverantwortlichkeit des Suizids* erläutert. Hierbei handelt es sich um eine typische Rechtsfigur, die nicht ohne weiteres in medizinisch-psychologische Sachverhalte übersetzt werden kann. Sie impliziert die Idee des freien Willens, der lediglich in Ausnahmesituationen beeinträchtigt ist, etwa durch eine schwere psychische Krankheit, aber nicht prinzipiell bei allen suizidalen Handlungen. Hier liegen nicht nur Kollisionen mit der notwendigerweise eher deterministischen Tendenz psychologischer Motivationskonzepte vor, sondern auch eklatante Widersprüche zu den Ergebnissen der empirischen Suizidforschung im Sinne der (retrospektiven) psychologischen Autopsie.

Danach treten wenigstens 90% aller Suizide im Zusammenhang mit ernsthaften psychischen Störungen auf, insbesondere bei depressiven Syndromen, Abhängigkeitserkrankungen und Schizophrenien (Barraclough 1974, Häfner 1991). Während früher meist nur eine strenge Korrelation zwischen Suizidalität und Depression postuliert wurde, scheint dies nach neueren Studien auch auf Angsterkrankungen und Persönlichkeitsstörungen zuzutreffen (Bronisch 1996). Im Gegensatz zur psychiatrischen Sichtweise stellten v. a. Philosophen den Krankheitswert suizidaler Handlungen häufig in Frage und interpretierten sie als Ausdruck individueller Entscheidungsmöglichkeiten (Amery 1976). Dennoch kann kein Zweifel daran bestehen, dass eine schwere psychische Erkrankung mit deutlichen aktuellen psychopathologischen Auffälligkeiten analog zur Aufhebung der strafrechtlichen Schuldfähigkeit nach § 20 StGB die *Freiverantwortlichkeit* eines Suizids ausschließt. Dies trifft auf Patienten unter stationären Bedingungen in psychiatrischen und psychotherapeutischen Kliniken meistens zu, bei ambulant behandelten Patienten oft nicht. Aber auch in der Rechtswissenschaft ist äußerst umstritten, wie hoch die Anforderungen an das Urteils- und Abstraktionsvermögen eines freiverantwortlichen Suizidenten, d.h. an die Mangelfreiheit seiner Willensbildung, tatsächlich sein müssen.

Für die juristische Praxis wurde daher das Konstrukt der Freiverantwortlichkeit als Abgrenzungskriterium von dem *pathologischen Suizid* häufig als unbrauchbar bezeichnet (Kutzer 1985). Dennoch reflektiert die Diskussion um die Freiverantwortlichkeit die gesamten Unschärfen des psychiatrischen Krankheitsbegriffs (Herpertz u. Mitarb. 1996), der wissenschaftlich die Möglichkeit eines *gesunden Suizids* nicht von vornherein aus-schließt. Dies rechtfertigt aber wiederum keineswegs eine mangelhafte Suizidprävention und -behandlung (Pohlmeier 1996). Unbestritten ist deshalb, dass therapeutisches Personal verpflichtet ist, die Ausführung unmittelbar erkennbarer Suizidabsichten eines akut psychisch Kranken zu verhindern. Schon im Jahre 1882 verurteilte das Reichsgericht wegen fahrlässiger Tötung zwei Anstaltswärterinnen, nachdem sich eine in ihrer Obhut befindliche suizidale Patientin in der Badewanne ertränkt hatte. Die Krankenschwestern hatten pflichtwidrig die Badzimmertüre nicht verschlossen (Deutsch 1995). Trotz der bereits erwähnten Einschränkungen der Rettungspflicht durch die Rechtsprechung gilt sie im Behandlungsalltag in der weitaus überwiegenden Mehrzahl der Fälle unverändert.

Der mutmaßliche Wille des Klienten

Unabhängig von der Akzeptanz der Freiverantwortlichkeit besteht ein weiteres gravie-rendes medizinrechtliches Problem. Muss, ggf. ab wann und in welchem Ausmaß, ein bewusstlos vorgefundener oder bewusstlos werdender Suizident behandelt werden? Die Garantenpflicht und die Verpflichtung zur Hilfeleistung kann hier mit einer Norm des bürgerlichen Rechts kollidieren, nämlich der sog. „Geschäftsführung ohne Auftrag" nach § 677 BGB (Deutsch 1999). Danach muss sich das Handeln in einer solchen Situation sowohl nach dem „objektiv zu wertenden Interesse" als auch dem „subjektiv bestimmba-ren" oder „mutmaßlichen Willen" des Suizidenten richten. Diese doppelte Definition führt nun zu dem eingangs beschriebenen Dilemma. Da es der allgemeinen psychothera-peutischen Erfahrung entspricht, dass viele Patienten letztlich ein Überleben ihres Sui-zidversuchs wünschen und auch die Todesabsichten körperlich Schwerstkranker im zeitlichen Verlauf häufig stark fluktuieren (Bronisch 1995), kann man einerseits das *objektive Interesse* einer optimalen Behandlung im Sinne der Lebenserhaltung in den Vordergrund stellen. Andererseits wird in der Rechtsprechung aber auch die Gegenposi-tion immer wichtiger, die im Suizidversuch möglicherweise einen längerfristigen *mut-maßlichen Willen* des Betroffenen erkennt, sofern hierfür verwertbare Anhaltspunkte aus der Anamnese vorliegen.

Praktische Bedeutung und Grenzen der einschlägigen Strafrechtsnormen

Die praktische Bedeutung strafrechtlicher Verfahren gegen Therapeuten wegen Patien-tensuiziden ist jedoch sehr gering, sogar im angelsächsischen Rechtskreis (Cantor u. McDermott 1994, Gropp 1996). Zum einen ist es in der Praxis meist nicht möglich, die subjektive Schuld einer evtl. Pflichtverletzung von Therapeuten gegenüber Suizidenten nachzuweisen, was neben dem objektiven Tatbestand eine weitere notwendige Voraus-setzung der Strafbarkeit bildet. Lediglich bei gröblicher Verletzung des Ermessensspiel-raums kommt z.B. fahrlässige Tötung oder fahrlässige Körperverletzung in Betracht. Auf andere Hindernisse der Strafbarkeit, die bei den wenigen einschlägigen Verfahren gegen Ärzte durchaus eine Rolle spielten, wie etwa der Verbotsirrtum (§17 StGB; Schuldlosigkeit bei nicht vermeidbarer Unkenntnis des Unrechtsgehalts einer Tat) oder der Notstand (§§ 34, 35 StGB; Schuldlosigkeit trotz Erfüllung eines objektiven Straftatbestand bei nicht an-ders abzuwendender Gefahr für hochrangige Rechtsgüter), kann hier nicht näher einge-gangen werden.

Zum anderen wird die Verpflichtung zur Abwendung des Suizids eines Patienten durch die übergeordneten Prinzipien der Menschenwürde und der Freiheit der Person begrenzt, die das Grundgesetz hochrangig schützt und die z.B. in der allgemeinen Ver-hältnismäßigkeitsregel ihren Niederschlag finden (Schöch 1996). Selbst eine akute Suizidgefahr rechtfertigt und erfordert aus rechtlicher Sicht demnach keinesfalls den

Einsatz entwürdigender Therapiemethoden, wie etwa eine ständige Überwachung, Einschränkung der Bewegungsfreiheit oder die „medikamentöse Herstellung völliger Handlungsunfähigkeit" (Schöch 1996). Die Rechtsprechung hat inzwischen anerkannt, dass die therapeutischen gegenüber den kustodialen Maßnahmen auch in der psychiatrisch-psychotherapeutischen Behandlung vorrangig sind. Weder die Aufklärungspflicht über eine geplante Therapie noch die hierzu erforderliche Zustimmung des Patienten werden durch dessen Suizidalität hinfällig. Kann der *informed consent* krankheitsbedingt nicht erwirkt werden, sind vorher die für derartige Situationen vorgesehenen Rechtsmittel anzuwenden, wie etwa die Psychiatriegesetze der einzelnen Bundesländer oder die Errichtung einer juristischen Betreuung nach §§ 1896 ff. BGB. Dies leitet über zur Diskussion der zivilrechtlichen Problematik des Suizids.

Zivilrechtliche Aspekte von Suizidhandlungen

Suizidhandlungen und schadenersatzpflichtige Behandlungsfehler

Weitaus größere praktische Bedeutung als dem Strafrecht kommt zivilrechtlichen Ansprüchen gegen Therapeuten nach Suizidhandlungen zu. Einerseits sind die konkreten Rechtsfolgen gravierender, da die finanziellen Aufwendungen wegen der oft erheblichen Gesundheits- und Vermögensschäden und damit auch die Streitwerte sowie die Prozesskosten eine beträchtliche Höhe erreichen können. Andererseits greift im Vergleich zur strafrechtlichen Verantwortlichkeit die zivilrechtliche Haftung früher ein, d.h. bereits relativ geringe Behandlungsfehler können eine Schadenersatzklage begründen. Außerdem haben die Betroffenen verständlicherweise an der zivilrechtlichen Durchsetzung ihrer finanziellen Ansprüche gegenüber Therapeuten ein erheblich größeres Interesse als an deren strafrechtlichen Verfolgung. Denkbar wäre etwa folgender hypothetischer Fall:

Ein 35-jähriger Akademiker, Privatpatient, wird nach dem zweiten Schub einer paranoid-halluzinatorischen Psychose aus einer psychiatrischen Klinik in die ambulante Behandlung seines niedergelassenen Psychiaters entlassen. Einweisungsgrund war u.a. das Hören von imperativen Stimmen mit suizidalem Inhalt. Die Klinik teilt den Behandlungsverlauf in einem Kurzarztbrief mit, der lediglich allgemein auf die fehlende Suizidalität zum Entlassungszeitpunkt hinweist. Da unter der Behandlung mit einem Depot-Neuroleptikum die psychopathologische Situation stabil erscheint, delegiert der ambulant behandelnde Psychiater den Patienten zur Unterstützung seiner sozialpsychiatrischen Rehabilitation wenige Tage nach Entlassung an einen niedergelassenen klinischen Psychologen, der eine psychoedukative Gruppe für remittierte schizophrene Patienten leitet. Nach der ersten Sitzung stürzt sich der Patient aus der dritten Etage seines Wohnhauses, wobei er eine Querschnittslähmung mit Tetraplegie erleidet, die eine langwierige chirurgische und physikalische Therapie erfordert. Der Patient wird dauerhaft berufsunfähig und zum Pflegefall.

Einige Monate später erreicht sowohl die Klinik, als auch den niedergelassenen Psychiater und den Psychologen überraschend eine Klageschrift, in welcher der Patient ein hohes Schmerzensgeld und Schadensersatz für den entgangenen Verdienst sowie für die Behandlungs- und Pflegekosten fordert. Die zivilrechtliche Klage behauptet, dass die Klinik eine ordnungsgemäße Dokumentation der Suizidalität während des Behandlungsverlaufs im Entlassungsbrief gegenüber dem ambulant behandelnden Psychiater unterließ. Dies habe mit dazu beigetragen, dass weder dieser noch der niedergelassene Psychologe die Exacerbation der produktiven Symptomatik rechtzeitig erkannten. Ihrerseits hätten sie wiederum die gebotene ausführliche psychopathologische Untersuchung des Patienten versäumt. Hierdurch wäre aber der Suizidversuch und seine Folgen zu verhindern gewesen.

Obwohl der Erfolg einer derartigen Klage zweifelhaft ist, kommen vergleichbare juristische Verfahren durchaus vor, da immer weniger Betroffene dazu bereit sind, evtl. Behandlungsmängel einfach hinzunehmen. Schadensersatzansprüche ergeben sich grundsätzlich nach § 823 BGB aus „unerlaubten Handlungen". Dieser Begriff darf nicht mit den Straftatbeständen verwechselt werden. Er umfasst vielmehr die vorsätzliche oder fahrlässige Verletzung der allgemeinen Sorgfaltspflicht zur Vermeidung von Schäden an Rechtsgütern Dritter. Dazu zählen Leben, Körper, Gesundheit, Freiheit und Eigentum. Die Missachtung der allgemeinen Sorgfalt, die der Gesetzgeber von jedem Bürger erwartet, begründet daher bereits sog. *deliktische Ansprüche.* Bei Ärzten, nichtärztlichen Psychotherapeuten, Heilpraktikern, Pflege- und Hilfspersonal kommt zu dieser allgemeinen Sorgfaltspflicht allerdings noch eine individuelle hinzu, die sich aus dem Behandlungsvertrag ableitet (Deutsch 1999). Dessen Verletzung kann neben dem deliktischen daher einen zusätzlichen *vertraglichen Anspruch* bzw. eine *positive Vertragsverletzung* begründen. Die Unterscheidung zwischen deliktischen und vertraglichen Ansprüchen ist durchaus bedeutsam. Während z.B. deliktische Ansprüche nach drei Jahren verjähren, können vertragliche noch nach 30 Jahren erhoben werden.

Dokumentation als vertragliche Behandlungspflicht

Auf die Details der inzwischen außerordentlich komplizierten und durch die Rechtsfortbildung der Gerichte sehr umfangreichen Haftungsvorschriften für Therapeuten kann hier nicht eingegangen werden (Laufs u. Uhlenbruck 1992). Die Kenntnis einiger Prinzipien sind jedoch für jeden therapeutisch Tätigen unverzichtbar. Zu den wichtigsten Pflichten aus dem Behandlungsvertrag, der keineswegs schriftlich geschlossen werden muss, sondern bereits durch die Annahme eines Patienten zur Therapie entsteht, gehört neben der Aufklärung auch die Dokumentation der Behandlung. Ihr kommt wegen der sog. Beweiserleichterung im Haftungsprozess aufgrund fehlerhafter Behandlung eine zentrale Bedeutung zu. In der Regel muss im Zivilrecht nämlich derjenige, der einen erlittenen Schaden behauptet, diesen schlüssig in mehrfacher Hinsicht beweisen (§§ 286 ff. Zivilprozessordnung). Ein Klient müsste daher dem Gericht nicht nur einen Behandlungsfehler seines Therapeuten darlegen, sondern auch dessen Fahrlässigkeit oder Vorsatz und schließlich auch den Kausalzusammenhang des speziellen Fehlers mit dem behaupteten physischen oder psychischen Gesundheitsschaden, der schließlich in seinem Ausmaß auch noch zu konkretisieren ist.

Wegen der besonderen Umstände des Arzt-Patienten-Verhältnisses treten in einschlägigen Haftungsprozessen allerdings zugunsten des Patienten nach dem Grundsatz der Waffengleichheit der Parteien verschiedene Beweiserleichterungen ein, etwa der prima-facie- bzw. der Anscheinsbeweis oder die Beweislastumkehr. Auch hier kann auf die Einzelheiten dieser Rechtskonstrukte nicht eingegangen werden. Wichtig ist lediglich, dass evtl. nicht mehr der Patient den Fehler, sondern der Therapeut die Richtigkeit seiner Maßnahmen *nach den Regeln der Kunst* beweisen muss, wozu nur eine ausführliche Dokumentation in der Lage ist. In der Praxis entstehen Therapeuten daher prozessuale Nachteile häufig durch die Unzulänglichkeit, Unvollständigkeit oder Unrichtigkeit ihrer Therapiedokumentation (Thomas u. Patzo 1995). Die Beweiserleichterungen treten bereits dann ein, wenn der Anschein der konkreten Umstände nach allgemeiner Erfahrung einen Behandlungsfehler wahrscheinlich macht.

Notwendige, zumutbare und fehlerhafte Behandlung Suizidaler

Zivilrechtliche Ansprüche im Zusammenhang mit suizidalen Handlungen lassen sich somit auf die Frage zurückführen, welche psychotherapeutischen Behandlungsmaßnahmen in einer potentiell gefährdeten Situation von der Rechtsprechung als kunstgerecht bzw. der Sorgfaltspflicht entsprechend und welche als fehlerhaft betrachtet werden. Behandlungsmängel können nicht nur auf individuellem Fehlverhalten eines Therapeuten beruhen, etwa auf einer falschen Diagnose oder der Anwendung eines völlig ungeeigneten Therapieverfahrens, sondern auch auf sog. *Organisationsverschulden*. Dies liegt z.B. vor, wenn die baulichen Einrichtungen einer psychotherapeutischen Praxis nicht ausreichend vor Suiziden schützen.

Unterlässt z.B. ein niedergelassener klinischer Psychologe es, sich von der beruflichen Qualifikation eines Cotherapeuten zu überzeugen, bevor er diesen in die gruppentherapeutische Behandlung eines Patienten mit einem schwerem depressiven Syndrom und Suizidideen einbezieht, kann dies ebenfalls als unerlaubte Handlung anspruchsbegründend wirken. Ebenso wichtig ist die Erfüllung von Supervisionspflichten, v.a. in Ausbildungssituationen.

Analog zum Strafrecht wird jedoch sowohl die deliktische als auch die vertragliche Sorgfaltspflicht durch das Selbstbestimmungsrecht des Patienten und durch den inzwischen anerkannten Vorrang der therapeutischen vor den kustodialen Maßnahmen begrenzt (Fuellmich 1990). Die getroffenen Vorkehrungen sollen der konkreten suizidalen Gefährdung angemessen sein, sie müssen und dürfen aber nicht darüber hinausgehen (OLG Düsseldorf, Az.: 8 U 65/93; OLG Braunschweig, Az.: 1 U 31/93). An einigen Beispielen sei deshalb erläutert, welche Maßnahmen die Gerichte gegen suizidale Handlungen als notwendig und zumutbar ansehen. Allerdings können auch hieraus keine allgemeinen Richtlinien abgeleitet werden, da anhand der konkreten Umstände über die juristische Bewertung des Einzelfalls entschieden wird.

Die Unterbringung eines suizidalen Patienten in einer offenen Einrichtung erfordert eine personelle Organisationsstruktur, die ein unbemerktes Verlassen unmöglich macht. Der Träger kann sich ggf. nicht darauf berufen, dass finanzielle Restriktionen der Sozialversicherungen eine ordnungsgemäße Personalbesetzung seiner Einrichtung oder die kunstgerechte Behandlung zunehmend erschweren (OLG Hamm, Az.: 3 U 283/91). Ein vorbehandelnder Therapeut kann dafür haftbar gemacht werden, wenn er einem Konsiliarius oder einem nachbehandelnden Arzt nicht mitteilt, dass aus der Anamnese des überwiesenen Patient bereits Suizdversuche bekannt sind (OLG Celle, Az.: 1 U 36/94). Nur vereinzelt festgestellte Suizidideen während einer wiederholten depressiven Episode erfordern auch dann keine besonderen Vorkehrungen, wenn sich während einer länger zurückliegenden Erkrankungsphase bereits ein schwerer Suizidversuch ereignet hatte.

Allerdings zählt zu den Grundpflichten jedes Behandlungsvertrags in den psychiatrisch-psychotherapeutischen Disziplinen, dass überhaupt diagnostische Schritte zur Erkennung und Abschätzung der Suizidalität unternommen werden (Helmchen 1995). Sind solche Maßnahmen nicht dokumentiert, fehlen z.B. in der Krankengeschichte kontinuierliche Aufzeichnungen über die Entwicklung des psychopathologischen Befunds oder nachvollziehbare differentialdiagnostische Abwägungen, liegt eine haftungsbegründende Fahrlässigkeit vor. Darüber hinaus hat die Behandlung von Patienten mit Suizidideen auf eine Verminderung der evtl. Suizidgefährdung hinzuwirken, d.h. der dokumentierte Behandlungsplan muss z.B. erkennen lassen, dass diesbezügliche therapeutische Gespräche stattfanden, die Veränderung der psychopharmakologischen Medikation diskutiert, ein Suizidpakt mit dem Patienten vereinbart wurde oder – beim akut suizidalen ambulanten Patienten – der niedergelassene Therapeut die stationäre Einweisung veranlasste.

Welche Maßnahmen müssen jedoch ergriffen werden, falls der Patient solchen Schritten nicht zustimmt oder krankheitsbedingt überhaupt nicht mehr zustimmen kann? Auch in diesen Fällen handelt der Therapeut nicht in einem rechtsfreien Raum. Hier sind die Vorschriften der Psychiatriegesetze der Länder und der zivilrechtlichen Betreuung anzuwenden, die im folgenden Abschnitt abschließend erläutert werden sollen.

Stationäre Unterbringung und Behandlung ohne Einwilligung des suizidalen Patienten

Öffentlich-rechtliche Unterbringung

Die Vorschriften über die stationäre Unterbringung und Behandlung suizidaler Patienten sind durch eine Parallelität von zivil- und öffentlich-rechtlichen bzw. verwaltungsrechtlichen Normen gekennzeichnet. Während die ersteren in die Gesetzgebungskompetenz des Bundes fallen, sind die letzteren Angelegenheit der Länder. Diese Dualität ist weniger sachlich, als vielmehr historisch begründet, da einerseits die Geschäftsunfähigkeit und rechtliche Stellvertretung für einen handlungsunfähig Kranken traditionell dem Zivilrecht zugehören, andererseits der Umgang mit gemeingefährlichen Personen eine ordnungspolizeiliche Aufgabe darstellt. Dies spiegelt sich bis heute unmittelbar in den Gesetzestexten wider.

Die Psychiatriegesetze aller Bundesländer enthalten Regelungen, welche die Unterbringung eines psychisch Kranken ohne dessen Einwilligung gestatten, sofern dieser z.B. „in erheblichem Maß die öffentliche Sicherheit und Ordnung" (Bayern), „bedeutende Rechtsgüter anderer" (Berlin, Saarland) oder „unmittelbar Leib oder Leben anderer Personen oder die öffentliche Sicherheit" (Brandenburg) gefährdet (Knittel 1992). Die Selbstgefährdung, d.h. die Suizidalität, stellt zwar in der Regel einen eigenständigen Unterbringungsgrund dar, jedoch ist aus den Formulierungen ersichtlich, dass der drohende Suizidversuch noch immer eher als Störung der öffentlichen Ordnung und weniger als individueller Behandlungsanlass betrachtet wird. Die einschlägigen Landesgesetze wurden seit der Psychiatrie-Reform der siebziger Jahre mehrfach novelliert und enthalten heute durchweg auch Vorschriften über die Behandlung und die Rechte der untergebrachten Patienten. Schon wegen der unterschiedlichen Regelungen in den einzelnen Bundesländern kann hier wiederum auf Details nicht eingegangen werden, insbesondere nicht auf Benachrichtigungspflichten und -fristen sowie auf Zuständigkeits- und Verfahrensvorschriften bei der sog. *eilbedüftigen Unterbringung*, der allerdings praktisch die größte Bedeutung zukommt.

Allgemein gilt, dass die Unterbringung ohne den Willen des Betroffenen nur dann gerechtfertigt ist, wenn eine Selbstgefährdung unmittelbar droht und nicht durch weniger einschneidende Maßnahmen abgewendet werden kann. Die akute Suizidalität muss sich demnach schlüssig aus der Situation ergeben. Dies ist z.B. zweifelsfrei gegeben, wenn sich ein wahnhaft depressiver Patient in seiner Wohnung eingeschlossen hat und ankündigt, vom Balkon springen zu wollen. Hingegen ist eine Unterbringung nicht zu begründen, wenn z.B. ein Patient, der an einer chronifizierten Dysthymie leidet, nach einem Suizidversuch in der Exploration zu erkennen gibt, dass er zwar in den nächsten Tagen von einem erneuten Selbsttötungsversuch Abstand nimmt, jedoch nicht dafür „garantieren kann, was in einem Monat passiert". Hier wäre nämlich - etwa durch zwischenzeitliche Krisenintervention in einer Tagklinik - eine Wiederholung der suizidalen Handlung durchaus zu verhindern.

Zivilrechtliche Unterbringung und Betreuungsrecht

Um den Eindruck einer ordnungspolizeilichen Zwangsmaßnahme zu vermeiden, wird in der Praxis meistens die zivilrechtliche Betreuung bevorzugt. Obwohl diese auf anderen Rechtsgrundlagen beruht, sind Tenor und Inhalt der öffentlich-rechtlichen Psychiatriegesetze inzwischen weitgehend an das Zivilrecht angeglichen. Es regelt die Unterbringung im Rahmen des Betreuungsrechts (§§ 1896 ff. BGB), das 1992 die bis dahin gültigen Vorschriften über Pflegschaft und Entmündigung ablöste. Hier steht der Hilfscharakter der rechtlichen Maßnahme eindeutig im Vordergrund. Sie soll die Therapie und ein möglichst selbständiges Leben des psychisch Kranken sichern. Zunächst setzt eine juristische Betreuung voraus, dass „ein Volljähriger auf Grund einer psychischen Krankheit oder einer körperlichen, geistigen oder seelischen Behinderung seine Angelegenheiten ganz oder teilweise" nicht mehr besorgen kann. Dies trifft auf akut suizidale Patienten in der Mehrzahl der Fälle zu, da unter den Begriff der Angelegenheiten auch Entscheidungen über Behandlungsmaßnahmen fallen. Das Amtsgericht bestellt dann einen Betreuer als gesetzlichen Vertreter, dessen oberste Aufgabe darin besteht, für das Wohl des Betreuten zu sorgen und möglichst nach seinen Interessen und Wünschen zu handeln.

Daraus folgt auch, dass die Errichtung einer juristischen Betreuung - im Gegensatz zur früheren Entmündigung - nicht automatisch die Geschäftsunfähigkeit des Betreuten bedeutet. Auch an die zivilrechtliche Unterbringung eines Betreuten durch seinen Betreuer knüpft das Betreuungsrecht in § 1906 BGB strenge Bedingungen. Sie ist nur zulässig, falls „auf Grund einer psychischen Krankheit ... des Betreuten die Gefahr besteht, dass er sich selbst tötet oder erheblichen gesundheitlichen Schaden zufügt" und eine spezielle Genehmigung des Vormundschaftsgerichts vorliegt. Bei akut suizidalen Patienten muss jedoch häufig sehr rasch eingegriffen werden. Entgegen den ansonsten relativ aufwendigen Verfahrensvorschriften des Betreuungsrechts, die hier nicht weiter behandelt werden sollen, ermöglichen § 1846 BGB und § 69f sowie § 70h des Gesetzes über die freiwillige Gerichtsbarkeit (FGG) eine einstweilige Anordnung einer sofortigen zivilrechtlichen Unterbringung durch das Vormundschaftsgericht. Ein juristischer Betreuer muss in diesem Fall nachträglich bestellt werden. Praktisch kann diese Form der Unterbringung allerdings meistens nur dann vollzogen werden, wenn sich der Patient bereits in einer stationären Einrichtung befindet. Ist dies nicht der Fall, muss in der Regel wieder auf die öffentlich-rechtlichen Psychiatriegesetze der Länder zurückgegriffen werden, da nur diese auch einen Einsatz der Polizei vorsehen, während bei einer zivilrechtlichen Unterbringung der Betreuer zunächst einen Gerichtsvollzieher einschalten müsste.

Die Unterbringung eines suizidalen Patienten, sei sie zivil- oder öffentlich-rechtlich begründet, setzt in der Regel ein ärztliches Gutachten voraus. Es muss Angaben zur Person des Betroffenen, zur Anamnese, zum aktuellen Befund, die konkrete Beschreibung des selbstgefährdenden Verhaltens und schließlich die Feststellung dokumentieren, dass das Behandlungsziel nur durch eine Unterbringung und nicht auch durch andere Maßnahmen erreicht werden kann (Oefele 1998). Obwohl die Gesetze dies nicht ausdrücklich vorschreiben, akzeptieren die Gerichte meist nur Gutachten von Fachärzten für Psychiatrie bzw. Psychotherapie oder verlangen zumindest den Nachweis einer mehrjährigen klinischen Erfahrung auf den genannten Fachgebieten.

Diese Regelung zeigt abschließend nochmals auf, dass der Umgang mit suizidalen Patienten zahlreichen Rechtvorschriften unterliegt, die keineswegs widerspruchsfrei, eindeutig oder unmittelbar verständlich sind. In der Praxis wird der Therapeut jedoch fast immer die richtige Entscheidung treffen, wenn er sich vom Gedanken der Suizidprävention und -therapie leiten lässt.

- Auch die rechtliche Bewertung von Suizidhandlungen ist von weltanschaulichen und ethischen Grundhaltungen abhängig, die wiederum historischen und sozialen Wandlungen unterliegen.
- Das Rechtskonstrukt des freiverantwortlichen Suizids erscheint aus medizinisch-psychotherapeutischer Sicht äußerst problematisch.
- Strafrechtliche Konsequenzen für Therapeuten nach suizidalen Handlungen von Klienten sind eher selten.
- Kustodiale Maßnahmen bei Suizidalität müssen auch aus rechtlicher Sicht der Behandlung des Patienten dienen und dürfen Grundrechten nicht widersprechen.
- Die Dokumentation des Therapieverlaufs ist eine Pflicht aus dem Behandlungsvertrag und kann den Vorwurf von Behandlungsfehlern im Zusammenhang mit Suizidhandlungen entkräften.
- Vernachlässigung der Dokumentationspflicht kann zur Beweislastumkehr im Haftungsprozess zu Lasten des Therapeuten führen.
- Die Unterbringung suizidaler Patienten muss in der Akutsituation meist mit Hilfe der Psychiatriegesetze der Länder erfolgen.

Literatur

Abramson LY, Metalsky GI, Alloy LB. Hopelessness depression: A theory-based subtype of depression. Psychological Review. 1989; 96: 358-372.

Abramson LY, Seligman MEP, Teasdale J. Learned helplessness in humans: Critique and reformulation. Journal of Abnormal Psychology. 1978; 87: 49-74.

Ahrens B. Suizidprävention und Langzeittherapie bei affektiven Störungen. In: Wolfersdorf M, Kaschka WP, Hrsg. Suizidalität. Die histologische Dimension. Berlin Heidelberg New York Tokyo: Springer; 1995

Amery J. Hand an sich legen - Diskurs über den Freitod. Stuttgart, Klett; 1976.

Bandura A. Self-efficacy: Toward a Unifying Theory of Behavioral Change. Psychological Review. 1977; 84: 191-215.

Barg T, Wolfersdorf M, König F. Antidepressiva und Suizidalität: Zur Frage des Zusammenhangs von Stimmung, Antrieb (Agitiertheit, Hemmung) und Suizidalität bei antidepressiver Medikation mit Paroxetin. Suizidprophylaxe. 1995; 22: 59-64.

Barraclough BM. A hundred cases of suicide - Clinical aspects. British Journal of Psychiatry. 1974; 125: 355-373.

Barraclough BM, Jennings C, Moss JR. Suicide prevention by the Samaritans. Lancet. 1977; 8031: 237-239.

Beasley CM, Dornseif BE, Vosomwarth JC, Syler ME, Rampey AH. Fluoxetine and suicide: A meta-analysis of controlled trials of treatment for depression. Brit Med Journal. 1991; 303: 685-692.

Beautrais AL, Joyce PR, Mulder RT. Risk factors for serious suicide attempts among youths aged 13 through 24 years. J. Am. Acad. Child Adolesc. Psychiatry. 1996; 35: 9.

Beck AT. Wahrnehmung der Wirklichkeit und Neurose. Kognitive Psychotherapie emotionaler Störungen. München: Pfeiffer; 1979.

Beck AT, Brown G, Berchick RJ, Stewart BL, Steer RA. Relationship between hopelessness and ultimate suicide: A replication with psychiatric outpatients. American Journal of Psychiatry. 1990; 147: 190-195.

Beck AT, Kovacs M, Weissman A. Hopelessness and Suicidal Behavior: An Overview. Journal of the American Medical Association. 1975; 234: 1146-1149.

Beck AT, Rush AJ, Shaw BF, Emery G. Kognitive Therapie der Depression. München, Wien, Baltimore: Urban & Schwarzenberg; 1981.

Beck AT, Weissman A, Lester D, Trexler L. The measurement of pessimism: The Hopelessness Scale. Journal of Consulting and Clinical Psychology. 1974; 42: 861-865.

Bedrosian R, Beck AT. Cognitive aspects of suicidal behavior. Suicide and Life-Threatening Behavior. 1979; 9: 87-96.

Benjamin LS. Interpersonal Diagnosis and Treatment of Personality Disorders. New York: Guilford; 1996.

Berger M. Zur Suizidalität in der Adoleszenz. In: Fiedler G, Lindner R, Hrsg. „So hab ich doch was in mir, das Gefahr bringt": Perspektiven suizidalen Erlebens, Bd. 1. Göttingen: Vandenhoeck & Ruprecht; 1999.

Berger M. Zur Bedeutung des ‚Anna-selbdritt'-Motivs für die Beziehung der Frau zum eigenen Körper und zu ihrem Kind. In: Hirsch M, Hrsg. Der eigene Körper als Objekt. Berlin: Springer; 1989.

Berger M. Die Mutter unter der Maske: Zur Entwicklungsproblematik von Kindern adoleszenter Eltern. Praxis Kinderpsychol Kinderpsychiat. 1988; 37: 333 - 345.

Blair-West GW, Mellsop GW, Eyeson-Annan ML. Down-rating lifetime suicide risk in major depression. Acta Psychiatr Scand 1997; 95: 259 – 263.

Bonaparte M. Die Identifizierung einer Tochter mit ihrer verstorbenen Mutter. Internat Zeitschrift Psychoanal. 1929: 15: 481 - 500.

Braun-Scharm H. Koinzidenz von zunehmender Suizidalität und beginnender Persönlichkeitsstörung im Jugendalter? In: Bronisch T, Wolfersdorf M, Hrsg. Persönlichkeit - Persönlichkeitsstörungen und suizidales Verhalten. Re-gensburg: Roderer; 1996

Brent DA, Bridge J, Johnson BA, Connolly J. Suicidal Behavior Runs in Families. Archives of General Psychiatry 1996; 53: 1145-1152.

Britton R. Psychische Entwicklung und psychische Regression. In: Britton R, Feldmann F, Steiner J. Identifikation als Abwehr. Beiträge der Westlodge-Konferenz II. Frank C, Weiß H, Hrsg. Tübingen: edition diskord; 1998.

Bronisch T. Suizidalität. In Möller HJ, Laux G, Kapfhammer HP, Hrsg. Psychiatrie und Psychotherapie. Berlin, Heidelberg, New York: Springer; 2000.

Bronisch T. Suizidalität. In: Hewer W, Rössler W, Hrsg. Das Notfall Psychiatrie Buch. München, Wien, Baltimore: Urban & Schwarzenberg; 1998.

Bronisch T. The relationship between suicidality and depression. Archives of Suicide Research. 1996; 2:235-254.

Bronisch T. Der Suizid – Ursachen, Warnsignale, Prävention. München: Beck; 1995.

Broock SA, Junghanns H, Thiel A, Gleiter Ch, Bandendelow B. Neue Antidepressiva im Vergleich zu klassischen Trizyklika. Fortschritte Neurologie Psychiatrie 2000; 68:17-24.

Brunner J, Bronisch T. Neurobiologische Korrelate suizidalen Verhaltens. Fortschritte NeuroPsychiat 1999; 67: 391 – 412.

Bundesärztekammer zur ärztlichen Sterbebegleitung. Deutsches Ärzteblatt. 1998; 95: A2366-2367.

Callahan J. Negative effects of a school suicide postvention program - a case example. Crisis. 1996 17: 108-115.

Canetto S.S. Gender Issues In The Treatment Of Suicidal Individuals. Death Studies 1994; 18: 513 -527.

Canetto S.S. She died for Love and he for Glory: Gender Myths of Suicidal behavior. Omega. 1992; 26:1-17.

Canetto S.S Lester D, Hrsg. Women and Suicidal Behavior. New York: Springer; 1995.

Cantor C, McDermott P. Suicide litigation: an Australian survey. Australian and New Zealand Journal of Psychiatry. 1994; 28:426-430.

Cantor CH, Baume PJ. Suicide prevention: a public health approach. Australian and New Zealand Journal of Mental Health Nursing. 1999; 8: 45-50.

Caplan G. Principles of Preventive Psychiatry. New York, London: Basic Books; 1964.

Caplan G. Emotional Crises. In: Deutsch A, Fishbein H, Hrsg. The encyclopedia of mental health. Vol. 2. New York: Watts; 1963.

Charney DS, Berman RM, Miller HL. Treatment of depression. In: Schatzberg AF, Nemeroff CB, Hrsg. Textbook of Psychopharmacology. 2ᵗ Edition. Washington D.C., London: American Psychiatric Press; 1998.

Chomsky N. Aspects of the theory of syntax. Cambridge, Massachusetts: M.T.T. Press; 1965.

Clarke RV, Lester D. Suicide: closing the exits. New York: Springer Verlag; 1989.

Collberg J. Krisen und Krisentherapie. Psychiatrische Praxis 1978; 5:25-34.

D'Zurilla TJ, Goldfried MR. Problem-solving and behavior modification. Journal of Abnormal Psychology. 1971; 78: 107-126.

D'Zurilla TJ, Nezu A. Social problem solving in adults. In: Kendall PC, Hrsg. Advances in cognitive behavioral research and therapy. Vol. 1. New York: Academic Press; 1982.

Damerow H. Zur Statistik der Provinzial-Irren-Heil- und Pflege-Anstalt bei Halle vom 1. November 1855 - Ende Dezember 1863, nebst besonderen Mittheilungen und Ansichten über die Selbsttödtungen. Allgemeine Zeitschrift für Psychiatrie 1865; 22:219-251.

Damluji NF, Ferguson JM. Paradoxical worsening of depressive symptomatology caused by antidepressants. J Clin Psychopharmacol 1988;8:.347-349.

Danckwardt JF. Psychoanalytische Konzepte und ihre Implikationen für die Behandlung suizidaler Patienten. In: Gerisch B, Gans I, Hrsg. „Ich kehre in mich selbst zurück, und finde eine Welt": Theoretische und klinische Aspekte zur Suizidalität, Bd. 3. Göttingen: Vandenhoeck & Ruprecht; 2001.

Dattilio FM, Freeman A, Hrsg. Cognitive-Behavioral Strategies in Crisis Intervention. New York: Guilford; 1994.

Deister A, Laux G. Notfallpsychiatrie. In: Möller HJ, Laux G, Kapfhammer HP, Hrsg. Psychiatrie und Psychotherapie. Berlin, Heidelberg, New York: Springer; 2000.

Demling J. Neurobiochemie suizidalen Verhaltens. In: Wolfersdorf M, Kaschka WP, Hrsg. Suizidalität – Die biologischen Dimensionen. Heidelberg: Springer; 1996.

Demling J. Suizid und Serotonin. Fundamenta psychiatrica. 1992; 6: 95-99.

Derby LE, Jick H, Dean AD. Antidepressant drugs and suicide. J Clin Psychopharmacol 1992; 12: 235-240.

Dettmering P. Die Adoptionsphantasie. ‚Adoption' als Fiktion und Realität. Würzburg: Königshausen und Neumann; 1994.

Deutsch E. Arztrecht und Arzneimittelrecht. 4. Auflage. Berlin: Springer; 1999.

Deutsch E. Haftung bei Suizidgefahr aus juristischer Sicht. Zeitschrift für ärztliche Fortbildung. 1995; 89: 653-655.

DeWilde J, Mertens C, Fredericson Overo K, Hopfner Peterson HE. Citalopram versus mianserin. Acta Psychiatrica Scandinavica 1985; 72: 89-96.

Diekstra RFW. The epidemiology of suicide and parasuicide. Archives Suicide Research 1996; 2: 1-29.

Donavan S, Freeman H. Death related to antidepressants: A reconsideration. J Drug Dev 1990; 3: 113-120.

Dorrmann W. Suizid – therapeutische Interventionen bei Selbsttötungsabsichten. München: Pfeiffer; 1991.

Drosnés L. Eine psychoanalytische Organisation zur Verhütung von Selbstmorden. Zentralblatt für Psychoanalyse. 1911; 1: 553-556.

Dührssen A. Zum Problem des Selbstmordes bei jungen Mädchen. Göttingen: Verlag für Medizinische Psychologie; 1967.

Dunner DL, Dunbar GC. Reduced suicidal thoughts and behaviour (suicidality) with paroxetine. Paper presented at the Am. College of Neuropsychopharmacology Dec 1991.

Durkheim E. Le Suicide ; 1897 (Dt. : Der Selbstmord. Frankfurt: Suhrkamp; 1973)

Eibl-Eibesfeldt I. Die Biologie des menschlichen Verhaltens. Grundriß der Humanethnologie. München, Zürich: Piper; 1995.

Eibl-Eibesfeldt I. Der vorprogrammierte Mensch. Wien: Molden; 1973.

Ellis A, Hoellen B. Die rational emotive Verhaltenstherapie. München: Pfeiffer; 1998.

Ernst K, Moser U, Ernst C. Zunehmende Suizide psychiatrischer Klinikpatienten - Realität oder Artefakt? Archiv für Psychiatrie und Nervenkrankheiten. 1980; 228: 351-363.

Esquirol E. Die Geisteskrankheiten in Beziehung zur Medizin und Staatsarzneikunde. Berlin: Voss; 1838.

Etkind A. Eros des Unmöglichen. Die Geschichte der Psychoanalyse in Russland. Leipzig: Gustav Kiepenheuer;1996.

Etzersdorfer E. Freuds Sicht der Suizidalität. Zeitschrift für Psychoanalytische Theorie und Praxis. 1998; 13: 245-269.

Etzersdorfer E, Sonneck G, Nagel-Kuess S. Newspaper reports and suicide. The New England Journal of Medicine. 1992; 327: 502-503.

Eyland S, Corben S, Barton J. Suicide prevention in New South Wales Correctional Centers. Crisis.1997; 18: 163-169.

Faimberg H. Die Ineinanderrückung der Generationen. Zur Genealogie gewisser Identifizierungen. Jahrbuch Psychoanal. 1987; 20: 114 - 142.

Farmer KA, Felthous AR, Holzer CE. Medically serious suicide attempts in a jail with a suicide prevention program. Journal of Forensic Sciences. 1996; 41: 240-246.

Fartacek R, Nindl A Überlegungen zur Suizidprävention in Salzburg. In: Zapotoczky K, Grausgruber A, Mechtler R, Hrsg. Gesundheit im Brennpunkt. Eigeninitiative und gesellschaftliche Verantwortung. Band 7/1. Linz: Trauner; 2000.

Fava M, Rosenbaum JF. Suicidality and fluoxetine: Is there a relationship? J Clin Psychiatry 1991; 52: 108-111.

Federn P. Selbstmordprophylaxe in der Analyse. Z. Psychoanal. Päd.; 3: 379-389.

Felber W. Rezidivprophylaxe affektiver Erkrankungen mit Lithium. Regensburg: S. Roderer; 1993

Felthous AR. Preventing jailhouse suicides. Bulletin of the American Academy of Psychiatry and the Law. 1994; 22: 479.

Fergusson DM, Lynskey MT. Childhood circumstances, adolescent adjustment and suicide attempts in a New Zealand birth cohort. J. Am. Acad. Child Adolesc. Psychiatry. 1995; 34: 5, 612-622.

Ferrada-Noli M. Social psychological indicators associated with the suicide rate: replying to the socioeconomic hypothesis. Psychological Reports. 1997; 80: 315-322.

Feuerlein W. Selbstmordversuch oder parasuizidale Handlung? Tendenzen suizidalen Verhaltens. Nervenarzt 1971; 3: 127-130.

Fiedler P. Integrative Psychotherapie bei Persönlichkeitsstörungen. Göttingen: Hogrefe; 2000.

Fiedler P. Verhaltenstherapie in und mit Gruppen. Weinheim: Psychologie Verlags Union; 1996.

Freeman A, Reinecke M. Cognitive therapy of suicidal behavior. New York: Springer; 1993.

Freud S. Zur Psychopathologie des Alltagslebens. 1901; 4

Freud S. Bruchstück einer Hysterieanalyse. 1905; 5:161-286

Freud S. Bemerkungen über einen Fall von Zwangsneurose. 1909; 7:379-463

Freud S. Das Ich und das Es. 1923; 13: 235 - 289.

Freud S. Über die Psychogenese eines Falles von weiblicher Homosexualität. 1920; 12: 269 - 302.

Freud S. Trauer und Melancholie. 1917; 10: 427 - 446.

Friedman S, Jones JC, Chernen L, Barlow DH. Suicidal ideation and suicide attempt among patients with panic disorders: a survey of two outpatient clinics. Am J Psychiatry. 1992; 149: 680-685.

Friese HJ, Schleider K. Suizidvorstellungen bei kog-nitiv überforderten Kindern: Darstellung einer Therapiehilfe zur Belebung von Leistungskompetenz und Selbstkontrolle. Verhaltenstherapie und psychosoziale Praxis. 1993; 3: 297-306.

Friese HJ, Trott GE, Hrsg. Depression in Kindheit und Jugend. Bern: Huber; 1988.

Fuellmich R. Der Tod im Krankenhaus und das Selbstbestimmungsrecht des Patienten. Recht und Medizin, Bd. 20. Frankfurt: Lang; 1990)

Gardner D, Cowdry R. Alprazolam-induced dyscontrol in borderline personality disorder. Am J Psychiatry 1985; 142: 98-100.

Gerisch B. „Auf den Leib geschrieben": Der weibliche Körper als Projektionsfläche männlicher Phantasien zum Suizidverhalten von Frauen. In: Götze P, Richter M, Hrsg. „Aber mein Inneres überläßt mir selbst!" Technische Probleme der Behandlung von Suizidalität, Bd. 2. Göttingen: Vandenhoeck & Ruprecht; 1999a.

Gerisch B. Wissenschaftstheoretische und psychoanalytische Aspekte zur weiblichen Suizidalität. Psychotherapie. 1999b; 4: 156 – 163.

Gerisch B. Zum psychoanalytischen Verständnis der Suizidalität bei Frauen unter besonderer Berücksichtigung der Konstituierung weiblicher Identitätsentwicklung. Kasuistische Ergebnisse anhand von 20 psychoanalytisch-orientierten Kurztherapieverläufen (Habilitationsschrift); 1999c.

Gerisch B. Suizidalität bei Frauen. Mythos und Realität – Eine kritische Analyse. Tübingen: e-dition diskord; 1998.

Gerisch B. „Wenn man sich selbst umbringt, ist es eine Frau..." – Epidemiologische und psychodynamische Aspekte zum weiblichen Suizidverhalten. In: Giernalczyk T, Hrsg. Suizidgefahr – Verständnis und Hilfe. Forum für Verhaltenstherapie und psychosoziale Praxis, Bd. 33. Tübingen: DGVT-Verlag; 1997.

Gerisch B. Suicidality among women: From epidemiology to psychodynamics. Archives Suicide Research. 1996; 2: 197 - 206.

Giernalczyk T. Suizidalität bei Narzißtischer- und Borderline-Persönlichkeitsstörung. In: Ders, Hrsg. Zur Therapie der Persönlichkeitsstörungen. Tübingen: DGVT-Verlag; 1999.

Giernalczyk T, Hrsg. Suizidgefahr – Verständnis und Hilfe. Tübingen: DGVT-Verlag; 1997.

Giernalczyk T. Beziehungsfallen und Gegenübertragungsverstrickungen in der Therapie mit Suizidalen. In: Beck M, Meyer B, Hrsg. Krisenintervention. Konzepte und Realität. Tübinger Reihe 14. Tübingen: DGVT-Verlag; 1994.

Glaser H, Saß H. Ärztliche Sorgfaltspflichten im Umgang mit suizidalen Patienten aus forensisch-psychiatrischer Sicht. Versicherungsmedizin. 1991; 43:18-21.

Goldney B. The IASP Adelaide declaration on suicide prevention. Crisis. 1998; 19: 50-51.

Goldney B. The privilege and responsibility of suicide prevention. Crisis. 2000; 21: 8-15.

Goll H. Was sind psychosoziale Krisen? In: Sonneck G. Krisenintervention und Suizidverhütung. Ein Leitfaden für den Umgang mit Menschen in Krisen. Wien: Facultas; 1985.

Götze P. Zur Interaktion von Psychotherapie und Psychopharmakotherapie bei Behandlung Suizidgefährdeter. In: Wolfersdorf M, Kaschka WP, Hrsg. Suizidalität – Die biologische Dimension. Berlin Heidelberg New York: Springer; 1995.

Gould MS, Wallenstein S, Kleinman M. Time-space clustering of teenage-suicides. American Journal of Epidemiology. 1990; 131: 71-78.

Green A. Die tote Mutter. Psyche. 1993; 47: 205 - 240.

Gropp W. Zur Freiverantwortlichkeit des Suizids aus juristisch-strafrechtlicher Sicht. In: Pohlmeier H, Schöch H, Venzlaff U, Hrsg. Suizid zwischen Medizin und Recht. Stuttgart: Fischer; 1996.

Gunnel D, Frankel S Prevention of suicide: aspirations and evidence. British Medical Journal. 1994; 308: 1227-1233.

Guze SB, Robins E. Suicide among primary affective disorders. Brit J Psychiatry 1970; 117:437-438.

Häfner H. Epidemiologie und Klinik von Suicid und Suicidversuch – Suicid durch Ansteckung? Therapiewoche. 1991; 41:106-114.

Hakanen J, Upanne M Evaluation strategy for Finland´s suicide prevention project. Crisis. 1996; 17: 167-174.

Hamilton MS, Opler LA. Akathisia, suicidality, and fluoxetine. J Clin Psychiatry 1992; 53: 401-406.

Hautzinger M, Bronisch T. Symptomatik, Diagnostik und Epidemiologie. In: Hoffmann N, Schauenburg H, Hrsg.: Psychotherapie der Depression. Stuttgart: Georg Thieme Verlag; 2000.

Hautzinger M. Grundlagen der kognitiven Verhaltenstherapie. In Schwarz F, Maier C, Hrsg. Psychotherapie der Psychosen. Stuttgart: Georg Thieme Verlag; 2001.

Hawton K. Suicide and attempted suicide among children and adolescents. Beverly Hills: Sage Publications; 1986

Hayes LM Controversial issues in jail suicide prevention. Crisis. 1995; 16: 107-110.

Hayes LM State standards and suicide prevention: a lone star. Crisis. 1997; 18: 9-11.

Hazell P, King R Arguments for and against teaching suicide prevention in schools. Australian and New Zealand Journal of Psychiatry. 1996; 30: 633-642.

Helmchen H. Haftung bei Suizidgefahr aus ärztlicher Sicht. Zeitschrift für ärztliche Fortbildung. 1995; 89: 655-662.

Henriksson MM, Aro HM, Martunen MJ, Heikkinen ME, Isometsä ET, Kuopposalmi KI, Lönnqvist JK. Am. J. Psychiatry 1993; 150: 935-940.

Henseler H. Narzißtische Krisen. Zur Psychodynamik des Selbstmords. Opladen: Westdeutscher Verlag; 1984.

Henseler H. Narzisstische Krisen. Reinbeck bei Hamburg: Rowohlt Taschenbuchverlag; 1974.

Henseler H, Reimer C. Selbstmordgefährdung. Zur Psychodynamik und Psychotherapie. Stuttgart: Frommann-Holzboog; 1981.

Herpertz S, Erkwoh R, Saß H. Die Suicidproblematik aus psychiatrisch-psychotherapeutischer Sicht. In: Pohlmeier H, Schöch H, Venzlaff U, Hrsg. Suizid zwischen Medizin und Recht. Stuttgart: Fischer; 1996.

Herpertz-Dahlmann B. Depressive Syndrome und Suizidhandlungen. In: Remschmidt H, Hrsg. Psychotherapie im Kindes- und Jugendalter. Stuttgart: Georg Thieme Verlag; 1997.

Hoffmann N, Schauenburg H, Hrsg. Psychotherapie der Depression. Stuttgart: Georg Thieme Verlag; 2000.

Hollingshead AB, Redlich FG. Social class and mental illness. New York: Wiley; 1958

Holzhauer H. Der Suizident in der Rechtsgeschichte. In: Wahl G, Schmitt W, Hrsg. Suizid (Wissenschaftliche Beiträge zur Geschichte der Seelenheilkunde, 3). Reichenbach: Kommunikative Medien und Medizin. 1998: 163-178.

IASP Executive Commitee. IASP guidelines for suicide prevention. Crisis. 1999; 20: 155-163.

Irigaray L. Genealogie der Geschlechter. Freiburg i.Br.: Kore; 1989.

Isacsson G. Suicide prevention - a medical breakthrough? Acta Psychiatrica Scandinavica. 2000; 102: 113-117.

Isacsson G,˙Holusgren P, Wasserman D, Bergmann K. Use of antidepressants among people committing suicide. Acta Psychiatrica Scandinavica. 1994; 308: 506-509.

Isometsä ET, Henriksson MM, Aro HM, Heikkinen ME, Kuoppasalmi KI, Lönnqvist JK. Suicide in major depression. Am. Psychiatry 1994; 1151: 530-536.

Jenkins R. Reducing the burden of mental illness. The Lancet 1997; 349: 1340.

Jick SS, Dean AD, Jick H. Antidepressants and suicide. British Medical Journal 1995; 310: 215-218.

Jobes DA, Berman AL, O'Carroll PW, Eastgard S, Knickmeyer S. The Kurt Cobain Suicide Crisis: Perspectives from research, public health and the News media. Suicide and Life-Threatening Behavior. 1996; 26: 260-271.

Kapur S, Mieczkowski T, Mann J. Antidepressant medication and the relative risk of suicide attempt and suicide. JAMA. 1992; 268: 3441-3445.

Kelleher M. Fluoxetine & suicide: The Prozac controversy. Archives of Suicide Research 1995; 1: 75-78.

Kerkhof AJFM. The Finnish National Suicide Prevention Program evaluated. Crisis. 1999; 20: 50, 63.

Kerkhof AJFM. Attempted suicide:patterns and trends. In: Hawton K, van Heeringen K, Hrsg. The international handbook of suicide and attempted suicide Chichester, New York: J. Wiley & Sons; 2000.

Kerkhof AJFM, Schmidtke A, Bille Brahe U, De Leo D, Lönnqvist J. Attempted suicide in Europe. Leiden, Copenhagen: DSWO-Press, World Health Organisation; 1994.

Kernberg O. Borderline-Störungen und pathologischer Narzißmus. Frankfurt: Suhrkamp; 1993.

Kind J. Suizidal: Die Psychoökonomie einer Suche. Göttingen: Vandenhoeck & Ruprecht; 1992.

Kind J. Manipuliertes und aufgegebenes Objekt. Zur Gegenübertragung bei suizidalen Patienten. Forum Psychoanal. 1986; 2: 228-239.

Kittler E. Ophelia und Hamlet: Täterkinder, die nicht erwachsen werden. Die Bedeutung der Adoleszenz im Prozeß der Transmission über Generationen. In: Fiedler G, Lindner R, Hrsg. „So hab ich doch was in mir, das Gefahr bringt": Perspektiven suizidalen Erlebens, Bd. 1. Göttingen: Vandenhoeck & Ruprecht; 1999.

Klinger E. Meaning and void: Inner experiences and the incentives in people's lives. Minneapolis: University of Minnesota Press; 1977.

Kneissl M. Suizidversuche bei Frauen. Untersucht am Beispiel der Suizidversuchsfälle, die in den Jahren 1970–1979 in der Medizinischen Klinik der Städtischen Kliniken Darmstadt behandelt wurden. Unveröff. Diss. Phillips-Universität Marburg; 1984

Knittel B. Betreuungsgesetz - Kommentar. Starnberg: Schulz; 1992.

Kovacs M, Beck AT, Weissman A. Hopelessness: An indicator of suicidal risk. Suicide. 1975; 5: 98-103.

Kposowa AJ. Unemployment and suicide: a cohort analysis of social factors predicting suicide in the US National Longitudinal Mortality Study. Psychological Medicine. 2001; 31: 127-138.

Kraemer GW, Clarke AS. The behavioral neurobiology of self-injurious behavior in rhesus monkeys. Prog Neuropsychopharmacol Biol Psychiatry 1991; 14: 141-168.

Kreitman N. Die Epidemiologie des Suizids und Parasuizids. In: Kisker KP, Lauter H, Meyer JE, Müller C, Strömgren E, Hrsg. Psychiatrie der Gegenwart. 2. Krisenintervention. Suizid. Konsiliarpsychiatrie. Berlin, Heidelberg, New York, Tokyo: Springer; 1986.

Kutzer K. Strafrechtliche Überlegungen zum Selbstbestimmungsrecht des Patienten und zur Sterbehilfe. Medizin und Recht. 1985; 3: 710-714.

Laufer M, Laufer ME. Adolescence and developmental breakdown. A psychoanalytic view. New Haven: Yale Univ Press; 1984.

Laufs A, Uhlenbruck W. Handbuch des Arztrechts. München: Beck; 1992.

Lazarus RS, Folkman S. Stress, appraisal, and coping. New York: Springer; 1984.

Leenaars A, Lester D. Impact of suicide prevention centers on suicide in Canada. Crisis. 1995; 16: 39.

Leenaars A, Wenckstern S. Suicide prevention in schools: the art, the issues, and the pitfalls. Crisis. 1999; 20: 132-142.

Lester D. The effectiveness of suicide prevention centers. Suicide and Life-Threatening Behavior. 1993; 23: 263-267.

Lester D. The effectiveness of suicide prevention centers: a review. Suicide and Life-Threatening Behavior 1997; 27: 304-310.

Lester D, Saito Y, Abe K. The effect of suicide prevention centers on suicide in Japan. Crisis. 1997; 18: 48.

Levy SR, Jurkovic GL, Spirito A. A multisystems analysis of adolescent suicide attempters. J. of Abnormal Child Psychology. 1995; 23: 2, 221-234.

Liberman RP, Eckman T. Behavior Therapy vs. Insight-Oriented Therapy for Repeated Suicide Attempters. Archives of General Psychiatry. 1981; 38: 1126-1130.

Lindner-Braun C. Soziologie des Selbstmords. Opladen: Westdeutscher Verlag; 1990.

Linehan MM. Dialektisch-Behaviorale Therapie der Borderline-Persönlichkeitsstörung. München: CIP-Medien; 1996a.

Linehan MM. Trainings-Manual zur Therapie der Borderlinestörung. München: CIP-Medien; 1996b.

Linehan MM, Armstrong HE, Suarez A, Allmon D, Heard HL. Cognitive-behavioral treatment of chronically parasuicidal borderline patients. Archives of General Psychiatry. 1991; 48: 1060-1064.

Linehan MM, Heard HL, Armstrong HE. Naturalistic Follow-up of a Behavioral Treatment for Chronically Parasuicidal Borderline Patients. Archives of General Psychiatry. 1993; 50: 971-974.

Linehan MM, Tutek DA, Heard HL, Armstrong HE. Interpersonal outcome of cognitive behavioral treatment for chronically suicidal borderline patients. American Journal of Psychiatry. 1994; 151: 1771-1776.

Löchel M. Die präsuizidale Symptomatik bei Kindern und Jugendlichen – ein Beitrag zur Früherkennung der Selbstmordgefährdung. In: Jochnus I, Förster E, Hrsg. Suizid bei Kindern und Jugendlichen. Stuttgart: Enke 1983

Loennqvist JK, Henriksson MM, Isometsae ET, Marttunen MJ, Heikkinen ME, Aro HM, Kuoppasalmi KI. Mental disorders and suicide prevention. Psychiatry and Clinical Neurosciences. 1995; 49 Suppl 1: S111-116.

Lopez-Ibor J. Reduced suicidality with paroxetine. Eur Psychiatry. 1993; 8 (suppl 1):17-19.

Lundbeck. Persönliche Mitteilung HAMD-Metaanalyse; 1996.

MacDonald A. Suicide prevention by GP's? British Journal of Psychiatry. 1992; 161: 574.

MacDonald A The myth of suicide prevention by general practitioners. British Journal of Psychiatry. 1993; 163: 260.

Mahler MS. Symbiose und Individuation. Die psychische Geburt des Menschenkindes. Psyche 1975; 29: 609 - 625.

Mahler MS. Symbiose und Individuation. Psychosen im frühen Kindesalter. Stuttgart: Klett-Cotta; 1968.

Mahler MS, Pine F, Bergmann A. Die psychische Geburt des Menschen. Frankfurt a.M: Fischer; 1975 1993.

Maier W. Genetik suizidalen Verhaltens. In: Wolfersdorf M, Kaschka WP, Hrsg. Suizidalität - Die biologischen Dimensionen. Heidelberg: Springer; 1996.

Maltsberger JT, Buie DH. Countertransference Hate in the Treatment of Suicidal Patients. Arch. Gen. Psychiat. 1974; 30: 625-633.

Mann JJ, Stanley M, Hrsg. Psychobiology of suicidal behavior. New York: The New York Academy of Sciences; 1986.

Margraf J. Grundprinzipien und historische Entwicklung. In: Margraf J, Hrsg. Lehrbuch der Verhaltenstherapie. Bd 1. Grundlagen, Diagnostik, Verfahren, Rahmenbedingungen. Berlin: Springer; 1996.

Maris RW, Berman AL, Silverman MM. Comprehensive textbook of suicidology. New York: Guilford Press; 2000

Marttunen MJ, Aro HM, Lönnqvist JK. Precipitant stressors in adolescent suicide. J. Am. Acad. Child Adolesc. Psychiatry. 1993; 32, 6: 1178-1182.

Marttunen MJ, Aro HM, Henriksson MH, Loennquist JK. Adolescents suicides with adjustment disorders or no psychiatric diagnosis. Eur Child Adolesc Psychiatry. 1994; 3, 2:101-110

Mauerer C, Wolfersdorf M. Suizide in der Bundesrepublik Deutschland. Psycho. 2000; 26: 315-328.

Menninger K. Selbstzerstörung. Psychoanalyse des Selbstmordes. Übersetzung von: Man against himself. New York: Harcourt Brace Jovanovich Inc.; 1938.

Michel K, Valach L. Suicide Prevention: spreading the gospel to general practitioners. British Journal of Psychiatry. 1992; 160: 757-760.

Minkoff K, Bergman E, Beck AT, Beck R. Hopelessness, depression and attempted suicide. American Journal of Psychiatry. 1973; 130: 455-459.

Möller HJ. Suizidalität unter Antidepressivabehandlung. In: Wolfersdorf M, Kaschka WP, Hrsg. Suizidalität – Die biologische Dimension. Berlin, Heidelberg, New York: Springer; 1995.

Möller HJ. Antidepressants – Do they decrease or increase suicidaltiy? Pharmacopsychiatry. 1992; 25: 249-253.

Montgomery SA. Safety of mirtazapine: a review. International Clinical Psychopharmacology 1995; 10 (suppl 4): 37-45.

Montgomery SA, Dunner DL, Dunbar GC. Reduction of suicidal thoughts with paroxetine in comparison with reference antidepressants and placebo. European Neuropsychopharmacology 1995; 5: 5-13.

Montgomery SA, McAnley R, Rani SJ, Roy D, Montgomery D. A double-blind comparison of zimelidine and amitriptyline in endogenous depression. Acta Psychiatrica Scandinavica 1981; 63 (suppl 290): 314-327.

Montgomery SA, Montgomery DB. Psychopharmacology and suicidal behaviour. In: Davis JM, Maas JW, Hrsg. The affective disorders. Washington, D.C.: American Psychiatric Press Inc.; 1983.

Muijen M, Roy D, Silverstone T, Mehmet A, Christie M. A Comparative clinical trial of fluoxetine, mianserin and placebo with depressed outpatients. Acta Psych Scand 1988; 78: 384-390.

Musselman DL, DeBattista C, Nathen KI, Kiltes CD, Schatzberg AF, Nemeroff CB. Biology of mood disorders. In: Schatzberg AF, Nemeroff CB, Hrsg. Textbook of Psychopharmacology. 2· Edition. Washington D.C., London: American Psychiatric Press; 1998.

Muus RE. Prävention des Suizids Jugendlicher. Der Kinderarzt. 1992; 23:1177-1184

Nekanda-Trepka C, Bishop S, Blackburn I. Hopelessness and depression. British Journal of Clinical Psychology. 1983; 22: 49-60.

Nissen G, Trott GE. Suizidales Verhalten von Kindern und Jugendlichen. Deutsches Ärzteblatt. 1989; 86: 3787-3793.

Oefele K. Forensische Psychiatrie – Leitfaden für die klinische und gutachterliche Praxis. Stuttgart: Schattauer; 1998.

Oehmichen M, Staak M, Roth H, Mösch M. Ärztliche Garantenpflicht und Suizid des psychiatrischen Patienten. Beiträge zur gerichtlichen Medizin. 1988; 46: 43-47.

Ogden T. On Projektive Projektion. Int J Psychonal. 1979; 60: 357-273. (Dt.: Die Projektive Identifikation. Forum Psychoanal. 1988; 4: 1-21).

Ohberg A, Vuori E, Ojanperä I, Lonnquist J. Alcohol and drugs in suicide. Brit J Psychiatry 1996; 169: 75-80.

Ostendorf U, Peters H, Hrsg. Vom Werden des Subjekts. Vortragsband der Herbsttagung 1998 der Deutschen Psychoanalytischen Vereinigung; 1999.

Ottevanger EA. Fluvoxamine activity profile with special emphasis on the effect on suicidal ideation. European Journal of Clinical Research 1991; 1: 47-54.

Pfeffer CR. The suicidal child. New York, London: The Guilford Press; 1986.

Phillips DP. The influence of suggestion on suicide: Substantive and theoretical implications of the Werther effect. Am Sociol Rev. 1974; 39:240-253

Platt S, Bille-Brahe U, Kerkhof A, Schmidtke A, Bjerke T, Crepet P, De Leo D, Haring C, Lönqvist J, Michel K, Phillippe A, Pommereau X, Querejeta I, Salander-Renberg E, Temesvary B, Wasserman D, Sampato Faria J. Parasuicide in Europe: The WHO/EURO multicentre study on parasuicide. I. Introduction and preliminary analysis for 1989. Acta Psychiatr Scand 1992; 85: 97-104.

Ploeg J, Ciliska D, Dobbins M, Hayward S, Thomas H, Underwood J. A systematic overview of adolescent suicide prevention programs. Canadian Journal of Public Health. 1996; 87: 319-324.

Pohlmeier H. Freiverantwortlichkeit des Suizids aus medizinisch-psychologischer Sicht. In: Pohlmeier H, Schöch H, Venzlaff U, Hrsg. Suizid zwischen Medizin und Recht. Stuttgart: Fischer; 1996.

Poustka F. Suizide und Suizidversuche im Kindes- und Jugendalter. In: Remschmidt H, Schmidt MH, Hrsg. Kinder- und Jugendpsychiatrie in Klinik und Praxis. Bd. III. Stuttgart: Georg Thieme Verlag; 1986.

Preskorn S. Klinische Pharmakologie der selektiven Serotonin-Wiederaufnahmehemmer. Caddo OK: Professional Communication; 1997 (deutsche Übersetzung).

Rachor C. Selbstmordversuche von Frauen. Ursachen und soziale Bedeutung. Frankfurt a.M., New York: Campus; 1995.

Raphael-Leff J, Perelberg RJ, Hrsg. Female Experience. Three Generations of British Women Psychoanalysts on Work with Women. London, New York: Routledge; 1997.

Reimer C. Psychotherapeutische Umgang mit suizidalen Patienten. In: Reimer C, Eckert J, Hautzinger M, Wilke E, Hrsg. Psychotherapie. Ein Lehrbuch für Ärzte und Psychologen. Berlin Heidelberg New York: Springerverlag; 1996.

Reimer C. Psychotherapie der Suizidalität. In: Pöldinger W, Reimer C, Hrsg. Psychiatrische Aspekte suizidalen Verhaltens. Frankfurt a.M.: pmi-Verlag; 1985.

Reinecke M. Suicide and Depression. In Dattilio FM, Freeman A, Hrsg. Cognitive-Behavioral Strategies in Crisis Intervention. New York: Guilford; 1994.

Reinherz HZ, Giaconia RM, Silverman AB, Friedman A, Pakiz B, Frost AK, Cohen E. Early psychosocial risks for adolescent suicidal ideation and attempts. J. Am. Acad. Child Adolesc. Psychiatry. 1995; 34, 5: 599-611.

Remeron Scientific Information. N.V. Organon, The Netherlands; 1996.

Remschmidt H. Suizidales Verhalten. In: Remschmidt H, Hrsg. Psychiatrie der Adoleszenz. Stuttgart New York: Thieme; 1992

Remschmidt H, Hrsg. Psychotherapie im Kindes- und Jugendalter. Stuttgart New York: Thieme 1997

Remschmidt H, Schmidt M. Multiaxiales Klassifikationsschema für psychische Störungen des Kindes- und Jugendalters nach ICD-10 der WHO. Bern: Huber; 1994

Retterstøl N. Suicide in the nordic countries. Psychopathology 1992; 25: 254-265.

Richter D, Eikelmann B. Verweildauerrückgang bei stationären Behandlungen in der Psychiatrie: Positive oder negative Konsequenzen? Spektrum der Psychiatrie, Psychotherapie und Nervenheilkunde. 2000; 3: 67-72.

Rihmer Z Strategies of suicide prevention: focus on health care. Journal of Affective Disorders. 1996; 39: 83-91.

Rihmer Z, Rutz W, Pihlgren H. Depression and suicide on Gotland. An intensive study of all suicides before and after a depression-training programme for general practitioners. Journal of Affective Disorders. 1995; 35: 147-152.

Ringel E. Der Selbstmord. Abschluß einer krankhaften psychischen Entwicklung. Wien, Düsseldorf: Maudrich; 1953.

Ringel E. Der Selbstmord, 4. Aufl. Frankfurt: Fachbuchhandlung für Psychologie; 1985

Roullion F, Phillips R, Serrurier E, Ansart E, Gerard MJ. Prophylactic efficacy of maprotiline on relapses of unipolar depression. L'Encephale 1989; 15: 527-534.

Roxin C. Die Mitwirkung beim Suizid als Problem des Strafrechts. In: Pohlmeier H, Hrsg. Selbstmordverhütung, Anmaßung oder Verpflichtung. Bonn: Keil; 1978.

Rudolph R, Entsuah R, Derivan A. Meta-analysis of the effect of venlafaxine on suicide ideation. Scientific Poster, Venlafaxin Prelaunch Symposium, Monte Carlo 3.-5. März; 1995.

Rupp N. Notfall Seele. Stuttgart, New York: Georg Thieme Verlag; 1996.

Ruppe A, Keller F, Wolfersdorf M. Suizid und Suizidversuch im Langzeitverlauf endogener und nicht-endogener Depressiver. In: Wolfersdorf M, Felber W, Hrsg. Psychose und Suizidalität. Regensburg: Roderer; 1995.

Rutz W. Improvement of care for people suffering from depression: the need for comprehensive education. International Clinical Psychopharmacology. 1999; 14, Suppl 3: 27-33.

Rutz W, Carlsson P, von Knorring L, Walinder J. Cost-benefit analysis of an educational program for general practitioners by the Swedish Committee for the prevention and treatment of depression. Acta Psychiatrica Scandinavica. 1992a; 85: 457-464.

Rutz W, von Knorring L, Walinder J. Frequency of suicide on Gotland after systematic postgraduate education of general practitioners. Acta Psychiatrica Scandinavica. 1989; 80: 151-154.

Rutz W, von Knorring L, Walinder J. Long-term effects of an educational program for general practitioners given by the Swedish Commitee for the Prevention and Treatment of Depression. Acta Psychiatrica Scandinavica. 1992b; 85: 83-88.

Rutz W, von Knorring L, Walinder J, Wistedt B. Effects of an educational program for general practitioners on Gotland on the pattern of prescription of psychotropic drugs. Acta Psychiatrica Scandinavica. 1990; 82: 399-403.

Rutz W, Walinder J, Eberhard G, Holmberg G, von Knorring AL, von Knorring L, Wistedt B, Aberg-Wistedt A. An educational program on depressive disorders for general practitioners on Gotland: background and evaluation. Acta Psychiatrica Scandinavica. 1992c; 79: 19-26.

Saß H, Wittchen HU, Zaudig M, Hrsg. Diagnostisches und Statistisches Manual Psychischer Störungen. DSM IV. Göttingen, Bern, Toronto, Seattle: Hogrefe; 1996.

Schaller S, Schmidtke A. Strukturell und funktional abweichende Familienverhältnisse und suizidales Verhalten. In: Felber W, Reimer C, Hrsg. Klinische Suizidologie. Heidelbarg: Springe 1991.

Schmidtke A. Suizid- und Suizidversuchsraten in Deutschland. In: Wolfersdorf M, Kaschka WP, Hrsg. Suizidalität – Die biologischen Dimensionen. Heidelberg: Springerverlag; 1996.

Schmidtke A, Häfner H, Die Vermittlung von Selbstmordmotivation und Selbstmordhandlung durch fiktive Modelle. Die Folgen der Fernsehserie "Tod eines Schülers". Nervenarzt. 1986; 57: 502-510.

Schmidtker A, Schaller S. Kognitive Therapie bei suizidalen und selbstschädigendem Verhalten. Psychologie 1988; 36:51-59

Schmidtke A, Schaller S. Suizidalität. In: Margraf J, Hrsg. Lehrbuch der Verhaltenstherapie, Bd 2. Berlin Heidelberg New York Tokyo: Springer; 1996

Schmidtke A, Weinacker B. Suizidalität in der Bundesrepublik und den einzelnen Bundesländern: Situation und Trends. Suizidprophylaxe. 1994; 21: 4-16.

Schmidtke A, Bille Brahe U, De Leo D, Kerkhof A, Bjerke T, Crepet P, Haring C, Hawton K, Lönnqvist J, Michel K, Pommerau X, Querejeta I, Philippe A, Salander-Renberg E, Temesvary B, Wasserman D, Fricke S, Weinacker B, Sampaio Faria J. Attempted suicide in Europe: rates, trends, and soziodemographic characteristics of suicide attempters during the period 1989-1992. Results of the WHO/EURO Multicentre Study on Parasuicide. Acta Pschiatrica Scandinavica. 1996a; 93: 327-338.

Schmidtke A, Weinacker B, Apter A, Batt A, Berman A, Bille-Brahe U, Botsis A, De Leo D, Doneux A, Goldney R, Grad O, Haring C, Hawton K, Hjelmeland H, Kelleher M, Kerkhof A, Leenaars A, Lönnqvist J, Michel K, Ostamo A, Salander-Renberg E, Sayil I, Takahashi Y, von Heeringen C, Vörnik A, Wasserman D. Suicide rates in the world: update. Archives of Suicide Research. 1999; 5: 81-89.

Schmidtke A, Weinacker B, Fricke S. Epidemiologie von Suiziden und Suizidversuchen in Deutschland Suizidprophylaxe. 1998 (Sonderheft, völlig überarbeitete 5. Auflage).

Schmidtke A, Weinacker B, Fricke S. Epidemiologie von Suizid und Suizidversuch. Nervenheilkunde. 1996b; 15: 496-506.

Schmidtke A, Weinacker B, Fricke S. Suizid- und Suizidversuchsraten bei Kindern und Jugendlichen in den alten Ländern der Bundesrepublik und der ehemaligen DDR. Kinderarzt. 1996c; 27: 151-162.

Schmidtke A, Weinacker B, Pototzky W. Suizid- und Suizidversuchsraten bei Kindern und Jugendlichen in den alten Ländern der Bundesrepublik und in der ehemaligen DDR. Der Kinderarzt. 1993; 24: 1-8.

Schöch H. Strafrechtliche Verantwortung von Ärzten bei Suizidhandlungen. In: Pohlmeier H, Schöch H, Venzlaff U, Hrsg. Suizid zwischen Medizin und Recht. Stuttgart: Fischer; 1996.

Schüler-Springorum H, Nedopil N. Suizid oder von der Freiheit zu sterben: Ein unterschiedlich medizinisch-juristisches Dilemma für Psychiater, Internisten und Chirurgen. In: Pohlmeier H, Schöch H, Venzlaff U, Hrsg. Suizid zwischen Medizin und Recht. Stuttgart: Fischer; 1996.

Shaffer D, Garland A, Gould M, Fisher P, Trautman P. Preventing Teenage Suicide: A critical review. J. Am. Acad. Child. Adolesc. Psychiatry. 1988; 27, 6: 675-687.

Shaffer D, Piacentini J. Suicide and attempted suicide. In: Rutler M, Taylor E, Hersov L, eds. Child and adolescent psychiatry, 3rd edn. Oxford: Blackwell Science; 1955

Soloff PH, George A, Nathan RS, et al. Paradocical effects of amitriptyline on borderline patients. Am J Psychiatry. 1986; 143:1603-1605.

Sonneck G. Krisenintervention und Suizidverhütung. Wien: Facultas; 2000.

Stanley B, Gameroff MJ, Michalsen V, Mann JJ. Are Suicide Attempters who self-mutilate a unique population? American Journal of Psychiatry. 2001; 158: 427-432.

Statistisches Jahrbuch 1997 für die Bundesrepublik, Deutschland. Stuttgart: Metzler-Poeschel; 1997

Steck B, Bürgin D. Über die Unmöglichkeit zu trauern bei Kindern trauerkranker Eltern. Kinderanalyse. 1996; 4: 351 - 361.

Steinhausen C. Suizidversuche und Suizid. In: Steinhausen C, Hrsg. Psychische Störungen bei Kindern und Jugendlichen. München: Urban & Schwarzenberg; 1996

Steinhausen C, von Aster M, Hrsg. Handbuch Verhaltenstherapie und Verhaltensmedizin bei Kindern und Jugendlichen. Weinheim: Beltz; 1999

Student J. Medizinisch-ethischer Kommentar zur Entscheidung des Oberlandesgerichts Frankfurt vom 5.7.98. Spektrum der Psychiatrie, Psychotherapie und Nervenheilkunde. 1998; 27: 174-175.

Sudak HS, Rushforth NB. Suicide. In: Singer MI, Singer LT, Anglin TM, Hrsg. Handbook for screening adolescents at psychosocial risk. New York: Lexington Books; 1993.

Suter B. Suicide and women. In: Wolmann B, Krauss H, Hrsg. Between Survival and Suicide. New York: Gardener Press; 1976.

Taylor SJ, Kingdom D, Jenkins R. How are nations trying to prevent suicide? An analysis of National Suicide Prevention Strategies. Acta Psychiatrica Scandinavica. 1997; 95: 457-463.

Teicher MH, Glod C, Cole JO. Emergency of intense suicidal preoccupation during, fluoxetine treatment. Am J Psychiatry 1990; 147: 207-210.

The Swedish National Council for Suicide Prevention. Support in suicidal crises: The Swedish National Program to develop suicide prevention. Crisis. 1997; 18: 65-72.

Thomas H, Putzo H. Zivilprozeßordnung. München: Beck; 1995.

Trautmann-Sponsel RD. Definition und Abgrenzung des Begriffs "Bewältigung". In Brüderl L, Hrsg. Theorien und Methoden der Bewältigungsforschung. Weinheim, München: Juventa; 1988.

Trautmann-Sponsel RD, Gleich H. Verhaltenstherapeutische Strategien in der Frühphase der Borderline-Behandlung. In Dammann G, Janssen P, Hrsg. Psychotherapie der Borderlinestörungen. Stuttgart: Thieme; 2001.

Tröndle H. Strafrechtlicher Lebensschutz und Selbstbestimmungsrecht des Patienten. Festschrift für Hans Göppinger. Berlin: deGruyter; 1990.

Unschuld P. Standesberuf Arzt - Medizin als "profession". Deutsches Ärzteblatt. 1999; 96: A35.

Upanne M. A model for the description and interpretation of suicide prevention. Suicide and Life-Threatening Behavior. 1999; 29: 241-255.

Verkes RJ, Cowen PJ. Pharmacotherapy of suicidal ideation and behaviour. In: Hawton K, Heringen van K, Hrsg. The international handbook of suicide in attempted suicide. Chichester, New York Weinheim: Wiley & Sons; 2000.

Verkes RJ, van der Mast RC, Hangeveld MW, Tuyl JP, Zwinderman AH, von Campen GMJ. Reduction by paroxetine of suicidal behaviour in patients with repeated suicide attempts but not in major depression. Am J Psychiatry. 1998; 155: 543-547

Wakelin J. The influence of the 5-HT specific antidepressant fluvoxamine on suicidal behaviour. IVth World Congress of Biological Psychiatry, Philadelphia, Penn., USA; 1985

Waltz J, Trautmann-Sponsel RD. Verhaltenstherapie bei Borderline-Persönlichkeitsstörungen. Persönlichkeitsstörungen. 1999; 3: 79-89.

Warnke A, Friese HJ, Trott GE, Wewetzer C. Persönlichkeitsstörungen und suizidales Verhalten bei kinder- und jugendpsychiatrischen Patienten in stationärer Behandlung. In: Bronisch T, Wolfersdorf M, Hrsg. Persönlichkeitsstörungen und suizidales Verhalten. Regensburg: Roderer; 1996.

Warnke A, Hemminger U. Der Umgang mit suizidalen Kindern. Psychotherapie. 1999; 4: 164-171.

Wasserman D, Varnik A, Eklund G. Male suicides and alcohol consumption in the former USSR. Acta Psychiatrica Scandinavica. 1994; 89: 306-313.

Weber MM. Rechtsprobleme der Behandlung suizidaler Patienten. Psychotherapie in Psychiatrie, Psychotherapeutischer Medizin und Klinischer Psychologie. 1999; 4: 191-198.

Wedler H. Controversial issues in the ethics and limitations of suicide prevention. Crisis. 1994; 15: 93-94.

Wedler H. Some remarks on the frequency of suicides in Germany. In: Crepet P, Ferrari G, Platt S, Bellini M, Hrsg. Suicidal behavior in Europe. Recent research findings. Rome: John Libbey CIC; 1992.

Wiener Psychoanalytischer Verein. Über den Selbstmord insbesondere über den Schüler-Selbstmord. 1910. Nachdruck E. J. Bonset, Amsterdam, 1965.

Wilkes J. Die Entschärfung eines Suizidmodells: Goethes Bekämpfung des „Werther-Effekts". Nervenheilkunde. 1998; 17: 413-415.

Wilkinson G. Can suicide be prevented? Better treatment of mental illness is more appropriate aim. BMJ. 1994; 309:860-861

Wolfersdorf M. Begriffsbestimmung und Grundzüge der notfallpsychiatrischen Suizidprävention. Psycho. 2000a; 26: 319-325.

Wolfersdorf M. Der suizidale Patient in Klinik und Praxis. Stuttgart: Wissenschaftlich Verlagsgesellschaft; 2000b.

Wolfersdorf M. Krankheit Depression. Erkennen, Verstehen, Behandeln. Bonn: Psychiatrie-Verlag; 2000c.

Wolfersdorf M. Suicide among psychiatric inpatients. In: In: Hawton K, Heringen van K, Hrsg. The international handbook of suicide in attempted suicide. Chichester, New York Weinheim: Wiley & Sons; 2000d.

Wolfersdorf M. Therapie der Suizidalität. In: Möller HJ, Hrsg. Therapie psychiatrischer Erkrankung. 2. Auflage. Stuttgart New York: Georg Thieme Verlag, 2000e.

Wolfersdorf M. Suizidalität. In: Berger M, Hrsg. Lehrbuch der Psychiatrie und Psychotherapie. Stuttgart: Urban & Schwarzenberg; 1998.

Wolfersdorf M. Antidepressiva und Suizidprävention. Suizidalität unter Therapie mit neueren Antidepressiva. Suizidprophylaxe. 1997; 24: 125-143.

Wolfersdorf M. Der suizidgefährdete Mensch. In: Wenglein E, Hellweg A, Schoof M, Hrsg. Selbstvernichtung. Psychodynamik und Psychotherapie bei autodestruktiven Verhalten. Göttingen Zürich: Vandenhock & Ruprecht; 1996.

Wolfersdorf M. Depression and suicidal behaviour: Psychopathological differences between suicidal and non-suicidal depressive patients. Archives of Suicide Research. 1995; 1: 273-288.

Wolfersdorf M. Stellung von Psychopharmaka in der Behandlung von Suizidalität. Psychiatrische Praxis. 1992; 19: 100-107.

Wolfersdorf M, Kaschka WP. Zur Psychobiologie suizidalen Verhaltens: abschließende Bemerkungen. In: Wolfersdorf M, Kaschka WP, Hrsg. Suizidalität - Die biologischen Dimensionen. Heidelberg: Springerverlag; 1996.

Wolfersdorf, M, Straub R. Suizidalität bei Angsterkrankungen. In Kasper S, Möller HJ, Hrsg. Angst- und Panik-Erkrankungen. Jena: Fischerverlag; 1995.

Wolfersdorf M, Felber W, Ahrens B, Bronisch T, Cording C, Giernalczyk T, Kind J, König F, Mahnkopf A, Schaller S, Schmidtke A, Vogel R. Chronische Suizidalität – Versuch einer Begriffsbestimmung. In: Wolfersdorf M, Felber W, Hrsg. Chronische Suizidalität. Krankenhauspsychiatrie (Sonderheft); 2000.

Wolfersdorf M, Mauerer C, Franke C, Schiller M, König F. Krisenintervention bei Suizidalität im ambulanten und stationären psychiatrisch-psychotherapeutischen Bereich. Psychotherapie. 1999; 4: 146-154.

Wolfersdorf M, Metzger R, Koppittke W, et al. Einige Aspekte des Suizidproblems in der psychiatrischen Klinik - Literaturübersicht und eigene Untersuchung. In: Faust V, Wolfersdorf M, Hrsg. Suizidgefahr, Häufigkeit – Ursachen – Motive – Prävention – Therapie. Stuttgart: Hippokrates; 1984a.

Wolfersdorf M, Vogel R, Heydt G, Vogel WD. Ausgewählte Ergebnisse der Patientensuizidforschung an psychiatrischen Großkrankenhäusern: Schizophrene als „neue Risikogruppe". Psychiatrische Praxis. 1993; 20: 38-41.

Wolfersdorf M, Vogel R, Hole G, et al. Suizidversuche in vier Psychiatrischen Landeskrankenhäusern Baden-Württembergs. In: Faust V, Wolfersdorf M, Hrsg. Suizidgefahr, Häufigkeit - Ursachen – Motive – Prävention – Therapie. Stuttgart: Hippokrates; 1984b.

World Health Organization (WHO). Consultation on strategies for reducing suicidal behaviours in European region: summary report. Genf: WHO; 1990

Young MA, Fogg LF, Scheftner W, Fawcett J, Akiskal H, Maser J. Stable Trait Components of Hopelessness: Baseline and Sensitivity to Depression. Journal of Abnormal Psychology. 1996; 105: 155-165.

Zaudig M, Trautmann-Sponsel RD, Pielsticker A. Entspannungsverfahren. In Möller HJ, Laux G, Kapfhammer HP, Hrsg. Psychiatrie und Psychotherapie. Berlin, Heidelberg: Springerverlag; 2000.

Zenere FJ, Lazarus PJ. The decline of youth suicidal behavior in an urban, multicultural public school system following the introduction of a suicide prevention and intervention program. Suicide and Life-Threatening Behavior. 1997; 27: 387-402.

Zwetajewa M. Ein gefangener Geist. Essays. Frankfurt a.M.: Suhrkamp; 1989.

Sachregister

Für Ihre tägliche Praxis

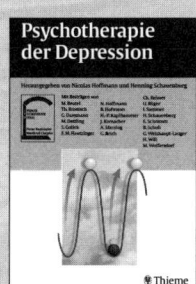

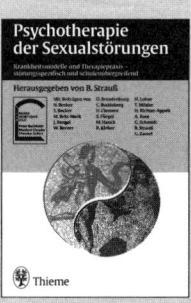

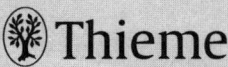

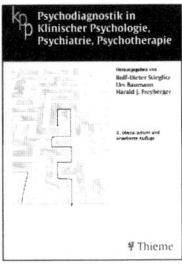

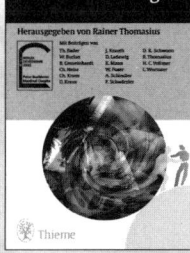